es 1249

edition suhrkamp

Neue Folge Band 249

Neue Historische Bibliothek
Herausgegeben von Hans-Ulrich Wehler

Der Prozeß der Urbanisierung gilt als wichtiges Kennzeichen aller fortgeschrittenen Industrienationen und zugleich als besonders markanter Teilprozeß allgemeiner Modernisierung. In Deutschland setzte die Verstädterung um die Mitte des 19. Jahrhunderts ein und veränderte in einer Zeitspanne von nur wenigen Jahrzehnten die Lebensbedingungen eines ständig wachsenden Teils der Bevölkerung wie das Bild vieler Regionen in einer geradezu radikalen Weise. Der vorliegende Band schildert im ersten Teil die rechtlichen und sozioökonomischen Grundlagen der modernen Stadt, wie sie seit dem Beginn des vorigen Jahrhunderts geschaffen wurden, verfolgt dann die Etappen der Verstädterung unter dem Einfluß der allgemeinen Mobilisierung der menschlichen und materiellen Ressourcen in der Früh- und Hochindustrialisierungsphase und beschäftigt sich mit den krisenhaften und konfliktträchtigen sozialen Zuspitzungen im Gefolge dieser Entwicklung. Der zweite Teil behandelt die Bewältigungsanstrengungen und Reformbestrebungen, die aufgrund der Herausforderungen in die Wege geleitet wurden, zugleich aber auch die Versuche seit Beginn des 20. Jahrhunderts, sich verstärkt mit Hilfe von Ideologien vor allem mit dem Phänomen der modernen Großstadt auseinanderzusetzen, und erläutert schließlich die Ereignisse, Prozesse und Eingriffe, die das Städtewesen in Deutschland in den ersten zwei Dritteln unseres Jahrhunderts veränderten.

Jürgen Reulecke lehrt Neuere und Neueste Geschichte an der Universität/Gesamthochschule Siegen.

Jürgen Reulecke
Geschichte der Urbanisierung
in Deutschland

Suhrkamp

edition suhrkamp 1249
Neue Folge Band 249
Erste Auflage 1985
© Suhrkamp Verlag Frankfurt am Main 1985
Erstausgabe
Satz: Janß, Pfungstadt
Druck: Nomos Verlagsgesellschaft, Baden-Baden
Umschlagentwurf: Willy Fleckhaus
Printed in Germany

1 2 3 4 5 6 – 90 89 88 87 86 85

Inhalt

*IV. Aspekte der deutschen Stadtgeschichte
in der Posturbanisierungsphase*

Einleitung

Je verschwommener oder weitläufiger die Konturen eines historischen Gegenstandes sind, desto subjektiver fallen zwangsläufig die
Auswahl- und Gliederungskriterien aus, aufgrund derer der Historiker ihn zu definieren versucht. Wie die bisherigen Forschungen belegen, ist gerade mit »Stadt, Verstädterung, Urbanisierung«
ein solch schwer faßbarer und nicht zuletzt deshalb auch heraus-
fordernder Gegenstandsbereich angesprochen. Dementsprechend
ziehen sich skeptische Urteile darüber, ob sich das Phänomen
Stadt, speziell Großstadt, wegen des Facettenreichtums seiner Erscheinungsformen historisch und sozialwissenschaftlich erschöpfend analysieren läßt, durch die stadthistorische und stadtsoziolo-
gische Literatur ebenso hindurch wie Hinweise auf die »geradezu
ausweglose Vieldeutigkeit« des Stadtbegriffs.[1] Bei der Darstellung
der Entstehung und Entwicklung des modernen Städtewesens in
Deutschland, die sowohl die Wandlungen der Stadt als spezieller
Organisationsform menschlichen Zusammenlebens als auch die
Ausbreitung von Verstädterung und Urbanisierung als Teilprozesse der allgemeinen Modernisierung verfolgen will, ist daher eine
vorangestellte »captatio benevolentiae« kein Routineeinstieg, son-
dern erzielt erst den nötigen Antrieb, um eine deutliche Hemm-
schwelle zu überschreiten. Denn selbst eine Beschränkung auf eine
Epoche – hier die Zeit von der Mitte des 19. Jahrhunderts bis zum
Ersten Weltkrieg (sieht man von einem Exkurs über die nachfol-
genden Jahrzehnte ab) – und auf einen relativ eng begrenzten
Raum – hier im wesentlichen das Gebiet des späteren Deutschen
Reiches mit, der Quellenlage wegen, besonderer Berücksichtigung
Preußens – führt nicht zu größerer Sicherheit, weil gerade für diese
Zeitspanne die Beobachtung zutrifft, daß sich manchmal im histo-
rischen Schicksal der Städte in besonders ausgeprägter Weise der
jeweilige Zeitgeist, »die entscheidende Wirklichkeit der ganzen
Gesellschaft« niederschlägt.[2]

Vielleicht ist in diesen Schwierigkeiten des Zugriffs auch der
Grund dafür zu suchen, daß sich so etwas wie eine eigene historische Disziplin »Moderne Stadtgeschichte« trotz verschiedener Ansätze, erster Bemühungen und einer ständig wachsenden Zahl von
einschlägigen Veröffentlichungen in der Bundesrepublik noch

nicht in großem Umfang hat herausbilden können: Ihr Gegenstand ist schwer zu isolieren, und unverwechselbar eigene Forschungsmethoden sind kaum festzustellen. Andrerseits lassen sich jedoch einige bemerkenswerte Charakteristika nennen: So ist etwa in der Stadtgeschichtsforschung der Zwang zur Interdisziplinarität deutlich stärker ausgeprägt als in anderen Bereichen der Geschichtswissenschaft. Zudem scheint hier jenes Grundproblem historischer Analyse, das im Ausloten des Spannungsverhältnisses zwischen individueller Besonderheit und allgemeiner, »typischer« Entwicklung besteht, zugespitzter hervorzutreten und eine intensivere Reflexion sowohl des Verhältnisses zwischen »oben« und »unten«, zwischen Staat/Gesellschaft einerseits und individueller Stadt andrerseits, als auch zwischen den gleichzeitig bestehenden unterschiedlichen Erscheinungsformen auf der unteren Ebene, den einzelnen Städten und Stadtregionen, zu erfordern. Stadtgeschichte und Urbanisierungsgeschichte sind daher nur die beiden Seiten ein und derselben Medaille.[3]

Eine weitere, nicht zu unterschätzende Besonderheit der Stadtgeschichte besteht darin, daß sie allzuoft mit der Lokal- und Heimatgeschichte gleichgesetzt wird und stets von neuem, geradezu zyklisch wiederkehrend, auf spezifische Bedürfnisse der Öffentlichkeit zu reagieren und sich kommerziellen wie ideologischen Herausforderungen zu stellen hat.[4] Es scheint fast, als ob besonders die auf den engeren Lebensraum der Menschen bezogene Geschichte immer dann eine Konjunktur – auch auf dem Büchermarkt – erlebt, wenn eine Phase allgemeinen Aufschwungs und positiver Zukunftserwartungen vergangen ist und sich ein stärkeres Krisengefühl und Pessimismus ausbreiten. In solchen Phasen neigen die Zeitgenossen offenbar dazu, sich eher als sonst auf die Qualitäten und Wurzeln ihrer näheren Umgebung zu besinnen, um sich angesichts unüberschaubarer, partiell als bedrohlich empfundener Entwicklungen wenigstens in diesem Bereich einer gewissen Stabilität zu versichern. Daß solche vorwissenschaftlichen Bedingungen auch den Boden für eine stärkere Hinwendung der Wissenschaft zu diesem Thema bereiten können, zeigt z. B. die Einrichtung eines Forschungsschwerpunkts »Geschichte und Zukunft europäischer Städte« durch die Stiftung Volkswagenwerk Ende 1982, der vor allem historische wie sozialwissenschaftliche Analysen der von überlokalen Entwicklungen hervorgerufenen akuten Struktur- und Funktionsprobleme der Städte – Stichworte: »Krise der

Stadt«, »Desurbanisierung« – fördern soll, weil, wie es in dem Merkblatt der Stiftung heißt, »in ihnen gesellschaftlicher Wandel seinen besonderen Ausdruck« finde.[5]

Da die rasante Umformung des deutschen Städtewesens seit der Mitte des 19. Jahrhunderts durchaus dramatische Züge aufweist, sei es erlaubt, den Aufbau des klassischen Dramas als Strukturierungshilfe heranzuziehen. Der *1. Akt*, die »Exposition« des großen Wandels, begann bereits gegen Ende des 18. Jahrhunderts und endete etwa Mitte der fünfziger Jahre des 19. Jahrhunderts: In vielfältiger Weise wurden hier die rechtlich-politischen Grundlagen geschaffen und die sozioökonomischen Weichen gestellt, welche die zielgerichtet vorwärts schreitende, irreversible Entwicklung des *2. Aktes*, der dann bis in die Mitte der siebziger Jahres des 19. Jahrhunderts reichte, vorbereitet haben. Industrialisierung, Verstädterung und die Anfänge der Urbanisierung verknüpften sich hier mit weiteren Prozessen der allgemeinen Modernisierung, ohne daß im einzelnen eindeutig festgelegt werden könnte, was Ursache und was Folgeerscheinung war. Der eigentliche Höhepunkt der Entwicklung lag dann in den drei bis vier Jahrzehnten vor dem Ersten Weltkrieg: Das traditionelle Städtewesen wurde im *3. Akt* des Geschehens durch die vielfältige Facetten aufweisende allgemeine Urbanisierung nahezu völlig überformt, und Deutschland erreichte – am deutlichsten ausgeprägt in seinem die gesamten gesellschaftlichen Verhältnisse bestimmenden System von Großstädten und Stadtregionen – den Status eines modernen Industriestaats. Der Anteil der in Gemeinden unter 2000 Einwohnern lebenden Menschen an der Gesamtbevölkerung ging von 1870 bis 1910 von rund 64 % auf 40 % zurück; die in Großstädten lebende Bevölkerung nahm im selben Zeitraum um das Siebenfache zu. Die sog. »fallende Handlung« im *4. Akt*, der Zeit der Weltkriege und des Wiederaufbaus nach 1945, war dann trotz einer – wenn auch deutlich sich verlangsamenden – weiteren Zunahme der städtischen Bevölkerung durch eine Fülle von retardierenden Einflüssen geprägt, von denen die Zerstörung infolge des Zweiten Weltkrieges und der anschließende, z. T. oft allzu planlose Wiederaufbau die extremsten waren. Der Verstädterungsprozeß stagnierte zwar nicht völlig, jedoch zeigt bereits ein erster Blick auf das Binnenwanderungsvolumen in den Jahrzehnten nach dem Ersten Weltkrieg, daß sich ein entscheidender Umbruch in der Mobilität vollzogen hatte. In den sechziger Jahren des 20. Jahrhunderts dürfte sich dann der Vorhang zum 5. *Akt* geöffnet haben, wobei auch heute noch nicht abzusehen ist, wie das Drama ausgehen wird: Sein Ende, ob Tragödie oder nicht, ist noch offen. Begriffsneuschöpfungen wie »Suburbanisierung« und »Desurbanisierung«, »Counter-Urbanisation« und »Dekonzentration«, aber auch »Regional-Stadt« belegen, daß das in der Hochindustrialisierungsphase in Deutschland entstandene Städtesystem in der Postindustrialisierung unserer Tage offenbar wieder einem Wandlungsprozeß größeren Ausmaßes unterliegt. Eine denkbare Richtung der Entwicklung ist in England zu beobachten, wo außerhalb der in ihrem Kern rasch verfallenden alten Industriegroßstädte mit unbewohnbaren Innenstadtvierteln wie Glasgow und Liverpool sog. New Towns von mittlerer Größe entstanden sind. Angesichts der zukunftsträchtigen Möglichkeiten von Datenverarbeitung, »Verkabelung« und neuen Massenkommunikationsmitteln werden aber auch schon Visionen einer weithin »entstädterten« Gesellschaft, die dennoch viele Züge einer urbanen Gesellschaft beibehalten würde, diskutiert und lassen heute ehemalige gigantomanische Großstadtutopien wie »Motopia« deutlich in den Hintergrund treten.

Die historischen Zusammenhänge und vor allem auch Konsequenzen der angedeuteten Charakteristika des 4. und beginnenden 5. Aktes sind bisher kaum untersucht; hier stößt man auf ein erstes, ganz erhebliches Defizit der modernen Stadtgeschichtsforschung. Ein weitgehend abgerundetes Bild läßt sich infolgedessen, obwohl mit vielen Lücken im einzelnen, nur mit Blick auf die ersten drei Phasen zeichnen. Da zudem die begriffliche Klärung und damit zugleich auch die theoretische Fundierung dessen, was mit *Städtewachstum*, *Verstädterung* und *Urbanisierung* gemeint ist, zur Zeit verstärkt diskutiert wird, fehlt noch eine allseits akzeptierte Terminologie.[6] Für die Zwecke des vorliegenden Überblicks, der sich als ein straffendes Zwischenergebnis der bisherigen Forschung versteht, mögen folgende definitorischen Hinweise genügen:

Städtewachstum war kein Charakteristikum der modernen Stadt allein. Zentrale Orte haben immer schon, wenn auch nicht mit gleichbleibender Intensität, ihre Anziehungskraft auf Zuwanderer ausgeübt; doch bewirkte erst die Expansion städtischer Bevölkerung im 19. Jahrhundert im Zusammenspiel mit vielen anderen sozioökonomischen Strukturwandlungen, daß das bisher durch vielfältige Regeln und Traditionen festgelegte Stadtgefüge nachhaltig aufgebrochen und verändert wurde. Der nun beginnende, zunächst im wesentlichen quantitative Prozeß, die *Verstädterung* im engeren Sinn, war vor allem dadurch charakterisiert, daß die jetzt massenhaft in die Städte strömenden Zuwanderer nicht mehr primär von der »Individualität« der jeweiligen Stadt, sondern in erster Linie vom Arbeitsplatzangebot der entstehenden Industrie angezogen wurden, die sich in den Städten bzw. in deren Umland angesiedelt hatte. Die Herausbildung von Großstädten neuen Typs und von agglomerierten Räumen war die Folge. Sie schufen Herausforderungen sozialer, ökonomischer, hygienischer und auch technischer Art, die von den Zeitgenossen beantwortet werden mußten, wenn sie nicht ein Chaos und möglicherweise den völligen Zusammenbruch des gesellschaftlichen Gesamtsystems auslösen wollten. Das Zusammenspiel der Verstädterung, d. h. der starken räumlichen Verdichtung der Bevölkerung, mit einer Reihe weiterer miteinander verschränkter Prozesse wie der allgemeinen Mobilisierung vieler gesellschaftlicher Bereiche, der Entstehung der Klassengesellschaft, der zunehmenden Bürokratisierung, Verrechtlichung, Partizipation, Alphabetisierung, Ausdehnung der Massenkommunikationsmittel usw. führte – in manchen Städten eher, in anderen später – zu einer neuartigen städtischen Lebensform, zur *Urbanität*, die sich als wichtigstes Ergebnis, wenn auch nicht als unbedingt notwendige Konsequenz der Verstädterung charakterisieren läßt, gibt es doch auch Beispiele hochgradig verstädterter Räume, die wegen des Fehlens der übrigen Einflußfaktoren kaum oder gar keine Urbanität entwickelt haben.

Dadurch, daß die als qualitativer Prozeß verstandene *Urbanisierung* in den westlichen Industriestaaten über die (Groß-)Städte hinaus auf die soziokulturelle Verfassung der gesamten Gesellschaft zu wirken begann, wurde hier Urbanität schließlich zum beherrschenden Lebensstil, der durchaus nicht mehr an ein Leben in der Stadt gebunden war und ist. Während die Verstädterung den Gegensatz zwischen Stadt und Land zunächst verschärfte, milderte die Urbanisierung auf lange Sicht dieses Spannungsverhältnis, ohne daß dadurch aber bereits die Unterschiede der soziokulturellen Milieus des Dorfes, der Klein-, Mittel- und Großstadt völlig verwischt worden wären.

Vor allem die Geschichte der Urbanisierung, die sowohl einen stärker planungs- bzw. handlungsgeschichtlichen als auch einen eher mentalitätsgeschichtlichen Aspekt besitzt, ist bisher kaum untersucht. Das bezieht sich vorwiegend auf ihre räumliche Dimension, die »Verräumlichung« im Verlauf dieses Prozesses, geht es doch bei der Urbanisierung auch um eine spezifische Art der Raumaneignung und Raumbeherrschung. »Raum« ist dabei nicht nur als geographischer Raum, sondern gerade auch als Erfahrungs-, Aktions-, Identifikations-, Kommunikations- und Sozialisationsraum von Menschen in ihrer jeweiligen Zeit zu verstehen.[7] Hier liegt zweifellos ein weiteres großes Defizit der modernen Stadt- und Urbanisierungsforschung in der Bundesrepublik. Insofern ist die Kritik berechtigt, die Stadthistoriker hätten sich bisher »im wesentlichen . . . mit den äußeren Formen, mit den technischen Formen, mit dem Rahmen, der sich gebildet hat, befaßt . . ., weniger mit den Menschen«, d. h. mit den Städtern, den jeweils schichten- und klassenspezifischen Typen des Großstadtbürgers, wie sie sich seit der Mitte des 19. Jahrhunderts mit einer Fülle weitreichender sozialpsychischer und mentalitätsgeschichtlicher Konsequenzen herausgebildet haben.[8] Die Erforschung der »Lebenswelt Stadt« – und dazu gehört u. a. auch die systematische Betrachtung der Auswirkungen städtischer Existenzbedingungen, Sozialisations- sowie Kommunikationsverhältnisse auf die Klassenbildungs- und Solidarisierungsprozesse, auf die politische Identifikation, auf die Konsumgewohnheiten u. ä. – steckt noch ebenso in den Anfängen wie die Analyse der langlebigen Wirkung von räumlicher wie kultureller Segregation in den Agglomerationen, wobei zusätzlich jeweils noch generationenspezifische Erfahrungen im Umgang mit der (groß-)städtischen Infrastruktur zu beachten sind. Die Diskussion über diese Fragenkomplexe hat in den letzten Jahren erst begonnen, vor allem im Zusammenhang mit der Auseinandersetzung über das Pro und Contra der sog. »Alltagsgeschichte«[9], aber auch über die Chancen und Begrenztheiten der sehr stark quantifizierend vorgehenden »New Urban History«, die durch die Analyse standardisierbarer Massendaten einzelner Städte und Stadtviertel Mobilitätsverhältnisse, Erscheinungsformen sozialer Ungleichheit, Wandlungen der Sozialstruktur usw. zu erfassen sucht.[10]

Die große Zahl der schon vorhandenen und fast täglich neu anfallenden Mosaiksteine aus diesen neuen Forschungsrichtungen fügt sich zwar unter dem Blickwinkel der modernen Stadt- und Urbanisierungsgeschichte noch nicht zu einem befriedigenden Gesamtbild zusammen, jedoch sollen verschiedene Einzelergebnisse, wo es sich anbietet, in dem hier intendierten Überblick berücksichtigt werden. Auch aus diesem Grunde liefert der vorliegende Band eher ein vorläufiges Zwischenergebnis als ein abgerundetes Fazit, und es ist abzusehen, daß in einigen Jahren eine deutliche Erweiterung unseres Wissens über die Entwicklungen und Wandlungen des deutschen Städtewesens in der Moderne zu erwarten ist – und zwar in Hinsicht sowohl auf eine zeitliche Ausweitung des Blicks auf die Jahrzehnte nach dem Ersten Weltkrieg als auch auf eine erhebliche inhaltliche Ergänzung des Forschungsstands durch die dann vorliegenden Ergebnisse jener neuen methodischen Zugriffe auf stadtgeschichtliche Themenbereiche.

I. Vorgeschichte und erste Ansätze
der Urbanisierung
bis zur Mitte des 19. Jahrhunderts

1. Auf dem Weg zur »offenen Bürgerstadt«

Die Urbanisierung im engeren Sinn – verstanden als ein allgemeiner, unaufhaltsamer und für viele Jahrzehnte irreversibler Prozeß – setzte in Deutschland zwar erst zu Beginn der zweiten Hälfte des 19. Jahrhunderts ein; sie wäre aber ohne die vorausgehende tiefgreifende Wandlung von Verfassung und Struktur des traditionellen Städtewesens und die Entstehung eines neuen, »modernen« Städtewesens kaum vorstellbar. Diese Entwicklung begann bereits rund fünfzig Jahre früher und erfolgte in engem Zusammenhang mit den vielen anderen Weichenstellungen und Wandlungsprozessen, die sich – bewußt geplant oder unbeeinflußt, oft auch unbemerkt – in jener »Schwellenzeit« seit dem Jahrhundertbeginn vollzogen haben. In den beim Übergang von der traditionellen zur modernen Stadt entstehenden sozialen Problemen und in den ersten Versuchen zu deren Bewältigung werden bereits viele der Wurzeln sichtbar, aus denen in Deutschland – quantitativ wie qualitativ – die spätere urbanisierte Industriegesellschaft mit ihren spezifischen Charakteristika hervorging. Die auf die Jahrhundertwende folgenden fünf Jahrzehnte lassen sich vor allem insofern als die entscheidende Vorbereitungsphase der Urbanisierung charakterisieren, als das im Zeitalter des Absolutismus weitgehend stagnierende, zumeist sogar stark »heruntergekommene« Städtewesen durch das Emanzipationsstreben des Bürgertums seit Ende des 18. Jahrhunderts und durch die bürokratischen Reformen in den beiden ersten Jahrzehnten des 19. Jahrhunderts rechtlich, aber auch in ökonomischer, sozialer und sozialpsychologischer Hinsicht eine neue Basis erhielt. Das bezieht sich zunächst zwar nur auf Preußen, bestimmte jedoch mit zeitlicher Verzögerung auch die Entwicklung in den meisten anderen deutschen Staaten.

Der Kernbegriff, der den wichtigsten Entwicklungsimpuls jener Zeit bezeichnet, ist der der Mobilisierung: Ohne die Aufhebung einer Fülle von traditionellen Beschränkungen der sowohl räumlichen als auch sozialen Mobilität wären die diversen Modernisierungsansätze im Gefolge der politischen Revolutionen in Amerika und Frankreich sowie der industriellen Revolution in England in Deutschland rasch an ihre Grenzen gestoßen.

Die Feststellung, die großen sozialgeschichtlichen Wandlungen des 19. Jahrhunderts seien die Konsequenz einer »Kette von Mobilitätsvorgängen (gewesen), die parallel zu der technischen und ökonomischen Entwicklung sich vollzogen« hätten, trifft in ganz besonderem Maße auf die Umformung des traditionellen Städtewesens und seine veränderte Bedeutung im gesamtgesellschaftlichen Zusammenhang zu.[1] Äußeres Kennzeichen des sich vollziehenden Wandels waren in vielen Städten das Schleifen der Stadtmauern und das Auffüllen der Gräben, d. h. die »Entfestigung«, die im letzten Jahrzehnt des 18. Jahrhunderts begann und sich bis weit ins 19. Jahrhundert fortsetzte. Die Änderungen in der Kriegstechnik, aber auch die Erfordernisse des Handels und der Verkehrsführung hatten solche Schutzwälle überflüssig gemacht oder als Hemmnisse erscheinen lassen. Der Vorgang war von großer symbolischer Bedeutung: Die Stadt, die sich bisher im wahrsten Sinne des Wortes durch ihre Ummauerung »definiert« und so deutlich vom Umland abgetrennt hatte, beseitigte ihre Begrenzung und vollzog dadurch – gemessen an der gesamten bisherigen abendländischen Stadtgeschichte – eine geradezu revolutionäre Hinwendung in eine völlig neue Richtung.[2] Nicht die Geschlossenheit war von nun ab ihr Charakteristikum, sondern ihre Offenheit; aus der staatlich bevormundeten, quasi unter militärischer Aufsicht stehenden und – ihre Verwaltung betreffend – durchweg in einem ausgeprägten Formalismus erstarrten Stadt wurde in kurzer Zeit die »offene Bürgerstadt«. Eine Situation wie die, daß ein Reisender abends nach Toresschluß vor einer Stadt ankam, der Torwächter ihn aber nicht mehr hereinlassen konnte, weil der Bürgermeister den Schlüssel schon mitgenommen hatte, so daß er die ganze Nacht im strömenden Regen vor dem Stadttore (»vor welchem kaum ein Hund Obdach finden würde«) verbringen mußte, gehörte der Vergangenheit an.[3]

Mit der äußeren Entgrenzung der Stadt spitzte sich jenes Problem erheblich zu, das bis heute die moderne Stadtgeschichte kennzeichnet: die Schwierigkeit, ja vielleicht Unmöglichkeit, klar und erschöpfend zu definieren, was eigentlich eine Stadt ist.[4] Schon die Definition in Zedlers *Universallexikon* aus dem Jahre 1743 zeigt dieses Dilemma:

»Stadt wird«, heißt es dort, »sowohl in denen beschriebenen gemeinen Rechten, als auch nach der eingeführten Gewohnheit, in unterschiedlichem Verstande genommen. Denn bisweilen bedeutet es nur eine Versammlung oder Menge Leute, die sich, nach gewissen und unter sich selbst errichteten Gesetzen und Verträgen, ruhig und friedlich bey einander zu wohnen und zu leben, in eine Gemeinschaft zusammengefunden, oder eine sonst so genannte Bürgerliche Gesellschaft.«[5]

Mit dem schon in der zweiten Hälfte des 18. Jahrhunderts zu beobachtenden Abbröckeln der ständischen Ordnung fiel auch die Möglichkeit fort, die Stadt einfach als Wohnort der »Bürger« zu verstehen, denn was ein Bürger war, konnte selbst das Preußische Allgemeine Landrecht von 1794 nur noch negativ ausdrücken: »Der Bürgerstand begreift alle Einwohner des Staats unter sich, welche, ihrer Geburt nach, weder zum Adel, noch zum Bauernstande gerechnet werden können und auch nachher keinem dieser Stände einverleibt sind.«[6]

In dieser Situation brachte die preußische Städteordnung vom November 1808 in einer Reihe von Aspekten eine gewisse Klärung, die weitreichende Folgen haben sollte, auch wenn es zunächst noch Jahrzehnte dauerte, bis sich die neu kodifizierte kommunale Selbstverwaltung tatsächlich durchgesetzt hatte. Indem die neue Städteordnung den das Bürgerrecht besitzenden Einwohnern die Verantwortung für die Verwaltung ihrer Stadt weitgehend übertrug, wollten ihre Initiatoren, allen voran Freiherr vom Stein, der preußische Provinzialminister von Schroetter und der Königsberger Polizeidirektor Frey, in der Zeit der tiefsten Erniedrigung Preußens nach der Niederlage gegen Napoleon den Grundstein für ein auf bürgerlichem »Gemeingeist« beruhendes Nationalbewußtsein legen und zugleich »Eifer und Liebe für die öffentlichen Angelegenheiten« wecken.[7] Dahinter stand außer aufklärerisch-liberalen Ideen die Erwartung, daß ein sich mit den Staatszwecken identifizierender Bürger auch zu entsprechenden Opfern für den Staat bereit sein werde – nicht zuletzt zu finanziellen Opfern![8] Neben dem Optimismus, durch eine Reform von oben auf lange Sicht eine staatsbürgerliche Gesinnung anerziehen und die im aufstrebenden Bürgertum schlummernden zukunftsweisenden Kräfte mobilisieren zu können, machte dieser materielle Aspekt beim Zustandekommen der verschiedenen Reformgesetze Steins und Hardenbergs durchaus einen wichtigen Teil der reformerischen Motive aus. Nicht zufällig spielte deshalb der

Nachweis von Besitz bei der Verleihung des Bürgerrechts die entscheidende Rolle; nur ein kleiner Teil der städtischen Einwohner konnte aufgrund solcher und ähnlicher Bestimmungen an der Selbstverwaltung teilnehmen und die Stadtverordneten wählen, von denen übrigens zwei Drittel Hausbesitzer sein sollten: In Köln waren es z. B. nur knapp 5 % der Einwohner, in Bielefeld sogar nur 3,8 %, die das Wahlrecht besaßen.[9] Die städtischen Selbstverwaltungsgremien wurden dementsprechend zu einer Domäne des Besitzbürgertums, d. h. der Kaufleute und Handwerker; das Bildungsbürgertum spielte zunächst keine Rolle, und seine Bedeutung stieg nur geringfügig an, als später (1831) der Erwerb des Bürgerrechts zusätzlich durch den Nachweis eines bestimmten jährlichen Mindesteinkommens möglich wurde. Diese Prinzipien und Ergebnisse der Städtereform, die in der Folgezeit nicht nur das städtische Leben in den preußischen Kernprovinzen und dann in den übrigen Landesteilen, sondern auch in anderen deutschen Staaten prägten, boten jedenfalls dem besitzbürgerlichen Teil der Gesellschaft im städtischen Raum eine ganz besondere Chance zur Entfaltung und Absicherung.

Die Entstehung der bürgerlichen Gesellschaft, und das bedeutete zugleich die Durchsetzung bürgerlich-kapitalistischen Denkens und Handelns, vollzog sich daher – gerade auch im Verein mit den wirtschaftsliberalen Gewerbereformen – in den Städten; hier wurde dem Bürgertum im Gegensatz zu fast allen anderen öffentlichen Bereichen ein vom Staat wenig gegängeltes Experimentierfeld zugebilligt, von dem zunächst keine Gefahr für das Gesamtsystem auszugehen schien, das aber dann in den vierziger Jahren des 19. Jahrhunderts zum einzigen legalen Diskussionsforum der bürgerlichen Verfassungsbewegung werden sollte. Urbanisierung – an dieser Stelle im qualitativen Sinn als Herausbildung einer spezifisch städtischen Lebensform verstanden – verknüpfte sich durch solche Schwerpunktsetzungen in ganz besonderer Weise in Deutschland mit der Geschichte der bürgerlichen Gesellschaft, die jedoch – das sei vorweg gesagt – immer in der Gefahr stand, von philiströser Enge und vom sprichwörtlichen »Kirchturmblick« allzusehr geprägt zu werden. Dennoch: Was in gewisser Hinsicht die absolutistischen Herrscher durch den prunkvollen Ausbau ihrer Residenzstädte im 18. Jahrhundert schon angebahnt hatten, setzte das wohlhabende Stadtbürgertum jetzt fort: die Ausgestaltung der Städte zu kulturellen Mittelpunkten. Für diese »Verbürgerlichung der Kultur« sorgten vor allem die seit den siebziger Jahren des 18. Jahrhunderts überall entstehenden bürgerlichen Lesevereine, philanthropischen Gesellschaften und sonstigen geselligen Zirkel.[10] Zwar gab es in einigen Teilen Deutschlands wie z. B. in der preußischen Grafschaft Mark auch weiterhin eine bemerkenswert weltoffene landsässige Bürgerlichkeit – auf längere Sicht verlor diese aber ganz erheblich an Bedeutung und Einfluß.

Von noch größerem Gewicht als dieser kulturelle Aspekt waren für die seit ca. 1800 zügig voranschreitende Identifikation Bürgertum = Stadt = Fortschritt die in frühliberalen Kreisen vertretenen politischen Hoffnungen einerseits und ökonomischen Erwartungen andrerseits, die im weiteren Verlauf des Vormärz und in Auseinandersetzung mit der politischen Reaktion immer deutlicher artikuliert und eng mit dem Ausbau des Städtewesens in Verbindung gebracht wurden. In dem wohl bemerkenswertesten Produkt des deutschen Frühliberalismus, dem Rotteck-Welckerschen *Staatslexikon*, hat Karl Theodor Welcker Anfang der vierziger Jahres des 19. Jahrhunderts die bürgerlich-liberale Vorstellung von Funktion und Aufgabe der Städte in einem auf »nationale Volksfreiheitsrechte« gegründeten »Gesamtvaterland« exemplarisch erläutert: Die Städte als organische Elemente einer »geordnet regieren und zugleich freien Gesellschaft« benötigten – so Welcker – eine »wahrhaft freie Gemeindeverfassung . . . (als) wesentliche Bedingung für die deutsche Nationalexistenz«.[11] Wichtige erste Schritte in dieser Richtung seien durch die Reformen zu Beginn des Jahrhunderts bereits getan worden: Mit der Städtereform sei die korrupte »Perückenherrschaft«, mit der Einführung der Gewerbefreiheit der alte Kastengeist – die Lähmung der Volkskraft durch erstarrte Monopole und Privilegien – zurückgedrängt worden. Als Folge lasse sich seither in Stadt und Land eine zunehmende Bildung freier, staatsunmittelbarer Bürger nachweisen. Gerade das städtische Leben fördere die Entwicklung zu einer »höhere(n) Culturstufe der Völker«; es erwecke, vereinige und schütze »die höheren Bestrebungen, Gewerbe, Handel, die Civilisation überhaupt« sehr viel mehr als das Wohnen auf dem Land. Dem unzweifelhaft in Gang gekommenen Fortschritt drohten aber dann schwere Gefahren, wenn der Staat den Gemeinden den weiteren Ausbau ihrer Selbstverwaltung vorenthalte: Statt einer »tätigen patriotischen Teilnahme« und eines kraftvollen sittlichen Gemeingeistes würden sich Selbstsucht, Nepotismus, Spießbürgerlichkeit und neue Erstarrung ausbreiten. Nur in der konsequenten Neubelebung eines genossenschaftlichen Denkens, dessen Traditionen Welcker bis auf die germanische Schutz- und Wehrgenossenschaft zurückführt, sah der Verfasser die Möglichkeit, solchen Gefahren aus eigener bürgerlicher Kraft begegnen zu können – sofern nicht »kleinliche und wahrhaft unstaatsmännische verderbliche Furcht vor der Freiheit« diese Chance zunichte mache.

Aus solchen Worten spricht jenes ausgeprägte Selbstbewußtsein, das sich – nachdem die Kinderkrankheiten der Anfangszeit überwunden waren – inzwischen als Frucht der in der Selbstverwaltung gewonnenen Erfahrungen allenthalben in den größeren Städten ausgebreitet hatte, zum Teil vor dem Hintergrund, daß inzwischen das reiche Honoratiorenbürgertum das zunächst in den Stadträten vertretene kleinbürgerliche Element mehr und mehr zurückgedrängt hatte. Besonders deutlich trat die honoratiorenbürgerliche Dominanz in der preußischen Rheinprovinz hervor, der in Deutschland neben Sachsen am weitesten entwickelten Gewerberegion. Die Rheinländer hatten ihre in der Tradition der von Napoleon eingeführten Mairieverfassung stehende eigene Kommunalverfassung verteidigen können und erhielten schließlich 1845 eine Gemeindeordnung, die als Novum ein durch einen hohen Zensus nach unten abgeschottetes Dreiklassenwahlrecht einführte: Nach ihrer Steuerleistung wählten die Bürger in den drei Wählerklassen je ein Drittel der Stadtverordneten; in Köln konnten z. B. nur 533, 1262 und 2304 Personen von insgesamt 83 195 Einwohnern an der Stadtratswahl teilnehmen. [12] Auf der Suche nach stabilisierenden Kräften in der immer offensichtlicher von Auflösungstendenzen bedrohten vormärzlichen Gesellschaft war die preußische Ministerialbürokratie trotz ihres grundsätzlichen Argwohns gegenüber den selbstbewußten Westprovinzen bereit, auf das reiche Besitzbürgertum zu setzen und ihm durch das Dreiklassenwahlrecht auch weiterhin einen weit überproportionalen Einfluß in den Stadtverordnetenversammlungen und auf die jeweilige städtische Entwicklung zuzugestehen. Dennoch bedeutete dieser Schritt den Anfang einer verstärkten Politisierung dieses Gremiums, weil sich die Abgeordneten der dritten Klasse vor allem in den zu sozialen Brennpunkten gewordenen Gewerbestädten zunehmend aus radikalen Liberalen und Anhängern der sog. demokratischen »Volkspartei« rekrutierten. [13]

Das politische Szenarium am Ende des ersten Aktes der beginnenden Urbanisierung war daher sehr stark vom Besitz-, aber nur in geringem Maße vom Bildungsbürgertum geprägt; diese Gruppe stellte die handelnden Personen und lieferte die Bewertungsmaßstäbe und Handlungsmaximen für das städtische Regiment, auch wenn hier und da erste Gegenkonzepte auftauchten. In dieser Konstellation sah Welcker in seinem oben zitierten Lexikonartikel jedoch für den Fall keine ernste Gefahr, daß sich die Stadtverordneten – und davon ging er optimistisch aus – als Repräsentanten der »ganzen Volksgemeinde« verstanden und entsprechend handelten.[14] Die eigentliche Bedrohung des in den Städten zutage tretenden allgemeinen Fortschritts der bürgerlichen Gesellschaft war für die Frühliberalen in erster Linie die »alles bevormundende Vielregiererei mittelst eines eigenen, von der Masse der Regierten abgesonderten Beamtenstandes«, d. h. der drohende Rückfall der Staatsführung in eine durch die Reformen überwunden geglaubte Gängelung der Städte.[15] Daß die Annahme eines solchen Rückfalls nicht unbegründet war, zeigen Beratungen im preußischen Innenministerium über scharfe Maßnahmen gegen die im Zusammenhang mit Stadtverordnetenwahlen in den vierziger Jahren an vielen Orten, vor allem in der Provinz Sachsen, in Mode gekommenen Bürger- und Volksversammlungen.[16]

2. Soziale Spannungen in den frühen Gewerbestädten

Daß inzwischen eine weitere, von der Kluft zwischen bürgerlicher Gesellschaft und legitimistischem Staat weitgehend unabhängige »soziale« Gefahr die Fortentwicklung des bürgerlichen Lebens in den Städten ebenfalls zu bedrohen begann, dafür fehlte dem in der beschaulichen Universitätsstadt Freiburg Staatsrecht lehrenden Welcker die konkrete Anschauung. Obwohl der quantitative Aspekt der Urbanisierung, das Wuchern der städtischen Bevölkerung, besonders der Unterschichten, zu dieser Zeit erst punktuell eingesetzt hatte, zeichneten sich doch bereits neben dem schnell um sich greifenden Pauperismus auf dem Lande auch in den damals bereits entwickelten Gewerbezentren, in die immer mehr von der Verelendung bedrohte Landbewohner abwanderten, Übervölkerungserscheinungen bisher unbekannten Ausmaßes ab. Mehrere Gründe, die sich in der ersten Hälfte des 19. Jahrhunderts gegenseitig verstärkten, hatten zu dieser Entwicklung geführt.[17] Ein wichtiger Impuls war von der gezielten Ausweitung des vorhandenen Nahrungsspielraumes durch den merkantilistischen Landesausbau und die Peuplierungspolitik der absolutistischen Herrscher ausgegangen, denen eine große Volkszahl in Stadt und Land als Reichtum und Machtgewinn galt. So stieg z. B. die Zivilbevölkerung Berlins von ca. 68 000 Einwohnern im Jahre 1740 auf 89 000 zehn Jahre später. Begeistert über diesen Zuwachs erteilte daraufhin Friedrich der Große dem Berliner Polizeipräsidenten den Auftrag, dafür zu sorgen, daß spätestens im Jahre 1755 die Grenze von 100 000 Einwohnern überschritten sei. Schon ein Jahr vor Ablauf dieser Frist konnte ihm sein gehorsamer Beamter die Erfolgsmeldung überbringen.[18] Hinter Wien war Berlin damit die zweitgrößte Stadt im damaligen Deutschen Reich, blieb aber noch deutlich hinter anderen europäischen Metropolen wie Paris, London, Amsterdam und Rom zurück, die z. T. schon über eine halbe Million Einwohner zählten. Eine ähnliche Bevölkerungszunahme verzeichneten im 18. Jahrhundert auch andere deutsche Städte, ohne daß man schon von einer Verstädterung sprechen könnte. Vor allem die Residenz- und Garnisonstädte, aber auch einige Universitäts- und Handelsstädte konnten ihre Einwohnerzahl erheblich vergrößern, oft mehr als verdoppeln.

Deutlich verstärkt, vor allem auf dem Lande, wurde die Bevölkerungswelle seit Beginn des 19. Jahrhunderts (s. Tab. 1) durch die in den Reformgesetzen dekretierte Freisetzung der Unterschichten zur ungehinderten Eheschließung und Fortpflanzung, weiterhin durch die Verringerung der Kinder- und Jugendlichensterblichkeit aufgrund verbesserter Hygiene. Die gleichzeitige Expansion der agrarischen Produktivität vermochte in einigen Regionen zunächst noch mit dem Wachstum der Landbevölkerung Schritt zu halten. Die fast reinen Agrargebiete der preußischen Ostprovinzen mit ihrer zunächst sehr geringen Bevölkerungsdichte können als Beispiel dienen: Hier hatten die neue Agrarverfassung und der Landesausbau nach der sog. Bauernbefreiung zu einer erheblichen Ausweitung der Stellenzahl auf den Gütern und in den Dörfern geführt, so daß bis in die vierziger Jahre sowohl der Bevölkerungsüberschuß als auch Zuwanderer noch untergebracht werden konnten.[19] Dagegen stieß der Bevölkerungszuwachs in anderen deutschen Regionen, vor allem in denjenigen, in denen das Realerbteilungsrecht vorherrschte, bald an die Grenzen der Unterbringungs- und Beschäftigungsmöglichkeiten. Das Wuchern der unterbäuerlichen und kleinbäuerlichen Schichten sowie das Absinken ehemals gesicherter Bevölkerungskreise, vor allem der ländlichen Heimgewerbetreibenden, unter das Existenzminimum führten hier rasch zu einem Überdruck, der sich in der Abwanderung in die zentralen Orte und die Gebiete stärkerer gewerblicher Entwicklung, seit den dreißiger Jahren auch in der Überseewanderung ein Ventil suchte.[20] In den Gewerbestädten traf das arbeitsuchende Landproletariat jedoch auf die Konkurrenz der ebenfalls stark wachsenden städtischen Unterschichten, die wiederum einen erheblichen Zufluß durch im Gefolge der Gewerbefreiheit in ihrer Existenz bedrohte Handwerker erhielten.

Da in der Bundesakte des Deutschen Bundes von 1815 die Binnenwanderung in den Einzelstaaten wie die Wanderung über die Landesgrenzen innerhalb des Bundes von Beschränkungen befreit worden waren, konnten die hohen Ministerialbeamten die Wanderungsströme nicht kanalisieren – sie wollten es auch gar nicht, wie noch zu zeigen sein wird. Der »schwarze Peter« lag daher bei jenen Städten, die durch ihre zentralörtliche Funktion oder besondere Gewerbestruktur wie ein Magnet auf die Arbeit und Brot suchenden wandernden Unterschichten wirkten, während die meisten übrigen Städte im Vormärz kaum oder noch gar nicht mit den Folgeproblemen des Pauperismus und der Bevölkerungsexplosion in Berührung kamen. Neben den schnell wachsenden Hauptstädten wie Berlin und München und einigen Handelszentren wie Köln und Leipzig waren besonders jene Städte betroffen, in denen sich eine ausdifferenzierte traditionelle Gewerbestruktur industriell zu überformen begann.

Die beiden Textilgewerbestädte Elberfeld und Barmen im Wuppertal erweisen sich in diesem Zusammenhang als besonders extreme Beispiele. Innerhalb von nur dreißig Jahren – von 1810 bis 1840 – verdoppelten sie ihre Bevölkerungszahl von rund 19000 bzw. 16000 auf knapp 40000 bzw. 31000; sie bildeten damit – neben Köln – im Westen Deutschlands die mit Abstand größte Menschenzusammenballung (s. Tab. 3).[21] Über die Hälfte dieses für damalige Verhältnisse gewaltigen Zuwachses ging auf das Konto der Zuwanderung. Die äußeren Umstände und Begleiterscheinungen der zunächst »inneren« Verstädterung in den Wupperstädten waren für diese erste Urbanisierungsphase typisch; sie führten zu einer völlig unkontrollierten Zerstörung der bisherigen Lebensumwelt, wodurch besonders die städtischen Unter- und Mittelschichten betroffen waren. Die Industrie bebaute die noch freien Plätze in der Stadt mit Fabrikgebäuden und verdrängte die Gärten und Bleichwiesen, so daß die schon bestehende Gemengelage von Arbeits- und Wohnstätten immer dichter wurde. Durch die Einführung der Lärm und Qualm erzeugenden Dampfmaschine seit 1820, durch die sog. Fixbleiche mit ihren chemischen Abfällen und durch neue Farbstoffe in den Färbereien wurde die Bevölkerung in der Nähe der Fabriken viel mehr belastet als zuvor. Zu den menschlichen Abfällen, welche die Wupper aufnehmen mußte, kamen jetzt die industriellen Abwässer. Träge fließend und verschlammt, bald purpurrot, bald blau gefärbt, stellte der Fluß in Trockenzeiten mit seinen »schauderhaften Miasmen« einen Seuchenherd ersten Ranges dar, während bei Hochwasser der Unrat bis in die Straßen und Keller der tiefer gelegenen Wohnviertel transportiert wurde.[22] Die städtische Oberschicht der Verlegerkaufleute und Fabrikanten begann sich in dieser Zeit den zunehmenden Umweltbelastungen dadurch zu entziehen, daß sie sich in den grünen Randbereichen ansiedelte. Gleichzeitig nahm das Wohnelend drastisch zu, denn die einströmenden Zuwanderer wurden zunächst nur in Ausnahmefällen in neugebauten Wohnhäusern untergebracht; statt dessen füllten sie den vorhandenen Bestand auf: Hinterhäuser, Keller und Dachböden wurden mit geringem Aufwand ausgebaut und in einer Weise belegt, daß eine geradezu unvorstellbare Enge herrschte. Wegen der von diesen Vierteln ausgehenden Brand- und Seuchengefahr begann sich zwar schon in den vierziger Jahren die Obrigkeit für diese Zustände zu interessieren, griff aber nur in Extremfällen ein. Im allgemeinen fiel der für die »innere Verstädterung« typische »Schwammeffekt« mit seinen sozialen Folgen der Oberschicht gar nicht auf oder wurde nicht beachtet. Die Zunahme der Fabriken in der Stadt galt als Beweis des Gewerbefleißes und der Prosperität, die eben ihre Kosten hatte.

Der aus Rheda stammende Arzt und Frühsozialist Otto Lüning hat die Janusköpfigkeit der Verhältnisse nach einem Besuch Elberfelds Mitte der vierziger Jahre geschildert.[23] Einerseits staunte er über »rauchende Schlote, brausende Maschinen, stattliche Etablissements«, andrerseits sah er mit seinem Freund Moses Heß auch die Arbeiterviertel, die auf ihn nur auf den ersten Blick und nur »von der Vorderseite ziemlich manierlich« wirkten, denn – so Lüning – es »wohnen leider in diesen besseren Wohnungen wenig oder gar keine Arbeiter. Aber zwischen den Häusern führen kleine, schmale Gassen, durch welche sich gerade ein Mensch hindurchquetschen kann, in die Höfe und Hinterhäuser; da wohnen die Arbeiter des gesegneten Wuppertales, und wie es da aussieht, darüber hat sogar die Elberfelder Zeitung einige furchtbare Beispiele mitgeteilt. Dem Fremden aber fallen diese Gäßchen nicht auf, und die Bourgeoisie hütet sich, ihn darauf aufmerksam zu machen.« Soziale Segregation war also von vornherein ein Charakteristikum der beginnenden Urbanisierung.

Verschiedene andere soziale Folgen jener »inneren Verstädterung« ließen sich jedoch nicht verheimlichen; zu offensichtlich waren sie tagtäglich auf den Straßen zu sehen: Bettelei, Prostitution, pöbelhaftes Benehmen und Alkoholismus. Ein anderer Besucher, der Gothaer Buchhändler Perthes, schilderte 1829 mit Entsetzen seine Erfahrungen in Elberfeld, die so völlig dem widersprachen, was sich der aufgeklärte Bürger unter städtischem Leben vorstellte:

»Elberfeld hat mir einen unheimlichen Eindruck hinterlassen; die Gegensätze auf diesem Menschenmarkte sind gar zu groß: kaufmännische Großhänse mit Schmerbäuchen und ausgearbeiteten Freßwerkzeugen, ausgehungertes Lumpengesindel, abgemagerte Gestalten mit Gesichtern, bleich von innerer sektiererischer Arbeit, und dabei nachts auf den Straßen ein so roher Lärm liederlicher und betrunkener Menschen, wie mir selten vorgekommen ist.«[24]

Nur sehr wenige Zeitgenossen begriffen zu dieser Zeit bereits, daß solche Erscheinungen mehr als nur singulär hervortretende Extreme, sondern die an der Oberfläche sichtbar werdenden ersten Anzeichen eines sich anbahnenden tiefgreifenden sozialen Wandels waren, der in einzelnen Städten begann und schließlich immer mehr Lebensbereiche ergriff. Konfrontiert mit den genannten Auswüchsen, herrschten in Bürgerkreisen und selbst bei so scharfsinnigen Beobachtern wie dem jungen Friedrich Engels zunächst sehr viel stärker Abscheu vor dem »Lumpenproletariat« und der Ruf nach einem starken polizeilichen Eingreifen als die Bereitschaft zu einem umsichtigen sozialen Engagement vor.[25] Mit Razzien und sonstigen Polizeimaßnahmen begann man, sich in den betroffenen Städten der schlimmsten Auswüchse zu erwehren. Außerdem versuchten die Stadtväter zum Instrument der Zuzugsbeschränkung zu greifen, um solche Personen, die für die vom sozialen Abstieg bedrohten einheimischen Handwerker eine Konkurrenz darstellten oder von denen absehbar war, daß sie in kurzer Zeit der kommunalen Armenpflege zur Last fallen würden, aus der Stadt herauszuhalten. Das führte zu der Forderung, die allgemeine Freizügigkeit zu beschränken, denn es sei – wie z. B. der Rat der Stadt Barmen argumentierte – »zum Teile der so leichten Einwanderung, resp. Niederlassung zuzuschreiben . . ., daß die Verarmung der arbeitenden Klassen seit Jahren (in) einer Besorgnis erregenden Größe zugenommen habe«.[26] Allerdings hatte der Gesetzgeber dem städtischen Spielraum in diesem Punkt enge Grenzen gesetzt, um »dem Umlauf der Kräfte und Kapitale« freie Bahn zu schaffen.[27] Die von wirtschaftsliberalen Gedanken geprägten Beamten in den zuständigen Ministerien gingen entgegen den Forderungen einzelner Städte davon aus, daß eine Beibehaltung oder Wiedereinführung mobilitätshemmender Bestimmungen eine »temporaire Übervölkerung einzelner Orte, Mangel an tätigen Händen in den anderen, unverhältnismäßige Verschiedenheit in den Arbeitslöhnen, Lähmung des industriellen Fortschreitens der Einzelnen und der Nation, und Demoralisation des Volkes« zur Folge haben werde.[28] Sie hielten das städtische Drängen für einen Ausdruck des Eigennutzes der Honoratioren. Es blieb deshalb bis in die fünfziger Jahre bei der Bestimmung, daß nur »Bescholtene« und nur sich im Zustand aktueller Armut befindende Personen abgewiesen werden konnten. Lediglich für Berlin galt seit 1824 zum Erhalt der öffentlichen Ordnung und Sicherheit in der Hauptstadt eine Ausnahmeregelung, die u. a. den Nachweis der »untadelhaften Führung« von den Zuwandernden verlangte und auch prophylaktische Zurückweisung zuließ. Diese Regelung, die übrigens in der Realität kaum Auswirkungen hatte, war aber bewußt geheimgehalten worden, um nicht das Verlangen anderer Städte nach Gleichbehandlung zu wecken.

Den sich industriell überformenden Gewerbestädten mit hoher Zuwanderung, die sich in dieser Phase im wesentlichen noch aus Nahwanderern aus einem Umkreis von bis zu fünfzig Kilometern rekrutierten, blieb keine andere Wahl als zu versuchen, die kommunale Armenpflege, zu der sie traditionell und dann erneut durch Gesetz vom 31. Dezember 1842 verpflichtet waren, so zu organisieren, daß die schlimmsten Auswüchse behoben wurden, sonst aber den Dingen ihren Lauf zu lassen. Angesichts der Tatsache, daß in manchen Städten schon in normalen Zeiten bis zu 20 % der Bevölkerung von der Armenunterstützung lebten, in Krisenzeiten sich die Zahl aber mehr als verdoppeln konnte, wurde die bisher in eine private, kirchliche und städtische zerplitterte Armenpflege verstärkt in städtische Hand genommen und besser organisiert, was zugleich eine zunehmende Disziplinierung, z. B. durch die Einrichtung weiterer Arbeitshäuser, zur Folge hatte. Zugrunde lag die Überzeugung, daß nicht die materielle Hilfe für die Armen das Ziel der Armenpolitik sein könne, sondern die Erziehung zur Arbeit, was wiederum in Ansätzen auch eine Arbeitsbeschaffungspolitik notwendig machte. So verpflichtete z. B. die Elberfelder Armenverwaltung jeden Armen, jede ihm »angewiesene schickliche und (seinen) Kräften angemessene Arbeit unweigerlich zu übernehmen«.[29]

Wenn auch in der Methode Neuansätze zur Bewältigung der sozialen Folgen jener »inneren Verstädterung« zu beobachten sind, zeigt sich grundsätzlich doch, daß die Verantwortlichen die Absicht beherrschte, durch den Rückgriff auf das traditionelle Armenwesen eine infolge der wachsenden Mobilität quantitativ wie qualitativ aus den Fugen geratene Ordnung nach herkömmlichen Prinzipien zu restaurieren. Darüber hinausgehende Bewältigungsstrategien, die mehr als nur ein Vorstoß von einzelnen waren und die möglicherweise auf zukunftsweisende Reformen hinausgelaufen wären, lassen sich erst seit der Mitte der vierziger Jahre als Folge des bürgerlichen Schocks über den schlesischen Weberaufstand im Sommer 1844 feststellen. In der Ende 1844/Anfang 1845 aufflackernden Vereinsbewegung für das »Wohl der arbeitenden Klassen«, besonders in den sich in größerer Zahl in den Städten der preußischen Westprovinzen und in Berlin bildenden Lokalvereinen, spielte die Frage, auf welchem Wege der städtische Pauperismus jeweils vor Ort bekämpft werden könne, eine zentrale Rolle.[30] Die hier vertretenen Konzeptionen reichten von der Gründung von Sparkassen und anderen Vorsorgeeinrichtungen zur materiellen und von Bildungseinrichtungen zur geistigen »Hebung der unteren Klassen« über erste Pläne zum Arbeiterwohnungsbau und zur Verbesserung der hygienischen Verhältnisse bis hin zu von Bürgern und Arbeitern gemeinsam unternommenen genossenschaftlichen Initiativen, die letztlich zu einer »Organisation der Arbeit« – wie das viel benutzte, aber mit sehr unterschiedlichen Inhalten gefüllte Schlagwort vor allem der radikaleren Kreise lautete – führen sollte. Zur praktischen Umsetzung einzelner dieser Vorschläge kam es jedoch – wenn überhaupt – erst 1848/49, denn die restriktive Politik des reaktionären preußischen Innenministeriums sorgte dafür, daß sich diese Bewegung im Vormärz nicht entfalten konnte. Zu stark war in konservativen Beamtenkreisen der Argwohn gegen alle liberalen Vereinsinitiativen, besonders gegen solche, die eine »Emanzipation« der unteren Klassen bezweckten, verbreitet.

3. Städtische Wirtschafts-, Verkehrs- und Bevölkerungsentwicklung vor 1850

Der Vorgang der »inneren Verstädterung« in der ersten Hälfte des 19. Jahrhunderts ist bisher im wesentlichen als ein Prozeß sprunghafter menschlicher Zusammenballung in einzelnen Städten beschrieben worden, ein Prozeß, der zu einer »Verlagerung der sozialen Lasten vom Lande auf die Stadt« führte und insofern von den städtischen Bürgern als Herausforderung und Bedrohung erlebt wurde.[31] Als ein herausragendes Ergebnis dieses Prozesses läßt sich die Entstehung der modernen Arbeiterklasse hervorheben, wenn man einen zweiten, zunächst weniger spektakulären, aber um so nachhaltiger wirksamen Konzentrationsvorgang einbezieht, nämlich den der Zusammenballung ökonomischer Macht mit all ihren Folgen. Bereits die mittelalterliche Stadt war sehr stark durch ihre Markt- und Produktionsfunktion bestimmt gewesen; diese Aufgaben hatte sie jedoch meist in recht engen rechtlichen, ökonomischen und räumlichen Grenzen wahrgenommen. Die starren Zunftordnungen, die Privilegien und Monopole sowie das sonstige Konzessionswesen hatten dann in der Zeit des Merkantilismus trotz der partiellen Prosperität einzelner Gewerbezweige keinen fundierten und zukunftsweisenden gewerblichen Aufschwung angeregt, so daß Ende des 18. Jahrhunderts in den meisten Städten der Niedergang ganz offensichtlich war. »Indolenz« war der zeitgenössische Begriff für die nur gering entwickelte Fähigkeit und Bereitschaft, sich den vor allem von England ausgehenden ökonomischen und technischen Herausforderungen zu stellen. Mit dem Wegfall der alten Zunftschranken im Zuge der Gewerbereformen seit 1810 geriet nun das traditionell in den Städten beheimatete Handwerk verstärkt in eine tiefe Krise, die erst nach einer Reihe von Jahrzehnten durch eine Umwertung seiner Rolle innerhalb der gesamten Gewerbestruktur überwunden werden sollte. Dagegen konnten in einigen wenigen »Pionierregionen«, zu denen u. a. Sachsen, das Bergische Land mit den Wupperstädten und das Textilgewerbegebiet um Krefeld und Mönchen-Gladbach gehörten, flexible und weltoffene Kaufleute und Manufakturisten die Vorteile der Gewerbefreiheit und der billigen, weil in großer Zahl vorhandenen Arbeitskräfte für den weiteren Ausbau ihrer Position nutzen – trotz der Belastungen im Gefolge der napoleonischen Kriege, der Kontinentalsperre und der anschließend geradezu erdrückenden englischen Konkurrenz auf dem deutschen Markte.[32] Aus diesen Kreisen gingen vor allem in den Gewerbestädten der preußischen Westprovinzen die ersten industriellen Unternehmer hervor.[33] Ihnen kam zugute, daß in den entscheidenden Ministerien eine neue Beamtengeneration saß, die in besonderer Weise von wirtschaftsliberalen Vorstellungen geprägt war und daher eine Gewerbepolitik betrieb, die eine kräftige Förderung der industriellen Anfänge ohne einengende Beschränkung zum Ziel hatte.

Die Unternehmer neuen Typs, die in den frühen Industriestädten meist bruchlos aus den alten Mittel- und Oberschichten hervorgegangen sind, bedienten sich extensiv der Vorleistungen und Standortvorteile, die in den Gewerberegionen noch aus vorindustrieller Zeit vorhanden waren, und zogen nicht nur die pauperisierten Arbeitskräfte und die Überschußbevölkerung des Umlandes mit den schon erwähnten Folgen an, sondern auch Kapital, Besitzer von »know-how« und in gewissem Umfang auch junge auswärtige Unternehmer und Oberschichtensöhne, die dann meist in die alten Honoratiorenfamilien einheirateten. Die Betriebe, in denen Dampfkraft verwendet wurde, waren von der bisherigen, normalerweise nur außerhalb der Städte vorfindbaren Wasserkraft unabhängig; auch aus diesem Grunde machte der wirtschaftliche Konzentrationsprozeß in den Gewerbestädten rasche Fortschritte: Durch den industriellen Ausbau älterer Handwerksbetriebe und Manufakturen, durch die erwähnte Auffüllung der noch vorhandenen innerstädtischen Freiräume mit neuen Fabrikgebäuden, durch die mit der Vergrößerung der Bevölkerungszahl einhergehende Ausweitung der nachgefragten Dienstleistungen und Versorgungseinrichtungen entstanden neue Erwerbsquellen, die jedoch keine Stellenvermehrung in dem Ausmaße bewirkten, den inzwischen die Zuwanderung angenommen hatte.[34] Insgesamt läßt sich jedenfalls feststellen, daß die ältere Sozialstruktur sich fließend in die frühindustrielle transformierte, daß sich aber aufgrund des Zurücktretens ständischer Gliederungsmerkmale und der nun dominierenden Unterscheidung nach Besitz und Einkommen Klassengrenzen immer deutlicher auszubilden begannen.

Die in einem solchen Umbruch befindlichen Städte boten zugleich Bereicherungsmöglichkeiten in einem bisher nicht gekannten Ausmaß. Bereits im Vormärz lassen sich frühe Beispiele jener privaten Bauspekulation nachweisen, die in den folgenden Jahrzehnten in einer solchen Weise zunahm, daß bürgerliche Kritiker der städtischen Lebensbedingungen hierin geradezu den Ursprung der allgemeinen Wohnungsmisere und der »sozialen Frage« überhaupt zu erblicken glaubten.[35] Grund und Boden waren im Gefolge der Reformgesetze zu Beginn des Jahrhunderts in zunehmendem Maße zur Handelsware und zu Spekulationsobjekten geworden – in besonderem Maße auf dem Lande (sog. »Rittergutshandel«), schließlich aber auch in den gewerblich expandierenden Städten und deren Feldmark, die in Preußen seit der revidierten Städteordnung vom Jahre 1831 als Teil des Stadtgebiets galt. Parallel dazu hatte sich ein gegenüber der Zeit des Absolutismus gewandelter Eigentumsbegriff herausgebildet, der Privateigentum als klarste Ausprägung individueller Freiheit verstand und das Recht auf Eigentum für nahezu unbeschränkbar hielt.[36]

Das starke städtische Bevölkerungswachstum, die gestiegene Nachfrage nach gewerblich nutzbaren Grundstücken und – Ende der dreißiger Jahre beginnend – auch nach Trassen zur Anlage von Eisenbahnlinien und Bahnhöfen ließen die Preise der entsprechenden Grundstücke innerhalb weniger Jahrzehnte z. T. bis auf das Zehn- bis Fünfzehnfache hochschnellen. Die Einzelschritte jener Spekulation sind auch heute noch allzugut bekannt: Einzelne private Bauherren und zunehmend auch sog. »Terraingesellschaften« kauften Bauerwartungsland so billig wie möglich auf, erschlossen es – wobei es zunächst praktisch keine gesetzlichen Vorschriften über die Art und Weise der Erschließung gab –, parzellierten und bebauten es und zogen dann durch Vermietung, Verpachtung oder Weiterverkauf ihren Gewinn daraus. Wenn auch die bereits erwähnte »innere Verstädterung«, bei der der Profit im wesentlichen durch Aus- und Umbau von schon bestehenden Gebäuden und durch die Aufsiedlung der noch freien Flächen erzielt wurde, zunächst noch die Regel war, wurde die Bebauung bereits vereinzelt auf die städtische Feldmark ausgedehnt. Die Wülcknitzschen Familienhäuser in der Berliner Rosenthaler Vorstadt (gebaut 1820 bis 1824) und die sog. »langen Häuser« am Ostrand der Stadt Elberfeld (gebaut 1826/27) sind frühe Beispiele für jene mehrstöckigen Massenwohnhäuser, für die sich dann der Begriff »Mietskasernen« einbürgerte und die im weiteren Verlauf des 19. Jahrhunderts zur dominierenden Wohnhausform vor allem in den Berliner Vorstädten werden sollten.[37] Die große Zahl der Stockwerke und dementsprechend auch der Wohnungen im Vorderhaus, in den Seitenflügeln und Hinterhäusern bot optimale Gewinnchancen, da auf diese Weise die Grundstücksfläche am besten ausgenutzt werden konnte. So hat z. B. der preußische Kammerherr v. Wülcknitz in den von ihm gebauten fünf Mietskasernen zeitweilig bis zu 2500 Personen in rund 400 Stuben untergebracht, in denen in einigen Fällen sogar noch Webstühle aufgestellt waren.[38]

Ein entscheidender Impuls für die Ausweitung über die traditionellen städtischen Bebauungsgrenzen ging von dem sich seit den vierziger Jahren sprunghaft ausdehnenden Eisenbahnbau aus, und zwar in mehrfacher Hinsicht: Zum einen gaben – nach einer kurzen Übergangsphase, in der Lokomotiven vor allem aus England und Belgien importiert wurden – in einer Reihe von zentralen Orten, oft übrigens in den Residenzstädten selber oder in deren Nähe, Fabriken für die Herstellung von Lokomotiven, Waggons und sonstigem rollendem Material den Anstoß zur Anlage neuer Industrieviertel, so z. B. in Berlin und Dresden, München, Esslingen bei Stuttgart, Linden bei Hannover, Karlsruhe und Kassel, weiterhin in Augsburg, Chemnitz und Nürnberg.[39] Für die Residenzstädte bedeutete diese Neuorientierung mit ihren Folgen für die Wirtschaftsstruktur die allmähliche Ablösung des bisher ausgeprägten Parasitendaseins und die Übernahme einer ökonomischen Anstoßfunktion nach außen.[40] Die wirtschaftliche Abhängigkeit eines großen Teils der arbeitenden Bevölkerung vom Hof reduzierte sich dadurch in diesen Städten beträchtlich. Die Rohstoffe zum Eisenbahnbau und das Schienenmaterial lieferten die jungen schwerindustriellen Betriebe des von nun an geradezu explosiv expandierenden Ruhrgebiets, aber auch des Zwickauer Reviers, Oberschlesiens und des Saargebiets.

Die Berührung durch eine Eisenbahnlinie hatte außer grundsätzlich Industrie und Handel fördernden Wirkungen auf die jeweiligen Orte auch Konsequenzen für deren Siedlungsentwicklung, denn in den meisten Fällen mußten die Gleisanlagen und Bahnhöfe

30

am Ortsrand errichtet werden. Das führte sehr schnell zu einer Bebauung der Achse Altstadt–Bahnhof und in der Folgezeit oft auch zur Entstehung einer Neustadt bzw. eines rasch wachsenden Bahnhofsviertels. In einigen Fällen war ein Eisenbahnknotenpunkt, an dem zugleich Reparaturwerkstätten eingerichtet wurden, sogar der ausschlaggebende Grund für eine Stadtbildung, wie das Beispiel Vohwinkels (heute ein Stadtteil Wuppertals) zeigt: Die Bevölkerung dieses Ortes wuchs von 58 Einwohnern 1850 auf 5030 im Jahr 1885. Insgesamt läßt sich festhalten, daß die Bedeutung des Eisenbahnbaus nicht nur für die deutsche Industrialisierung, sondern auch für die deutsche Urbanisierung nicht hoch genug eingeschätzt werden kann.

Alle bisher erwähnten Phänomene und Prozesse, die sowohl die allmähliche Herausbildung des modernen Städtewesens bewirkten als auch erste Anzeichen der anlaufenden Urbanisierung waren, schlugen sich in der allgemeinen Bevölkerungsstatistik noch nicht so deutlich nieder, wie vielleicht zu vermuten gewesen wäre. Zu punktuell und vereinzelt waren die quantitativen Auswirkungen noch, als daß sie angesichts der insgesamt zu beobachtenden Bevölkerungswelle in Stadt und Land ins Gewicht gefallen wären: Das Wachstum der städtischen Bevölkerung entsprach deshalb im Zeitraum von 1816 bis zur Jahrhundertmitte fast genau dem der Gesamtbevölkerung, wie sich am preußischen Beispiel deutlich zeigt: Der Anteil der in den mit Stadtrecht ausgestatteten Gemeinden lebenden Menschen an der gesamten Einwohnerschaft Preußens betrug im Jahre 1816 27,9 %; diese Relation blieb in den folgenden dreißig Jahren annähernd gleich, stieg im Jahr 1849 auf 28,1 % und begann sich erst nach 1850 unaufhaltsam zugunsten der Stadtbewohner zu verschieben (s. Tab. 2). Bis zur Jahrhundertmitte wuchs Preußens Gesamtbevölkerung um 57,5 %, seine städtische Bevölkerung nur geringfügig stärker, nämlich um knapp 59 %.[41]

Dieses Bild differenziert sich aber erheblich, wenn man die Entwicklung einzelner Städte betrachtet und diese mit dem Durchschnittswachstum vergleicht. Während solch traditionsreiche Städte wie Augsburg, Bremen, Düsseldorf, Hamburg, Hannover, Karlsruhe, Königsberg, Lübeck, Mannheim und Trier in diesem Zeitraum deutlich unterdurchschnittlich wuchsen und die Bevölkerungszunahme in Aachen, Breslau, Dresden, Frankfurt am Main, Kassel, Leipzig, Magdeburg und Saarbrücken nur etwa dem

Durchschnitt entsprach, verzeichnete eine weitere Gruppe von Städten einen z. T. erheblich über dem Mittelwert liegenden Bevölkerungsgewinn: Außer den drei Hauptstädten Berlin, München und Stuttgart und den schon erwähnten Textilgewerbestädten Elberfeld und Barmen sowie Krefeld, Mönchen-Gladbach und Plauen gehörten dazu in erster Linie die aufstrebenden ehemaligen Ackerbürgerstädte des Ruhrgebiets (Bochum, Dortmund, Duisburg, Essen und Mülheim/Ruhr), sodann die märkischen bzw. bergischen Städte mit einer stark entwickelten Kleineisenwarenproduktion (Hagen, Iserlohn, Lüdenscheid, Solingen), weiterhin die oberschlesischen Industrieorte Beuthen, Gleiwitz, Neisse, Oppeln und Ratibor, das sächsische Zwickau, außerdem von den »alten« Städten Köln und Nürnberg. Von den letztgenannten Städten stellen vor allem die des Ruhrgebiets und Oberschlesiens die eindeutigsten Belege dafür dar, daß der eigentliche Städtegründer der Neuzeit der industrielle Unternehmer gewesen ist.[42] Der Aufschwung dieser Orte begann erst um 1840, veränderte aber in einer solchen Geschwindigkeit und so durchgreifend die bisherige Umwelt, daß hier zur Kennzeichnung des Wandels der Begriff der »Revolution« durchaus angebracht erscheint.

4. Städte als »Treibebeete des Lasters« – Zeitgenössische Urteile und Reaktionen

Die zumindest punktuell in den »Fabrikstädten« ins bürgerliche Auge fallenden sozialen Zuspitzungen des Vormärz erhielten am Ende dieser Zeitspanne in der 1848er Revolution auch eine unübersehbare politische Brisanz. War bisher der Ansatzpunkt bürgerlicher Befürchtungen im Hinblick auf die soziale Entwicklung – wenn überhaupt solche vorhanden waren – die »Entsittlichung« der vielen einzelnen gewesen, die angeblich die »nicht zu befriedigende Sucht nach Vergnügungen und sinnlichen Genüssen« in die großen Städte, verstanden als »Treibebeete des Lasters«, gelockt hatte[43], so war es jetzt die bedrohliche Masse des »geschichts- und traditionslosen Proletariats«, dessen Zunahme zu einer »wahrhaft vernichtenden Entscheidung für unsere ganze Civilisation« zu werden drohte, wie Wilhelm Heinrich Riehl schrieb.[44] Diese Masse sei in den Städten den Einflüssen von Demagogen in besonderem Maße ausgeliefert, die sie dazu verführten – so Friedrich

Harkort in seinem berühmten Bienenkorbbrief –, »über anderer Leute Gut herzufallen«, Unruhen auszulösen und so die gesamte bürgerliche Gesellschaft zu bedrohen.[45]

Das Hauptaugenmerk der bürgerlichen Sozialreformer jener Zeit richtete sich deshalb darauf, die stark fluktuierenden städtischen Unterschichten in die bürgerliche Welt fest einzubinden und ein Absinken weiterer Schichten ins Proletariat zu verhindern. Durch die Erziehung zur Sparsamkeit, damit zu einer bescheidenen Eigentumsbildung, und durch die Bereitstellung billiger und gesunder Arbeiterwohnungen sollten die unteren Klassen zur »guten Zucht und Ordnung«, zu Reinlichkeit, Pietät und Friedfertigkeit hingeführt werden. Hierin liege, das war die Überzeugung, »die einzig sichere Garantie eines nur reformatorischen, nicht revolutionären Fortschreitens« der bürgerlichen Gesellschaft: Schon der jüngere Arbeiter könne auf diesem Wege zu einem »konservativen Bürger« gemacht werden.[46] Die Wohnung galt in diesem Zusammenhang als der Raum, in dem sich die wohltätigen Wirkungen eines geordneten Familienlebens quasi von selber einstellen würden. Seit den vierziger Jahren wurde folglich die Arbeiterwohnungsfrage zu einem »Lieblingsthema« der bürgerlichen Arbeiterfreunde, obwohl die praktischen Umsetzungen trotz dieses verbalen Engagements eher dürftig blieben.[47]

Immerhin hat es Ende der vierziger Jahre einen bemerkenswerten Realisierungsversuch gegeben, für den vor allem der Berliner Professor für Literaturgeschichte Victor Aimé Huber der »Ideenlieferant« war.[48] Huber kannte durch einen längeren Englandaufenthalt nicht nur die Elendsviertel in den dortigen Industriestädten, die zur gleichen Zeit Friedrich Engels in *Die Lage der arbeitenden Klassen in England* so drastisch beschrieben hat, sondern auch die geradezu mit missionarischem Eifer unternommenen Versuche des Textilfabrikanten Robert Owen, in industriellen Musterkolonien aus einer Ansammlung dahinvegetierender Arbeitssklaven eine selbstverwaltete, harmonische Gemeinschaft von Arbeitsgenossen zu machen. Hubers Pläne verfolgten das Ziel, die Arbeiter vor den Toren der Stadt in kleinen Häusern mit höchstens vier abgeschlossenen Wohnungen, zu denen auch Gartenland gehörte, anzusiedeln und rund hundert solcher Häuser zu einer Siedlungsgenossenschaft zusammenzufassen. Jede Einheit sollte ein Zentralgebäude mit Versammlungs- und Schulräumen, genossenschaftlich organisierten Versorgungseinrichtungen wie Badeanstalten, Back- und

Waschhäusern, Konsumläden sowie Bildungsmöglichkeiten und einen Betsaal besitzen und durch schnelle Verkehrsverbindungen mit der Stadt und den Arbeitsstätten verbunden sein. Auch an eine gemeinsame Gas-, Heißwasser- und Wärmeversorgung dachte Huber bereits. Finanziert werden sollte das ganze Unternehmen zunächst von sozial denkenden Privatpersonen auf Aktienbasis, eventuell auch durch den Staat oder durch Banken. Huber ging jedoch davon aus, daß dieser Vorschuß durch regelmäßige Einzahlungen der Genossen im Laufe von 25 bis 30 Jahren abgezahlt sein werde, so daß die Siedler schließlich selber Eigentümer der gesamten Siedlung einschließlich aller Einrichtungen sein würden. Das Fernziel dieser »inneren Kolonisation« brachte der Berliner Professor auf den klingenden Nenner: »Verwandlung eigentumsloser Arbeiter in arbeitende Eigentümer«; er hoffte, daß auf diesem Wege – unterstützt durch parallel dazu verlaufende Bemühungen um eine Arbeiterbildung – der atomistische Zustand der Massen, ihre Demoralisierung und Entsittlichung überwunden und statt dessen eine »sittliche Atmosphäre« und neue, fest verankerte Haltepunkte geschaffen werden könnten.

Die große Chance zur Verwirklichung seiner Pläne glaubte Huber in der 1847 von bürgerlichen Sozialreformern – als Gegengewicht gegen die auf größtmöglichen Gewinn hin ausgerichteten Terraingesellschaften – gegründeten »Berliner gemeinnützigen Baugesellschaft« zu sehen, deren Schriftführer er wurde. Sie wollte dem »fühlbaren Mangel gesunder, bequemer und billiger Wohnungen für die unbemittelten Klassen« in Berlin abhelfen, wobei ihre Initiatoren von der Überzeugung geleitet waren, »daß das behagliche Familienleben die einzige richtige Grundlage alles bürgerlichen Wohlseins« sei.[49] Entsprechend den Ideen Hubers sollten die Mieter die Möglichkeit erhalten, Anteile zu kaufen und so nach und nach Eigentümer der gemieteten Wohnung zu werden. Der Beginn des Unternehmens war vielversprechend: Anfang 1849 wurde mit dem Bau der ersten Wohnungen begonnen, und Ende 1850 wohnten bereits 123 Mietparteien, d. h. rund 600 Personen einschließlich 270 Kindern und 42 Untermietern, in den Häusern der Gesellschaft.[50] An mehreren Stellen am Rande Berlins entstanden weitere Projekte, z. B. eine Kleinhaussiedlung vor dem Schönhauser Tor. Bereits nach kurzer Zeit entpuppte sich jedoch das ganze Unternehmen als Strohfeuer, und Huber zog sich enttäuscht aus der Gesellschaft zurück. Das Ziel, auf diese Weise die sozialen Folgen der Urbanisierung zu steuern und durch ein erfolgreiches Vorbild eine breite Anstoßwirkung zu erzeugen, konnte sowohl aus bezeichnenden inneren wie ebenso typischen äußeren Gründen nicht erreicht werden: Mit dem zurückgehenden Druck der Straße im Gefolge der polizeistaatlichen Restaurationspolitik schwand zugleich bei vielen Bürgern, obwohl ihre grundsätzliche Angst vor einer sozialen Revolution weiterlebte, der unmittelbare Anlaß zum sozialen Engagement. Entsprechend artikulierte die Mehrzahl der Aktionäre immer stärker ihr rein geschäftliches Interesse an der Gesellschaft, das in der pünktlichen Auszahlung der auf 4 % festgesetzten Dividende bestand. Sie begannen die Möglichkeit für die Mieter, ihre Wohnung zu erwerben, als »sozialistisch« zu kritisieren und hoben auch die Dividendenbeschränkung auf, so daß schließlich der gemeinnützige Charakter der Gesellschaft verlorenging. Von außen war diese sozialreformerische Initiative aus den Kreisen des Haus- und Grundbesitzes sowieso schon von vornherein scharf attackiert worden. Sie eröffneten eine Gegenkampagne mit dem Argument, eine Ausbreitung oder gar öffentliche Förderung der Baugesellschaft untergrabe die Privatinitiative und gefährde die »gesunde« Entwicklung von Angebot und Nachfrage. Vor allem aber werde die Bereitstellung günstiger Wohnungen noch mehr »weniger begüterte« Personen nach Berlin locken, als schon ständig in die Stadt strömten. Eine solche Argumentation überzeugte auch die Mehrheit des Magistrats; er beobachtete die anfängliche Rührigkeit der Gesellschaft mit wachsendem Mißtrauen und den Wandel in der Folgezeit mit Genugtuung. Der einzige nennenswerte Versuch in der Anfangsphase der Urbanisierung in Deutschland, planend und steuernd in die Verhältnisse einzugreifen, war – wie Huber es verbittert ausdrückte – an der »stumpfsinnigen, schlaffen Dummheit«, die nur auf das Materielle ausgerichtet gewesen sei, gescheitert.[51]

II. Der Durchbruch
der allgemeinen Urbanisierung in der
Frühindustrialisierung

1. Freizügigkeitsfrage und Städterecht zu Beginn
der fünfziger Jahre des 19. Jahrhunderts

Es ist eine müßige Frage, in welchem Jahre genau in Deutschland die anlaufenden Prozesse der Industrialisierung und Urbanisierung eine solche Beschleunigung erreicht hatten, daß sie sich gewissermaßen automatisch und irreversibel fortsetzten und daher die Vorbereitungs- und Umbruchphase durch die Phase der Frühindustrialisierung abgelöst wurde. Vieles spricht dafür, daß dieser Punkt in den Jahren um 1850 erreicht war. Bis Mitte der fünfziger Jahre waren jedenfalls fast alle wichtigen Weichen gestellt, die bis zum Ersten Weltkrieg die sozioökonomische und z. T. bereits auch politische Entwicklung in Deutschland bestimmen sollten. Dieser Befund bezieht sich sowohl auf Staat und Gesellschaft als auch auf das historische Schicksal einzelner Regionen und Städte, hier jedoch differenziert durch jeweils charakteristische beschleunigende oder retardierende Impulse, die im einzelnen nur durch sorgfältige regionalgeschichtliche Analysen aufgedeckt werden können. Die unterschiedlichen Ausgangsbedingungen, lokalen Traditionen und spezifischen Startchancen oder -hemmungen von Region zu Region führten dazu, daß es alsbald zu einem schroffen Gegenüberstehen von sog. Aktiv- und Passivräumen, von Pionier- und Nachzüglerregionen kam.[1] Genauso wie die Industrialisierung ein zunächst punktuell einsetzendes Phänomen war und seit der Mitte des Jahrhunderts von einzelnen Gegenden aus in relativ kurzer Zeit die gesamte Gesellschaft in ihren Bann zog, setzte auch die Verstädterung als eng damit verschränkter Prozeß – jetzt nicht mehr verstanden als bloß nach innen gerichtete, sondern als sprunghaft ins Umland ausgreifende Verstädterung – regionalspezifisch ein.

Dieser in immer mehr Städten und von immer mehr Zeitgenossen wahrgenommene Prozeß war seit Anfang der fünfziger Jahre der Anlaß zu neuen Vorstößen aus städtischen Honoratiorenkreisen, die kommunalen Armenfürsorgeverpflichtungen durch eine Einschränkung der Freizügigkeit zu verringern: Es gehe darum, hieß es in einem Bericht für das preußische Herrenhaus aus dem Jahre 1853, der »zunehmenden Verarmung zu steuern und die besitzenden Klassen der Bevölkerung vor dem Andrang des Proletariats zu schützen«.[2] Die geltenden Gesetze böten den Gemeinden keinen ausreichenden Schutz gegen den »Andrang lästiger, der Verarmung nahestehender Personen« und gegen die Ansprüche von bereits verarmten Menschen.[3] Die stetig wachsende Armenlast bedrohe den städtischen Wohlstand; zugleich werde auf diesem Wege die Selbständigkeit der Gemeinden immer mehr untergraben, was auf Dauer zu einem Verlust des Heimatsinns ihrer Bürger führen müsse. Das bei den Beratungen vorgetragene Gegenargument, es gelte mit Blick auf die zu erwartenden positiven Langzeitwirkungen der allgemeinen Freizügigkeit eine »zeitweise Vermehrung der Armut in Kauf (zu) nehmen«, wurde mit dem Hinweis auf die von einem massierten Proletariat ausgehenden Gefahren zurückgewiesen. Die schließlich am 21. Mai 1855 erlassene Armenrechtsnovelle zeigt jedoch, daß sich die Regierung die Einwände gegen die Freizügigkeit nur in geringem Umfang zu eigen gemacht hatte.[4] Die Prinzipien der Gesetze von 1842 wurden nicht aufgegeben; den Gemeinden wurde lediglich die Möglichkeit eingeräumt, Personen, die innerhalb eines Jahres nach ihrem Zuzug der öffentlichen Armenpflege zur Last fielen, wieder an ihren bisherigen »Unterstützungswohnsitz« zurückzuschicken. Die Pflicht der Gemeinden zur Unterstützung eines Armen begann von nun ab erst, wenn die Armut nach einem mindestens einjährigen Aufenthalt im Zuzugsort eingetreten war.

Der vor allem von den städtischen Honoratioren im Verein mit konservativen Adelskreisen zu Beginn der Frühindustrialisierungsphase vorgetragene Angriff gegen die Beibehaltung der Mobilität war damit weitgehend abgewehrt – trotz der konservativen Mehrheit in den beiden preußischen Kammern. Abgesehen von der Auffassung, »daß die freie Wahl des Aufenthalts im allgemeinen das wirksamste Mittel gegen die Verarmung« sei[5], war der Regierungsstandpunkt von der Strategie bestimmt, nicht den einzelnen Städten die Entscheidung über das Ausmaß der innerstaatlichen Mobilität zu überlassen, sondern dem Staat die Möglichkeit zu erhalten, durch geistige, finanzielle und sonstige materielle Impulse, unter Umständen auch durch Lenkungseingriffe dazu beizutragen, einen möglichst hohen Kulturstand zu erreichen und so zugleich seinen intellektuellen und politischen Einfluß nach außen immer mehr auszudehnen.[6]

Einer ähnlichen Strategie, die zugleich der Vereinheitlichung und stärkeren Durchsetzung der reaktionären Innenpolitik der fünfziger Jahre galt, hatte bereits eine zwei Jahre vorher (am 30. Mai 1853) in Preußen erlassene neue Städteordnung gedient, die zunächst für die sechs östlichen Provinzen galt, 1856 auch in Westfalen eingeführt wurde und die erst drei Jahre bestehende liberalere Gemeindeordnung von 1850 ablöste.[7] Das neue Gesetz verstärkte die staatliche Aufsicht über das städtische Regiment, reduzierte zugleich die Spielräume der ehrenamtlichen Selbstverwaltung zugunsten der Kommunalbürokratie und gab dem – von den Bezirksregierungen zu bestätigenden – Magistrat eine mit erweiterten obrigkeitlichen Funktionen ausgestattete Stellung gegenüber den nach dem Dreiklassenwahlrecht gewählten Stadtverordneten. Trotz einiger Änderungen im Detail blieb die mit dieser Städteordnung geschaffene rechtliche Grundstruktur bis zum Ersten Weltkrieg erhalten.

Im Unterschied der Benennungen – »Gemeindeordnung« 1850, »Städteordnung« 1853 – zeigt sich noch ein weiterer in die Zukunft weisender Trend, der nicht auf Preußen allein beschränkt war. Das allgemeine Bevölkerungswachstum in Stadt und Land im Vormärz und die vor allem von west- und südwestdeutschen Liberalen vertretene Auffassung, die erwartete und gewünschte Ausgleichung der Unterschiede zwischen Stadt und Land müsse sich auch in einer für beide Bereiche gleichermaßen gültigen Rechtsordnung niederschlagen, hatten bei der Formulierung der Gemeindeordnung von 1850 ebenso Pate gestanden wie die Beobachtung, daß die in einigen Landesteilen einsetzende Industrialisierung auf das Umland der Städte auszugreifen und deren Grenzen zu verwischen begann. Überspitzt ist deshalb der in dieser Gemeindeordnung vollzogene Schritt rückblickend als erster Ansatz einer »Urbanisierung des ganzes Staats« bezeichnet worden, der dem Prinzip der kommunalen Selbstverwaltung auch auf dem »platten Lande« habe Geltung verschaffen sollen.[8] Ein solcher Vorstoß, der im Grunde von einer Realität ausging, die erst in einigen wenigen Regionen zu beobachten war, rief besonders die Gegnerschaft des Landadels in den Ostprovinzen hervor, der eh schon in den großen Städten die Keimzelle einer potentiellen sozialen Revolution erblickte. Seine Vertreter, allen voran der junge Bismarck, glaubten, »das wahre preußische Volk« eben nicht in den Städten, sondern auf dem Lande zu finden. Dieses Volk werde, »wenn die großen Städte sich wieder einmal erheben sollten, sie zum Gehorsam zu bringen wissen, und sollte es sie vom Erdboden tilgen«.[9]

Die Zurücknahme der »nivellierenden« Gemeindeordnung von 1850 und die Formulierung eigener Städteordnungen – 1856 auch für die sonst mit Sonderrechten ausgestattete Rheinprovinz[10] – milderten die Mißerfolge, welche die konservativen Kreise bei ihrem Vorstoß in der Freizügigkeitsfrage 1855 erlitten. Auch in anderen deutschen Staaten, z. B. in Hannover, Hessen, Sachsen, Baden und Braunschweig, wurden getrennte Ordnungen eingeführt oder beibehalten; nur in Bayern, Württemberg und Oldenburg galten für Städte und Landgemeinden gleichermaßen zutreffende Gemeindeordnungen.[11] Obwohl daher die Entwicklung des ländlichen Verwaltungsrechts in weiten Teilen Deutschlands von der der Städte offiziell abgekoppelt wurde, ließen sich dennoch vielfältige soziale, ökonomische und kulturelle Annäherungs- und Verschränkungsprozesse zwischen Stadt und Land im weiteren Verlauf des 19. Jahrhunderts nicht unterbinden. Die rechtliche Definition von »Stadt« als Gemeinde mit Stadtrecht verlor bis zum Ersten Weltkrieg immer mehr an Bedeutung; schon in den siebziger Jahren ging z. B. das Statistische Reichsamt dazu über, alle Gemeinden mit mehr als 2000 Einwohnern ungeachtet ihres rechtlichen Status als Städte zu betrachten.

Es ist für die Unterschiedlichkeit der Wahrnehmung und Betroffenheit der Zeitgenossen bezeichnend, daß die rechtliche Trennung von Stadt und Land und die grundsätzliche Beibehaltung des Prinzips der Freizügigkeit die Konservativen in zwei Lager spalteten.[12] In den in den preußischen Kammern vorgetragenen Argumenten und Forderungen spiegelt sich wider, in welch unterschiedlicher Weise die Interessen des Großbürgertums und des Landadels tangiert wurden. Die »Stadtfraktion« verlangte, den Städten das Recht zu gewähren, »für die Gewerbe und Unternehmungen, welche eine zahlreiche Niederlassung zur Folge haben (Fabriken, Eisenbahnen), ... von dem Unternehmer eine Garantie rücksichtlich derjenigen zu verlangen, welche nicht eine bestimmte Ortzugehörigkeit nachweisen«.[13] Es wurde beklagt, daß der Arbeitgeber, der den Arbeiter in dessen kräftigem Alter ausgenutzt habe, oft gar nicht zu der Gemeinde gehöre, in der dieser Arbeiter lebe, und deshalb im Fall seiner Verarmung aufgrund von

Arbeitslosigkeit oder Altersinvalidität auch nichts zu den Armenpflegekosten beitrage, welche die Gemeinde aufzubringen habe.

Die »Landfraktion« der Konservativen sah dagegen die Landgemeinden vor allem durch die in der Armenrechtsnovelle von 1855 eingeführte Einjahresfrist ungerechtfertigt belastet und interpretierte in einer sehr verkürzten Sicht der Dinge die »soziale Frage« allein als Folge der Industrialisierung. Die Wortführer behaupteten, vor allem die kleinen Gemeinden im Umkreis der Städte und die ländlichen Orte, in denen sich Industriebetriebe niedergelassen hatten, seien durch die Armenpflege über Gebühr belastet, da sie in ständig wachsendem Umfang für solche Arbeiter zu sorgen hätten, »welche lediglich durch ihre, den oben bezeichneten Unternehmungen gewidmete Tätigkeit erwerbsunfähig geworden« seien.[14] Es wurde sogar – erfolglos – der Antrag gestellt, den Landgemeinden das Recht zur Erhebung eines Einzugsgeldes zu gewähren, um aufs Land zurückziehende verarmte Personen abweisen zu können.

Einig waren sich beide Fraktionen jedoch in ihrer Forderung an den Staat, die industriellen Unternehmer zu zwingen, im Sinn des Verursacherprinzips für die gestiegenen Armenpflegekosten aufzukommen. Genau das lehnte aber die Regierung mit dem bezeichnenden Hinweis ab, man wolle diesen Personenkreis nicht »auf ungerechte Weise . . . belästigen«, da er sich sonst von Preußen abwenden könne.[15] Hier zeigt sich wieder einmal die besonders für die preußische Regierungspolitik jener Jahrzehnte so charakteristische Zwiespältigkeit zwischen einer liberale Prinzipien vertretenden Wirtschaftsförderung und einer autoritär-reaktionären Verteidigung des Status quo im politischen Bereich, die von einer christlich-konservativen Sozialauffassung begleitet wurde.[16]

2. Städtewachstum und Städtetypen in der Frühindustrialisierung

Daß die sich im Vormärz abzeichnende verheerende Hungerkatastrophe in den fünfziger Jahren – trotz der weiterhin nicht abreißenden, jetzt vornehmlich aus den Städten eintreffenden Elendsberichte – nicht eintrat, beruhte nur zu einem Teil auf der den Nahrungsspielraum immer mehr ausweitenden Industrialisierung. Zunächst waren die neuen Fabrikbetriebe noch keineswegs aufnahmefähig genug, um das gesamte im Rahmen der traditionellen Gewerbestruktur nicht mehr unterzubringende Arbeitskräftepotential zu absorbieren. In dieser Situation stellte die Auswanderung nach Übersee, vor allem in die USA, ein wichtiges Ventil dar, das den Überdruck ableitete: Zwischen 1850 und 1860 wanderten rund 1,1 Millionen Menschen aus Deutschland aus, 1854 allein 239000.[17] Rund ein Viertel davon stammte aus den Realerbteilungsgebieten Südwestdeutschlands, in wachsendem Maße waren jedoch auch Teile Westdeutschlands, Mecklenburg, Brandenburg, Pommern und Schlesien beteiligt.[13] Bemerkenswert ist für diese Phase, daß demgegenüber die nordostdeutschen Provinzen Ost- und Westpreußen und Posen nur wenig Auswanderer stellten: Der Landesausbau im Gefolge der Agrarreformen vermochte offenbar für einige Jahrzehnte eine Übervölkerungskrise und daher die sonst allenthalben zu beobachtende ländliche Abwanderung aus sozialer Not zunächst noch zu verhindern. Ganz offensichtlich konnten nur solche Regionen eine überdurchschnittlich wachsende Bevölkerung im Lande halten, in denen der Nahrungsspielraum entweder durch eine erhebliche Ausdehnung der agrarischen Produktion oder durch eine industrielle Überformung der bisherigen Gewerbestruktur erweitert worden war. Der erwähnte Auswanderungsstrom riß deshalb auch in den folgenden Jahrzehnten, abgesehen von kurzfristigen Rückgängen wie z. B. während des amerikanischen Sezessionskrieges, noch nicht ab: Mit über fünf Millionen Menschen trug Deutschland allein bis zum Ende des 19. Jahrhunderts zur Aufsiedelung der USA bei.

Trotz dieser ständigen Abwanderung wuchs die Bevölkerung im Gebiet des späteren Deutschen Reiches (ohne Elsaß-Lothringen) zwischen 1850 und 1870 immer noch um jährlich etwa 7,5 ‰, wobei drei Regionen mit Abstand die Spitzenreiter waren: Das Königreich Sachsen verzeichnete zwischen 1849 und 1861 ein Bevölkerungswachstum von jährlich durchschnittlich 13,5 ‰, im folgenden Jahrzehnt von 14,0 ‰; die entsprechenden Ziffern für die beiden preußischen Regierungsbezirke Düsseldorf und Arnsberg lauteten 17,2 und 17,6 bzw. 16,3 und 20,9 ‰. Im Gegensatz zur oben für die erste Hälfte des Jahrhunderts festgestellten Parallelität des Zuwachses in Stadt und Land schlug sich jetzt die überdurchschnittliche Expansion der Städte in der Statistik deutlicher nieder. Lebten 1849 in Preußen 28,1 % der Menschen in Orten mit Stadtrecht, waren es 1871 bereits 32,5 %[19] (s. Tab. 2). Legt man jedoch statt des rechtlichen den statistischen Begriff der Stadt als Gemeinde mit über 2000 Einwohnern zugrunde, lautete die Ziffer für 1871 bereits 37,2 % – ein Hinweis darauf, daß sich zwischen dem traditionellen Rechtskörper Stadt und dem sich mit Blick auf das Kriterium der Quantität durchsetzenden neuen Bewußtsein von Stadt eine zunehmend als brisant empfundene Kluft auftat. Im Königreich Sachsen war dieser Unterschied noch eklatanter: 1871 waren knapp 40 % seiner Einwohner, rechtlich gesehen, Städter; mehr als weitere 10 % lebten aber gleichzeitig in nicht-städtischen Gemeinden, die bereits über 2000 Einwohner zählten.[20] Doch auch die Betrachtung der Stadtentwicklung auf der Grundlage des rechtlichen Stadtbegriffs zeigt unübersehbar die jetzt unaufhaltsam fortschreitende Verstädterung. Hier ragt wieder wegen der sprunghaften Expansion des Ruhrgebiets der Regierungsbezirk Düsseldorf heraus: In den zwei Jahrzehnten von 1850 bis 1870 nahm der Anteil der städtischen Bevölkerung um fast 16 %-Punkte zu (von 41,8 auf 57,6 %), wovon vor allem die angehenden Großstädte mit über 20000 Einwohnern am meisten profitierten. In ihnen lebten 1871 bereits über 30 % der Bevölkerung, obwohl in diesem Regierungsbezirk bis zu jenem Zeitpunkt noch keine Stadt die Grenze zur Großstadt im modernen Sinn mit mehr als 100000 Einwohnern überschreiten konnte.

Diese Schwelle hatte 1871 in Westdeutschland nur Köln erreicht; in ganz Preußen zählten außer Berlin noch Breslau und Königsberg zu den Großstädten; vier weitere fanden sich im übrigen Deutschland: Hamburg, München, Dresden und Leipzig (s. Tab. 3). Dank jenes gleichzeitigen Zuwachses in einer ganzen Reihe von benachbarten Städten war die preußische Rheinprovinz, zu welcher der Regierungsbezirk Düsseldorf gehörte, – abgesehen von der von Berlin dominierten Provinz Brandenburg – im Jahre 1861 das erste größere Territorium in Deutschland, in dem der Anteil der Bewohner von Städten mit mehr als 50000 Einwohnern über die 10 %-Marke kletterte (10,4 %) – die Schwelle, die Daniel Lerner als das »kritische Minimum der Urbanisierung« bezeichnet hat, das notwendig sei, um den allgemeinen Modernisierungsprozeß in einer Gesellschaft irreversibel zu machen.[21]

Die im Vormärz bereits punktuell aufgetretenen sozialen Folgeprobleme der Verstädterung griffen sprunghaft weiter um sich und erhielten durch die Zusammenballung großer industrieller Arbeitermassen partiell eine neue Qualität. Regelnde Eingriffe unterblieben jedoch in der Frühindustrialisierungsphase auch weiterhin; allenfalls wurde auf äußerste Extreme reagiert, z. B. als im Zusammenhang mit Epidemien Häuser, in denen besonders gesundheitsgefährdende Zustände herrschten, abgerissen wurden.

Der Verstädterungsprozeß verlief jetzt immer deutlicher auf zwei Schienen. Zum einen wuchsen in dieser Phase durchweg alle traditionell als »zentrale Orte« anzusprechenden Städte schnell und unaufhaltsam[22], zumal in immer mehr Städten dieser Art die einschränkenden Befestigungen fielen. Sie stellten den Typus dar, der mit dem Begriff »offene Bürgerstadt« bezeichnet wird und in dem sich seit Mitte des 19. Jahrhunderts die verschiedenen Modernisierungsprozesse einschließlich retardierender Einflüsse am intensivsten miteinander verschränkten. Die Prinzipien der industriellen Gesellschaftsordnung bestimmten zwar zunehmend die Lebensbedingungen auch in diesen Städten, ihre Durchsetzung erfolgte jedoch eher fließend, weniger kraß und unter Aufnahme und Weiterführung von zum Teil noch vorindustriellen städtischen Lebensformen. Ihrer herkömmlichen politischen und ökonomischen Bedeutung und gegenseitigen Konkurrenzsituation gemäß hatten solche Orte in Deutschland meist einen durchschnittlichen Abstand von mindestens 150 km voneinander. Industrie und Eisenbahnbau waren nur ein Grund ihres Wachstums; hinzu trat die Ausweitung ihrer Verwaltungs-, Dienstleistungs- und Handelsfunktionen, die in vielfacher Weise auch mittelständische Zuwanderer anlockten. Die sich entfaltende Industriegesellschaft schuf eine Fülle neuer Bedürfnisse, für deren Befriedigung gerade die alten Handels- und Verwaltungszentren gute Voraussetzungen boten. Neue Arbeiterviertel entstanden hier ebenso wie Bürger- und Villenviertel, und die ehemalige Altstadt wurde durch Sanierung und erweiterte Nutzung durch große Geschäftshäuser, kulturelle Einrichtungen und Verwaltungsgebäude öffentlicher wie privater Art tendenziell bereits zur City im heutigen Sinn. Der Bau solcher Gebäude absorbierte übrigens einen großen Teil der Spekulationsgelder, die aus dem erheblich weniger Gewinn versprechenden Mietwohnungsbau abgezogen wurden. Dieser Trend förderte zugleich sowohl die Bildung von überfüllten Slumvierteln in Teilbereichen der Altstadt als auch die Verdrängung bzw. freiwillige Abwanderung von Teilen der Bevölkerung in die expandierenden Vororte[23], wobei diese häufig – wie sich besonders am Berliner Beispiel gut zeigen läßt – je nach Lage und Ausstattung unterschiedliche soziale Schichten anzogen: Während Wilmersdorf und Schöneberg vor allem durch den Zustrom bürgerlicher Zuwanderer expandierten, entwickelten sich z. B. Neukölln und Lichtenberg zu fast reinen Arbeiterstädten.[24] Insgesamt führte diese Segregation dazu, daß beachtliche Teile des Bürgertums mit den sozioökonomischen Wandlungen über längere Zeit kaum oder nur sehr vermittelt konfrontiert wurden und einen Lebensstil beibehalten oder weiter ausprägen konnten, der in vielfacher Weise noch traditionellen Mustern verhaftet war.

Zum anderen entwickelten sich aber auch innerhalb weniger Jahre durch die Standortentscheidung der industriellen Unternehmer »auf der grünen Wiese« völlig neue Städte, die mit den herkömmlichen »zentralen Orten« und alten Gewerbestädten außer der numerischen Größe fast nichts gemeinsam hatten. Ein typisches Kennzeichen war, daß meist in enger Nachbarschaft mehrere solcher Städte entstanden und sich so Städteballungen – »Konurbationen« – bildeten.[25] Die gewinnversprechenden Vorkommen von Kohle und Eisen, die Nähe zu Verkehrswegen, die den schnellen Abtransport der Produkte gewährleisteten, und das billige Gelände zur Errichtung von Zechen, Hüttenwerken und sonstigen Fabriken waren die ausschlaggebenden Faktoren solcher Agglomeration. Der Einseitigkeit der Gründungsmotive entsprach die Uniformität ihres äußeren Erscheinungsbildes und ihrer inneren Struktur. Abgesehen von eventuell noch vorhandenen winzigen dörflichen oder kleinstädtischen Kernen waren die industriellen Werke die Mittelpunkte von aus dem Boden gestampften Industriearbeitersiedlungen, deren Bewohner zunächst fast ausschließlich die Bevölkerung dieser Neugründungen ausmachten. Eine in den anderen Städten anzutreffende bürgerliche Mittel- und Oberschicht, die aus Handwerkern, kleinen und mittleren Kaufleuten, Beamten und freiberuflich Tätigen, Unternehmern und alteingesessenen Honoratiorenfamilien bestand, gab es hier kaum oder gar nicht, allenfalls einige wenige durch Verkauf von Grundstücken reich gewordene Bauern und ehemalige sogenannte Akkerbürger.[26] Erst allmählich traten die anfangs noch nicht sehr zahlreichen mittleren und unteren Angestellten der Betriebe in Erscheinung. Von Urbanisierung im Sinn einer über die reine Menschenzusammenballung hinausgehenden Entstehung städtischer Lebensqualität konnte hier keine Rede sein. Die als »Bauanarchie« bezeichnete planlose Durchmischung von Industriebetrieben,

Verkehrsanlagen, Versorgungsleitungen, Abraumhalden und Wohnquartieren führte zu geradezu chaotischen Gebilden und provozierte frühzeitig jenen zivilisationspessimistischen Topos vom menschenfressenden Moloch Stadt, dem als einer der ersten in Deutschland Riehl bereits in den fünfziger Jahren in einer großen Zahl von Vorträgen, Zeitungsartikeln und Schriften die »natürliche Frische und Eigenart des Volkslebens« auf dem Lande und in den noch überschaubaren Kleinstädten entgegengesetzt hat.[27]

Die Verhältnisse im Ruhrgebiet, aber auch im Saargebiet, in Oberschlesien und in Teilen Sachsens waren exemplarisch für diesen Verstädterungstypus: In der sog. Hellwegzone des Ruhrgebiets als der ersten im großen Maßstab industriell ausgebauten Zone dieses Raumes wurden die kleinen und bisher bedeutungslosen Ackerbürgerstädtchen wie z. B. Essen und Bochum, aber auch die stark »heruntergekommene« ehemalige freie Reichsstadt Dortmund durch die erwähnte Entwicklung geradezu überrollt. Da die Stadträte nicht in der Lage und auch nicht bereit waren, die Folgen der Massenzuwanderung durch Lenkung und Planung zu kontrollieren, begannen hier die Großunternehmer selbständig, die für das Funktionieren der Produktion wichtige Unterbringung des Arbeitskräftepotentials zu regeln. Für den Bergbau stand solches Handeln durchaus in einer langen Tradition, denn die aufgrund des Bergregals vom Landesfürsten oft an entlegenen Stellen errichteten Berg- und Hüttenunternehmen hatten immer schon die Notwendigkeit zur Folge gehabt, auch für die Ansiedlung der entsprechenden Anzahl von Berg- und Hüttenarbeitern zu sorgen.[28]

Auch wenn bei einzelnen industriellen Unternehmern bereits frühzeitig, d. h. seit den vierziger Jahren, Ansätze patriarchalisch-sozialpolitischen Denkens bei der Schaffung von Arbeiterwohnungen eine Rolle gespielt haben mögen, lag das Bestreben, die Arbeitskräfte möglichst nahe zum Betrieb unterzubringen, sie auf diese Weise an das Unternehmen zu binden und so einen Stamm zuverlässiger und qualifizierter Arbeiter heranzuziehen, durchaus zunächst einmal in der betriebswirtschaftlichen und produktionstechnischen Logik. Ein Beleg dafür, daß diese Motive an erster Stelle standen, ist, daß neben dem unternehmerischen Mietwohnungsbau und der Anlage von Arbeiterkolonien – die erste (»Eisenheim«) wurde 1844 von der Gutehoffnungshütte in Oberhausen gebaut – zunächst sehr stark versucht wurde, die ledigen Arbeitskräfte in sog. Menagen (Schlafhäusern) zu kasernieren.

Diese Einrichtungen konnten sich jedoch wegen ihrer auf strenge Disziplinierung ausgerichteten Hausordnungen auf Dauer nicht halten, zumal das sich ausbreitende Schlafgängerwesen und die dadurch entstehende »halboffene Familienstruktur« auch emotional viel eher eine Art Heimat für die zuwandernden jungen und ledigen Arbeiter schaffen konnten als die zum Teil über 200 Personen beherbergenden Menagen.[29]

Dagegen herrschte nach Wohnungen in den in subtilerer Weise disziplinierend wirkenden Zechenkolonien, in denen den Arbeitern nicht nur passabler Wohnraum, sondern meist auch ein kleines Stück Gartenland und ein Stallgebäude zur Verfügung gestellt wurden, eine solche Nachfrage, daß die Betriebe die Vermietung einer Koloniewohnung z. T. als Prämie für Wohlverhalten, z. T. als besonderes Lockmittel einsetzen konnten. Allerdings stand der Koloniebau in keinem Verhältnis zum Wohnungsbedarf, so daß das Wohnelend seit den sechziger Jahren gerade im Ruhrgebiet katastrophale Formen annahm, die es für lange Zeit beibehalten sollte.[30] Abgesehen davon, daß ein kleiner Teil der Arbeiter – kaum mehr als 10 % und meist im südlichen Teil des Reviers alteingesessen – noch über eigenen Hausbesitz verfügen konnte und ein weiterer kleiner Teil in den erwähnten besser ausgestatteten Werkskolonien untergebracht war, lebte die weit überwiegende Masse der Arbeiterfamilien unter erbärmlichen Bedingungen in durchweg als Spekulationsobjekte gebauten Mietshäusern, die kaum sanitäre Einrichtungen besaßen, völlig überbelegt waren und in denen so hohe Mieten verlangt wurden, daß viele Familien sie nur dank der Aufnahme von Schlafgängern und Untermietern bezahlen konnten. Schon aus diesem Grunde war das Schlafgängerwesen eine häufig anzutreffende Erscheinung in den meisten Großstädten, besonders aber im Ruhrgebiet und in den anderen Industrieagglomerationen Deutschlands.

Selbstverständlich gab es neben diesen beiden in jeweils spezifischer Weise vom Verstädterungsprozeß direkt erfaßten Städtetypen eine Fülle von oft durchaus traditionsreichen Klein- und Mittelstädten, die von den Problemen der Verstädterung kaum oder nur indirekt und vermittelt berührt wurden.[31] Das traf vor allem auf solche Städte zu, die noch längere Zeit ohne Eisenbahnanschluß blieben. Meist konnten sie in gewissem Umfang, wenn ihnen in enger Nachbarschaft keine andere größere Stadt an Bedeutung überlegen war, ihre Marktfunktion für das agrarische Umland beibehalten und als Kreisstadt auch Verwaltungsaufgaben auf unterer Ebene weiter ausführen. Ihre Bevölkerungszahl stagnierte in der zweiten Hälfte des 19. Jahrhunderts oder wuchs nur sehr langsam. Zwar verzeichneten auch sie hohe Bevölkerungsüberschüsse, jedoch traf hier wie für weite Teile des »platten Landes« zu, daß der ständige Weggang von nicht mehr zu ernährenden Menschen in die Großstädte, die Industrieagglomerationen oder nach Übersee sozial entlastend wirkte.[32] Dennoch blieben die in den dynamischeren Landesteilen ablaufenden Prozesse auf längere Sicht auch in diesen Klein- und Mittelstädten nicht ohne Folgen, und zwar in mehrfacher Hinsicht: Zum einen veränderten sich tendenziell ihre Altersstruktur und Geschlechtsproportion, da fast ausschließlich jüngere Menschen und hier wieder vor allem junge Männer auf der Suche nach Arbeit abwanderten. Die verwandtschaftlichen Bande, die durch diese Binnenwanderung aus den agrarischen Räumen und Landstädten in die Ballungsgebiete geknüpft wurden, führten zumindest partiell zu einem zunehmenden familieninternen Erfahrungsaustausch über mittlere, später auch weite Distanzen und aus unterschiedlichen Lebensräumen. Die Landstädte wurden allmählich zur sog. »Provinz«, die von den allgemeinen Prozessen durchaus nicht abgekoppelt war, in der diese jedoch nur dosiert, mit Zeitverzögerung und in einer spezifischen Filterung wahrgenommen wurden und sich auswirkten.[33] Die sich ausbreitenden Massenkommunikationsmittel wie die anlaufende industrielle Massenproduktion von ehemaligen Luxuswaren unterstützten solch eine »städtische Kulturvermittlung«.[34] In anderer Weise als die abgewanderten, aber noch Kontakt haltenden jüngeren Menschen vorwiegend aus der Unterschicht spielten hierbei auch Teile des kleinstädtischen Bürgertums, das seine »Modernität« durch die gezielte Nachahmung großstädtischer Moden und Lebensformen zu beweisen suchte, eine Mittlerrolle zwischen den Pionier- und den Nachzüglerregionen.

Ein anderer Aspekt der indirekten Einbeziehung der ländlichen Mittel- und Kleinstädte in den Verstädterungsprozeß hängt mit einer verstärkten großräumigen ökonomischen Aufgabenteilung und Spezialisierung zusammen.[35] Die riesigen Bevölkerungsmassen in den großstädtischen Ballungszentren konnten nicht mehr nur mit den agrarischen Produkten ihres unmittelbaren Umlandes ernährt werden. Der Versorgungsradius dieser Zentren weitete sich ständig aus und fixierte immer entferntere Produzenten auf die Absatzmöglichkeiten in den Großstädten. Auch weiter weg liegende Landstädte wurden auf diese Weise zu Sammelplätzen, Zwischenlagern und Verteilungsstationen auf dem Weg der agrarischen Produkte in die Zentren. Aus dieser neuen Konstellation entsprangen dann – gewissermaßen sekundär – gezielte Impulse zum Ausbau der Infrastruktur, besonders des Eisenbahnbaus, auch im ländlichen Raum.

Um eine solche Entwicklung an einem fast beliebigen Beispiel zu zeigen: Die Stadt Witzenhausen an der Werra – um 1820 einige hundert Einwohner größer als z. B. die Stadt Bochum – erweiterte ihre Bevölkerungszahl im Vormärz zunächst von 2460 im Jahr 1818 auf 3250 im Jahr 1850.[36] In dieser Zeit gab es durchaus verschiedene erste Versuche, durch die Einrichtung kleinerer Fabriken Anschluß an die Entwicklung zu finden. Um 1850, als das Akkerbürgerstädtchen Bochum inzwischen knapp 5000 Einwohner besaß und sich sein Sprung zur Industriestadt bereits deutlich abzeichnete, befand sich Witzenhausen jedoch schon im Windschatten der Entwicklung: Seine Einwohnerzahl stagnierte (1890 = 3216), während Bochum seine Bevölkerung in den folgenden vierzig Jahren ungefähr verzehnfachen konnte. Witzenhausen besaß weder Kohlen- noch Eisenvorkommen, auch keine überregional bedeutsame Verkehrsknotenfunktion. Es lag weit entfernt von den Westgrenzen Deutschlands, den Nordseehäfen und den expandierenden Ballungsräumen und bot auch sonst keinen Anreiz zu besonderen Investitionen. Entsprechend wurde es in seiner Funktion als Ackerbürgerstadt fixiert. Während Bochum bereits in den vierziger Jahren einen Eisenbahnanschluß erhielt, berührte Witzenhausen erst über eine Generation später eine Bahnlinie. Die Witzenhausener Bürger machten jedoch aus ihrer Fixierung eine Tugend. Sie entdeckten eine agrarische Marktlücke, auf deren Ausfüllung sie sich in der zweiten Jahrhunderthälfte zu spezialisieren begannen: die Produktion von Kirschen. In demselben Maße, wie es der infrastrukturelle Ausbau der näheren und weiteren Umgebung zuließ, belieferte Witzenhausen nicht nur die nahe gelegenen Märkte von Göttingen und Kassel, sondern weit darüber hinaus liegende Abnehmer. Bis zum Ersten Weltkrieg markierte jedoch noch die alte Stadtmauer die Bebauungsgrenze der Stadt, deren Einwohnerzahl erst um 1900 allmählich wieder zu wachsen begann, als die Regierung dort die Deutsche Kolonialschule einrichtete.

Die Frage, wie repräsentativ die Entwicklung Witzenhausens für die Geschichte von Landstädten im 19. Jahrhundert war, ist nicht leicht zu beantworten. Die spektakulären Veränderungen und die systembedrohenden Zuspitzungen in den Ballungsgebieten haben bisher die Historiker erheblich häufiger zu Analysen gereizt als die Situation in den »Passivräumen«. Immerhin lebten von 14,8 Millionen im Jahre 1871 in Gemeinden mit über 2000 Einwohnern wohnenden Menschen (36,1 % der Gesamtbevölkerung des Deutschen Reiches) rund 5,1 Millionen (12,4 % der Gesamtbevölkerung und 34,4 % der statistischen Stadtbevölkerung) in Orten, die zur Größenklasse 2000 bis 5000 Einwohner gehörten.[37] Zwar lassen sich die 1871 insgesamt 1716 Orte dieser Kategorie nicht nach wachsenden Industriegemeinden und stagnierenden Landstädten aufschlüsseln, jedoch spricht vieles dafür, daß der Anteil der Landstädte zu dieser Zeit noch über die Hälfte betrug. Nicht ganz so hoch, aber durchaus noch beträchtlich dürfte auch der Anteil der ländlichen Kleinstädte mit 5000 bis 20000 Einwohnern gewesen sein (s. Tab. 2). In Städten dieser Größenordnung lebten 1871 knapp 4,6 Millionen Menschen (11,2 % der Gesamtbevölkerung des Deutschen Reiches).

3. Vom Ordnen zum Planen – Erste Ansätze einer modernen Stadtplanung

Daß die unübersehbare Auseinanderentwicklung der verschiedenen Städtetypen in der Frühindustrialisierungsphase von den Zeitgenossen deutlich wahrgenommen wurde und die entstehende Sozialstatistik in besonderer Weise herausforderte, läßt sich leicht belegen. Das sicherlich wichtigste Motiv zum Ausbau der Sozialstatistik als eines eigenständigen Wissenschaftszweiges war das aus bürgerlich-sozialreformerischem Geist entstammende Bestreben, die »soziale Morphologie« der Gesellschaft mit Hilfe quantitativer Erhebungen zu entschlüsseln und dadurch Ansatzpunkte zum Eingreifen zu gewinnen.[38] Die seit den siebziger Jahren erstellten Enquêten des »Vereins für Socialpolitik« sollten z. B. ausdrücklich Einfluß auf die Inhalte der staatlichen Sozialpolitik nehmen. Für die Blickrichtung und das Problembewußtsein der frühen Sozialstatistiker ist folgende provozierende Frage des württembergischen Statistikers und Politikers Gustav Rümelin aus dem Jahre 1870 typisch, hinter der einerseits die Warnung vor vorschnellen Generalisierungen und Schlüssen, andrerseits aber auch die Aufforderung zur differenzierteren und quellenkritischeren Erhebung und Interpretation der Daten stand: »Warum in aller Welt soll derjenige, der mit einer größeren Anzahl von Menschen durch eine zusammenhängende Häusergruppe verbunden ist, mehr Kinder erzeugen oder weniger, früher sterben oder später, jünger heiraten oder älter, mehr Verbrechen begehen oder weniger als wer nur mit einer kleineren Zahl von Individuen an einem Wohnplatz zusammenlebt?«[39] Statt der simplen Gegenüberstellung »aller Städte auf der einen, aller Landbezirke auf der anderen Seite« komme es darauf an, sowohl innerhalb der Städte als auch innerhalb der Landbezirke nach unterschiedlichen Typen, Ausstattungen, rechtlichen Voraussetzungen, Traditionen usw. zu unterscheiden, damit nicht »das Wesentliche und Charakteristische statt ausgedrückt und markiert nur verwischt und begraben erscheint«. In diesen Worten zeigt sich gegen Ende der Frühindustrialisierungsphase deutlich der Übergang von einem zunächst allenfalls nachvollziehenden Behebenwollen der schlimmsten Auswüchse der sonst unbeeinflußt ablaufenden Prozesse hin zu Steuerungs- und Lenkungsversuchen, an deren Ende das gezielte Planen und die Inangriffnahme sozialer Innovationen stehen sollten.

Daß sich eine solche Hinwendung vom bloßen »Ordnen zum Planen«[40] zu Beginn der siebziger Jahre abzuzeichnen begann bzw. von nun an eine immer intensivere Diskussion über Ziele und Wege planerischen Eingreifens in den Verstädterungsprozeß geführt wurde, hing auch mit der Einsicht zusammen, daß die traditionelle Rechtsetzung im Bereich des Bauens viele offensichtliche Übel nicht hatte abwenden können und sich der verbreitete Glaube an das aus der Freisetzung des Individuums entspringende optimale Zusammenspiel aller wirtschaftlichen Kräfte – gerade auch im Städtebau – als fragwürdig erwiesen hatte. Tatsächlich gab es in den meisten deutschen Staaten noch aus der Zeit des Absolutismus eine Reihe von Gesetzen und Rechtsordnungen, die einer völligen Baufreiheit Grenzen setzen sollten. So bestätigte das Allgemeine Preußische Landrecht zwar jedem Eigentümer das Recht, nach eigenen Wünschen »seinen Grund und Boden mit Gebäuden zu besetzen oder seine Gebäude zu verändern«, legte zugleich jedoch fest, daß diese Freiheit ihre Grenzen an den übergeordneten Interessen des Gemeinwohls haben sollte.[41] Das bedeutete, daß die öffentliche

Ordnung, die bauliche Sicherheit und die Sicherheit gegen Feuergefahr bei Neu- und Umbauten gewährleistet sein mußten. Als weiteres zu beachtendes Prinzip trat der Schutz der Öffentlichkeit gegen Verunstaltung hinzu. Die Überwachung dieser Voraussetzungen galt als eine wichtige Aufgabe der »Polizey« und lag in staatlicher Hand, die seit Beginn des 19. Jahrhunderts die Städte und größeren Orte verstärkt zu drängen begann, sog. »Alignementspläne«, Bebauungspläne zumindest für den Stadtkern aufzustellen und zur Genehmigung vorzulegen.[42] Hierbei stand fast ausschließlich die Straßenführung der Haupt- und Durchgangsstraßen im Mittelpunkt des Behördeninteresses. In den Residenzstädten hatte die repräsentative Ausgestaltung der Straßen und Plätze schon seit langem die Phantasie der Stadtbaumeister angeregt. Die dort zugrunde gelegten Maßstäbe der Symmetrie, des »guten Geschmacks«, der Schönheit und zweckmäßigen Ordnung wurden von den staatlichen Beamten in vereinfachter Form auch den anderen Städten empfohlen, um wenigstens die Festlegung der Hauptfluchtlinien und die Fassadengestaltung der völligen Willkür zu entziehen.[43] Planung in diesem eingeschränkten Sinne war also und blieb noch für lange Zeit »vorzüglich Straßenplanung«.[44]

Es ist typisch für den Entwicklungsstand in den preußischen Westprovinzen, daß als erste bereits 1835 die Düsseldorfer Bezirksregierung ihre Landräte aufforderte, bei den zu erstellenden Bauplänen auch die in den nächsten drei bis vier Jahrzehnten zu erwartenden Veränderungen mit zu berücksichtigen.[45] Die Zahl der vor 1850 aufgestellten und von der Regierung genehmigten Pläne blieb jedoch äußerst gering. Viele Stadtverordnete sahen die Notwendigkeit solcher Pläne nicht ein und hintertrieben die Ausarbeitung, weil zu befürchten war, daß die Eigentumsrechte von Haus- und Grundbesitzern, die in den Stadtverordnetenversammlungen überproportional vertreten waren, zu sehr beschnitten würden. Immerhin folgte aus der Genehmigung und Festschreibung eines Bebauungsplanes auch die entsprechende Weichenstellung im Hinblick auf eventuelle Enteignungen.

Die vielfältigen Querelen zwischen den Städten und den auf Bebauungsplanung drängenden staatlichen Behörden, die dilatorische Behandlung des Problems in den Gemeinden und die umständlichen Genehmigungsprozeduren führten dazu, daß 1855 die Kompetenz zur Aufstellung von Bauplänen in die Zuständigkeit der Kommunen gelegt wurde; sie konnten, wenn sie eine Planfestsetzung für notwendig hielten, von sich aus die Initiative ergreifen, mußten dann jedoch die Polizeibehörden an der Planung beteiligen.[46] Diesen wurde dagegen ausdrücklich die Überwachung der Bauordnung zugewiesen, so daß von nun ab zwei getrennte und zudem von unterschiedlichen Ebenen her operierende Behörden für das Bauen in den Städten zuständig waren. Eine sinnvolle Verbindung von Grundriß- und Aufrißplanung kam auf diese Weise nicht zustande.[47] Zudem lassen sich solche »Baupolizeireglements«, die in erster Linie zur Abwendung von Feuergefahr, seit den fünfziger Jahren zunehmend auch von Seuchengefahr dienten, fast nur in den größeren Städten nachweisen. Hierbei handelte es sich im wesentlichen um die Festlegung des Verhältnisses der Höhe der Häuser und der Zahl ihrer Stockwerke zur Breite der Straße, außerdem um die Größe der Hinterhöfe. Die Baupolizeiordnung von Berlin, die 1853 erlassen wurde und in der Folgezeit von vielen anderen Städten zum Vorbild genommen wurde, verlangte z. B. eine Mindestgröße der Hinterhöfe von 5,34 m × 5,34 m, um den Feuerspritzen einen Wendekreis zu sichern. 15 Jahre später wurde der Mindestabstand der Hinterhofgebäude auf 6,28 m festgelegt.[48] 1860 war außerdem verfügt worden, daß Wohnräume eine lichte Höhe von mindesten 2,51 m haben sollten: Erstmalig in einer preußischen Bauordnung war damit eine Bestimmung erlassen, die auch auf das Innere der Gebäude Einfluß nahm. Ansonsten blieben die gesundheitspolizeilichen Vorschriften jedoch eher vage und dürftig.

Das Fortschreiten Berlins als des für Deutschland ausgeprägtesten Falles moderner Stadtentwicklung auf dem Wege zur »größten Mietskasernenstadt der Welt«[49] ist aber nicht nur aus der bereits erwähnten blühenden Bauspekulation und jenen nur geringfügig hemmenden Bauvorschriften zu verstehen, sondern aus dem fatalen Zusammenspiel dieser beiden Voraussetzungen mit einer dritten: 1862 wurde ein von dem Bauingenieur James Hobrecht ausgearbeiteter Bebauungsplan für das Vorland Berlins genehmigt. Er blieb bis 1919 in Kraft und heizte, da er nur die Fluchtlinien großräumig festsetzte und dabei bereits große Flächen noch unbebauten Landes mit in die Planung einbezog, die Spekulation zusätzlich gewaltig an.[50] War bisher schon die bestmögliche Grundstücksausnutzung das Prinzip der Spekulanten gewesen, fand dieses jetzt seine behördlich abgesegnete Basis, ohne daß das in der Absicht der Planer gelegen hätte.[51] Hobrecht selber war von einer lockeren Bebauung der von ihm bewußt großmaschig geplanten

Straßenkarrees ausgegangen; er stellte sich breite, begrünte Straßen
und Gärten hinter den Häusern vor. Statt dessen entstanden jedoch
bis zu sechs Stockwerke hohe Wohnhäuser mit Seitenflügeln und
mehreren Hinterhäusern, zwischen denen Lichthöfe lagen, die gerade eben die vorgeschriebenen Mindestmaße besaßen. Die gesamte Grundstücksfläche vieler Karrees wurde auf diese Weise
mehrgeschossig überbaut. Da zudem die Hausbesitzer aufgrund
der seit 1838 erstmalig geregelten sog. »Pflasterverbindlichkeiten«
nach der Länge der Straßenfront ihrer Grundstücke zu den Stra-
ßenbaukosten herangezogen wurden, versuchten sie bei möglichst
schmaler Straßenfront möglichst tiefe Baublöcke zu errichten.[52]
Dieses Verhalten blieb keineswegs auf Berlin beschränkt, sondern
läßt sich in München und Hamburg ebenso nachweisen wie in
Frankfurt am Main und anderen deutschen Großstädten.

Die Diskussion über eine Novellierung der bestehenden Gesetze
riß deshalb seit Beginn der sechziger Jahre nicht mehr ab. Ein
schließlich am 2. Juli 1875 vom König unterschriebenes preußi-
sches Fluchtliniengesetz, das bedeutsamste in einer Anzahl weiterer
Baugesetze, die seit 1863 zur Beendigung der allgemeinen Zer-
splitterung der Bauplanvorschriften in den meisten deutschen Staaten erlassen wurden, verhinderte jedoch Fehlentwicklungen wie
die genannten auch in der Folgezeit nicht, obwohl es die Möglichkeiten der Städte zur Einflußnahme und Lenkung in einigen Punkten erweiterte.[53] So regelte es die Frage der Entschädigung der
Grundeigentümer bei der Anlegung von Straßen und ermöglichte
ein Bauverbot an solchen Straßen, die noch nicht gemäß dem Bebauungsplan ausgebaut waren. Allerdings gab es eine Reihe von
Ausnahmen, die den möglichen Effekt dieser Bestimmung von
vornherein erheblich verringerten, wobei hier wie in anderen Bereichen der städtischen Bauentwicklung nach der grundsätzlichen
Voraussetzung zu fragen ist, ob bei den zuständigen Gremien
überhaupt der Wille und die Möglichkeit bestanden, sich gegen
private Interessen durchzusetzen und entsprechend zu handeln,
bevor schon »vollendete Tatsachen« geschaffen waren.[54] Verschiedene Oberbürgermeister wiesen deshalb sogleich darauf hin,
daß sie das Gesetz »in vielen Punkten für bedenklich« hielten, es
aber immer noch besser als »gar kein Gesetz« sei, denn ohne ein
solches Gesetz könnten sie die drängende Aufgabe, neue Wohnbe-
reiche für die ständig wachsende Bevölkerung zu schaffen, nicht
mehr erfüllen.[55]

Zwar sahen kritische Zeitgenossen sehr deutlich, welch ungesunde Entwicklung die Bebauungsplanung im Rahmen der bestehenden Rechtsordnungen nahm, jedoch hatten ihre wohlmeinenden Reformvorschläge angesichts der Geschwindigkeit und Wucht der ablaufenden Prozesse einerseits, des starken Einflusses der Haus- und Grundbesitzerlobby in den Stadtparlamenten andrerseits praktisch keine Aussicht auf Erfolg. Eindrucksvolle Berichte über die tristen Wohnverhältnisse aus den fünfziger und sechziger Jahren, vor allem aus Berlin, liegen in größerer Zahl vor, und ihre meist sozialreformerischen Verfasser gaben auch z. T. auf der Grundlage neuerer naturwissenschaftlicher und medizinischer Erkenntnisse Hinweise zur Milderung der Zustände. So erläuterte 1866 ein Autor in der Zeitschrift *Der Arbeiterfreund* ausführlich die Fehlentwicklungen in großstädtischen Wohnvierteln hinsichtlich ihrer Versorgung mit Licht, Luft und Wärme; er kritisierte dabei vor allem jene baulichen Verhältnisse, die je nach Jahreszeit zu extremen Belastungen der Bewohner führten:

»Betreten wir aber gar jene von hohen Gebäuden eingeschlossenen, der Luft und meistens auch den größten Teil des Tages hindurch dem Licht völlig unzugänglichen Höfe, wie sie die Großstadt als Regel besitzt – oh wehe! Die ›afrikanische‹ Glut der Straße hat sich hier in eine volle Höllenglut verwandelt, die mit der unventilierten dicken Luft, den gräßlichsten Ausdünstungen der Auswurfstätten usw. zusammen nur als scheußliche Gifthöhlen richtig bezeichnet werden können – und die dennoch leider nur zu oft der bedauernswerten Jugend als Spielplatz dienen müssen.«[56]

Seine Forderungen und Vorstellungen von einem menschenwürdigeren Bauen lauteten:

»Keine turmhohen Kasernen mit schwankenden Wänden und schwankenden Etagen, feuchten Mauern, dumpfen und unventilierten Räumen, grellen Tapeten oder Wandfarben und ebensolchen Fenstervorhängen oder Rouleaus, mit unsinnigen, gesundheitsschädlichen und teuer heizbaren Öfen, deren undichte Türen noch regelmäßig in jedem Winter traurige Opfer fordern; ferner mit engen, völlig abgeschlossenen, von Dünsten, Gestank und Glut verpesteten Höfen, mit luft- und lichtberaubten, dumpfnassen Kellerwohnungen usw. Man sollte im Gegensatz hierzu bei jedem ferneren Bau Lungen, Augen und Herzen berücksichtigen, nur ihnen oder vielmehr ihrer Wohlfahrt angemessene Wohnungen zu errichten suchen. Dazu strebe man nach der Erhaltung der so unendlich wichtigen Baum- und Gewächspflanzungen innerhalb der Stadt, sorge für fleißiges und allenthalben gleichmäßiges Sprengen der Straßen, und schließlich werde endlich allgemein in der Volksschule praktischer naturwissenschaftlicher

Unterricht ermöglicht, – und in der Tat: Armut, Elend, Not, Krankheit und Weh werden in ganz überraschendem Maße abnehmen, vornehmlich in den niederen Volksschichten, doch naturgemäß rückwirkend auch gar beträchtlich in den oberen.«[57]

Ausführungen wie diese zeigen wohlmeinende Absicht und eine gewisse Naivität zugleich. Außerdem charakterisieren sie die Mühen und Begrenzungen eines Lernprozesses, den gerade auch das mittlere Bürgertum im Umgang mit den rasanten Veränderungen seines großstädtischen Lebensraums in der Frühindustrialisierung durchmachte. Friedrich Engels hat aus seiner Sicht der Dinge solche Bemühungen pauschal als »soziale Quacksalberei« abgetan und in seinen 1872 geschriebenen Artikeln *Zur Wohnungsfrage* behauptet, die einzige Methode der Bourgeoisie zur Lösung der Wohnungsfrage sei die »Methode Haussmann«.[58] Er spielte dabei auf den Pariser Präfekten und Stadtbaumeister Napoleons III., Georges Haussmann, an, der 1858 im Zuge gewaltiger Sanierungsmaßnahmen enge Arbeiterviertel hatte abreißen und durch breite Boulevards ersetzen lassen. Die »Methode Haussmann« im Sinne Engels' war das »Breschelegen« in die großen Städte, »ob diese nun durch Rücksichten der öffentlichen Gesundheit und der Verschönerung oder durch Nachfragen nach großen zentral gelegenen Geschäftslokalen oder durch Verkehrsbedürfnisse, wie Eisenbahnanlagen, Straßen usw., veranlaßt wurden«. Das Ergebnis sei immer das gleiche: nicht die wirkliche Beseitigung der Übel, sondern ihre Verlegung in die Hinterhöfe, in immer wieder neue Proletarierviertel und sonstige »Brutstätten der Seuchen«, in die die Arbeiter »Nacht für Nacht eingesperrt« würden.[59] Engels' Blick auf eine radikale Lösung, die – da die Wohnungsfrage für ihn allein Ausfluß der kapitalistischen Produktionsweise war – nur in der »Aneignung aller Lebens- und Arbeitsmittel durch die Arbeiterklasse selbst« bestehen konnte, ließ ihn jedoch das Kind mit dem Bade ausschütten. Auch wenn seine Darstellung der Verhältnisse viele Jahre noch zutreffen sollte, unterschätzte er doch die – wenn auch zum Teil erst sehr langfristig – wirksam werdende Umsetzung von aus den Verhältnissen gewonnenen Erfahrungen im Planen und Handeln im bürgerlichen Lager.

Der von Engels spöttisch »Bourgeois-Sozialismus« genannte Weg zur Systemstabilisierung mit Hilfe sozialer Reformen ging zwar von recht heterogenen, z. T. deutlich eigennützigen Motivationen aus, hat aber schließlich doch trotz vieler Rückschläge und

Verzögerungen zur allmählichen Verbesserung der Wohn- und Lebensverhältnisse von immer mehr Menschen aus den unteren Klassen geführt. Daß dabei der Stachel im Fleisch der bürgerlichen Gesellschaft, die Arbeiterbewegung, eine entscheidende Rolle als ständiger Mahner gespielt hat, ist unbezweifelbar, jedoch ist das Spektrum der Wandlungsimpulse nicht monokausal zu erklären, wie ein Blick auf die in diesen Jahrzehnten entstehende »Städtetechnik« belegt.

4. Die Entstehung der »Städtetechnik«

Der eigentliche Durchbruch der »Städtetechnik« auf breiter Front als Teil der gesamten kommunalen Daseinsvorsorge vollzog sich zwar erst in den letzten Jahrzehnten des 19. Jahrhunderts, ihre Anfänge reichen jedoch bis in die frühen fünfziger Jahre, mitunter sogar noch weiter zurück. Drei Bereiche waren es, in denen sich eine Reihe von Stadtverwaltungen zur Übernahme und zum zentralen Einsatz technischer Innovationen herausgefordert fühlte: die Gasversorgung, die Abwässerbeseitigung und die Wasserversorgung.[60] Ein Impuls zur Einrichtung von Gasanstalten ging noch von der traditionellen Ordnungs- und Polizeikompetenz in den Gemeinden aus, zu der in den Städten auch die Sorge für eine öffentliche Beleuchtung mindestens der Hauptstraßen gehörte. Nachdem die Ende des 18. Jahrhunderts in England erfundene Leuchtgaserzeugung in Deutschland bekannt geworden war, wurden seit 1825 zuerst in Berlin, Hannover, Dresden und Leipzig Gasanstalten im Zusammenhang mit einer erheblichen Verbesserung des öffentlichen Beleuchtungssystems auf der Basis von Leuchtgas gebaut. Weitere Städte folgten nach und nach, bis es seit Mitte der fünfziger Jahre zu einem regelrechten Gründungsboom von Gaswerken kam. In den meisten Fällen waren es zunächst private Unternehmer, anfangs häufig englische Gesellschaften, die als Anbieter der neuen Energiequelle auftraten und bald einträgliche Geschäfte verzeichnen konnten, weil die Nachfrage nicht nur der öffentlichen Verwaltung, sondern auch der privaten Abnehmer für Beleuchtungs-, dann auch für Koch- und Heizzwecke ständig zunahm. Die ausschließlich auf Profit ausgerichtete Preispolitik der Gaswerke und die oft rücksichtslose Ausnutzung der ihnen von den Städten eingeräumten Monopolstellung führten jedoch sehr schnell zu erheblichen Auseinandersetzungen, wobei die Stadt-verwaltungen als Hauptkunden zunehmend Gegenmaßnahmen ins Auge faßten. In einer Reihe von Fällen kauften sie schließlich bestehende Werke auf oder gründeten von sich aus Konkurrenzunternehmen, nicht zuletzt in der Erwartung, auf diesem Wege der Stadtkasse eine neue Einnahmemöglichkeit zu erschließen. In Preußen war es als erste die Stadt Minden, die bereits 1828 eine Gasanstalt unter städtischer Regie einrichtete; ihr folgten die Städte Elberfeld 1837, Berlin 1845 und Barmen 1846 – abgesehen von Minden also frühindustrielle Zentren.[61] Bis 1855 kamen in Preußen 13 und im folgenden Jahrfünft weitere 39 Städte hinzu, die eine kommunale Gasversorgung besaßen. Im Jahr 1877 lassen sich dann im ganzen Deutschen Reich 481 Gaswerke nachweisen, von denen fast die Hälfte (45 %) in städtischem Besitz war.

Daß der Ausbau des technischen Apparats einschließlich der Verlegung des Röhrensystems geschultes Personal erforderte, ist offensichtlich. Der Ingenieur in städtischen Diensten wurde folglich zu einem sich seit dieser Zeit herausbildenden Berufsbild, und gleichzeitig erhielten umgekehrt von dieser Nachfrage her die an Bedeutung gewinnenden polytechnischen Hochschulen Impulse zu einem Ausbau ihres Lehrangebots. Das traf auch, obwohl von einer andersgelagerten Herausforderung ausgehend, auf den Bereich der Kanalisation zu. Auch hier entstand in der Frühindustrialisierungsphase allmählich eine neue Gruppe von Spezialisten, die gelegentlich weit über ihr Gebiet hinaus Einfluß auf die allgemeine Stadtplanung gewinnen konnten. So war etwa der erwähnte James Hobrecht, der den Berliner Bebauungsplan von 1862 entworfen hat, ursprünglich Kanalisationsfachmann.

Mit einem »time lag« von ebenfalls rund zwanzig Jahren gegenüber England begannen seit Beginn der fünfziger Jahre Städte wie Hamburg, Berlin, München und Frankfurt zunächst noch meist unzureichende Entwässerungssysteme zu bauen. Anlaß in England wie in Deutschland, sich mit dem Problem der Kanalisation gezielter zu beschäftigen, waren Choleraepidemien, welche die Zeitgenossen deshalb besonders erschreckten, weil diese Krankheit bisher in Europa unbekannt gewesen war und die Ärzte ihrer schnellen Ausbreitung und hohen Sterblichkeit machtlos gegenüberstanden. Rückblickend ist die Cholera jedoch wegen der mit ihr verbundenen Herausforderung als der »große Sanitätsreformer« und als die »Polizei der Natur« bezeichnet worden.[62] In England war es eine verheerende Seuche im Jahr 1831, die eine breite bürgerliche Hygienebewegung auslöste und schließlich u. a. zu dem vielbeachteten »sanitary report« Edwin Chadwicks (1842) führte.[63] Chadwick wies den unhygienischen Lebensbedingungen eine Hauptschuld für das Entstehen des Pauperismus zu und rechnete der Gesellschaft vor, welche sozialen Kosten Schmutz und ungesunde Verhältnisse vor allem in den von den Unterschichten bewohnten Stadtteilen für die Gesamtheit mit sich brächten. Als ein Heilmittel nannte er besonders die schnelle Beseitigung der Fäkalien. Schon in den dreißiger Jahren hatten Experimente bewiesen, daß Schmutzwasser und Jauche in Berieselungsanlagen wieder gereinigt werden konnten.[64] Die bisherigen Schwemmkanäle wurden deshalb in der Folgezeit durch ein System von Röhrenleitungen ersetzt, welche die Fäkalien und das Schmutzwasser nicht mehr in die Bäche und Flüsse, sondern zu Berieselungsfeldern führten.

Das englische Vorbild wirkte sich zunächst in Hamburg, in gewissem Umfang auch in Berlin aus, jedoch wurden in Deutschland zusätzlich vor allem die Untersuchungsergebnisse des Münchener Mediziners Max Pettenkofer bedeutsam, die er – selber an Cholera erkrankt – bei einer Epidemie 1854 in München gewonnen hatte. Pettenkofer glaubte im durch Fäkalien verschmutzten Grundwasser und in den dadurch entstehenden »Miasmen« den Hauptgrund für die Ausbreitung der Cholera gefunden zu haben. Er forderte daher eine Grundwasserregulierung sowie die sorgsame Beseitigung der Abwässer und konnte schließlich das bayerische Innenministerium zu durchgreifenden Maßnahmen bewegen.[65]

Pettenkofers Ideen und Ratschläge fanden zwar ebenso wie die Anregungen aus England in immer mehr Städten Resonanz, jedoch kam der Prozeß der Umsetzung in die Praxis in den fünfziger und sechziger Jahren nur sehr schleppend in Gang. Das traf auch auf eine – ebenfalls auf englische Vorbilder zurückgehende – von Rudolf Gneist angeführte Kampagne des Berliner »Centralvereins für das Wohl der arbeitenden Klassen« zu, der sich zur Verbesserung der allgemeinen Hygiene für die Einrichtung öffentlicher Bade- und Waschhäuser eingesetzt hatte.[66] Abgesehen von den hohen Kosten vor allem des Kanalisationsbaus, vor denen viele Stadtparlamente zurückschreckten, und mangelndem Verständnis für die Notwendigkeit solch hoher Investitionen war für den langsamen Fortgang der Kanalisierung auch die Tatsache verantwortlich, daß die Ingenieurwissenschaft des Tierbaus noch in den Anfängen steckte und es deshalb an »know-how« fehlte.[67] Noch in den siebziger Jahren wurden in einem offiziellen Bericht die hygienischen Verhältnisse in Berlin – trotz seines seit 1852 bestehenden Entwässerungssystems – wie folgt beschrieben, und die Situation in den anderen Städten mit überfüllten Massenquartieren dürfte wohl eher noch schlimmer gewesen sein:

»Regenwässer und Schmutzwässer der Haushaltungen, teilweise auch Abwässer der Gewerbebetriebe ergossen sich in die zu beiden Seiten des Fahrdammes entlang laufenden offenen Rinnsteine, in denen sie ihren Weg zu einem der öffentlichen Wasserläufe nahmen. Die Fäkalien wurden in die auf jedem Hofe befindlichen zementierten Senkgruben direkt aus den darüber stehenden Hofabtritten entleert, und in dieselben Senkgruben wurden die etwa an den Häusern aufgestellten Nachtstuhleimer ausgeschüttet. Der Inhalt der meist durchlässigen Gruben wurde nach Bedarf nur zwei- bis dreimal im Jahre abgefahren. Auch Müll, Asche und Scherben lagerten lange in Sammelbehältern auf den Höfen ... Die Mißstände wurden noch dadurch gesteigert, daß man, namentlich in den wohlhabenderen Stadtteilen, das Wasser der im Jahre 1852 hauptsächlich zur Spülung und Reinigung der Straßen eingerichteten ersten Wasserleitungsanlage zur Spülung von Wasserklosetts benutzte, und sich bei dem Fehlen einer geordneten Kanalisation die Klosettwässer in die vorhandenen Kanäle, Tonröhren und offenen Rinnsteine ergossen.«[68]

Erst das Fortschreiten der technischen Entwicklung, weitere Forschungen auf dem Gebiet der Hygiene und das Engagement von Medizinern wie Rudolf Virchow und Robert Koch sowie von bürgerlichen Sozialreformern in und außerhalb der Stadtverwaltungen führten zu allmählichen Änderungen, so daß 1885/86 in Berlin immerhin rund 90 % aller Grundstücke an eine modernisierte Kanalisation angeschlossen waren.[69] Ein ähnlicher Entwicklungsstand war zur selben Zeit in Preußen aber erst in 18 weiteren Städten erreicht, darunter Essen, Dortmund, Breslau, Köln, Düsseldorf, Frankfurt am Main und Elberfeld. Besonders der »Deutsche Verein für öffentliche Gesundheitspflege«, in dem sich seit 1873 Hygieniker, Medizinalbeamte und kommunale Baufachleute versammelten, entwickelte sich zu einem wirksamen Mahner im Bereich der Kanalisation und jenes dritten Bereichs, von dem in der Frühindustrialisierungsphase die sog. Städtetechnik ihren Ausgang nahm, der städtischen Wasserversorgung.

Die traditionelle Versorgung der Bevölkerung in den Städten mit

Trink- und Waschwasser erfolgte zunächst nur in sehr wenigen Fällen wie z. B. in Frankfurt am Main durch ein kommunales Wasserwerk. Bis zum Ende des 19. Jahrhunderts dienten für immerhin noch rund 60 % der preußischen Gesamtbevölkerung dezentrale Brunnen, Zisternen und die natürlichen Wasserläufe als Versorgungsquellen.[70] Wasser war normalerweise in ausreichendem Maße vorhanden, und seine Qualität spielte zunächst nur insofern in der anlaufenden Hygienediskussion eine Rolle, als man – angeregt durch Pettenkofers Forschungen – zunehmend begann, die Verschmutzung des Grundwassers und der Flußläufe durch Abwässer in engeren Grenzen zu halten: Als wichtigste Aufgabe der öffentlichen Gesundheitspflege galt es, »Fäkalstoffe zweckmäßig wegzuräumen und von den Flußläufen fernzuhalten, damit unter allen Umständen dem Flußwasser seine große Bedeutung gewahrt bleibe, und dessen Brauchbarkeit für die Wasserversorgung der Städte und Ortschaften in keiner Weise geschmälert werde«.[71]

Für den Entwicklungsstand der Bakteriologie nach der Jahrhundertmitte war es bezeichnend, daß selbst Pettenkofer der Sauberkeit des Trinkwassers anfangs praktisch keine Aufmerksamkeit schenkte und für lange Zeit auf seiner »Bodentheorie« beharrte.[72] Der Impuls zur Modernisierung bereits bestehender oder zur Einrichtung neuer Wasserversorgungssysteme ging deshalb bis in die sechziger Jahre hinein entweder – wie in Hamburg nach dem großen Brand von 1842 – vom gesteigerten Löschwasserbedarf in den Städten aus oder beruhte auf der Initiative privater Unternehmer, die wie z. B. in Berlin 1852/53, Altona 1854 und Magdeburg 1858 städtische Wasserwerke als Gewerbebetriebe mit der entsprechenden Gewinnerwartung bauten.[73] Erst Ende der sechziger Jahre begann sich mit der Erkenntnis, daß auch die Wasserversorgung ein der Kanalisation gleichwertiger Aufgabenbereich der Stadthygiene war und in besonderem Maße Einfluß auf die Zurückdrängung der Typhussterblichkeit hatte, die Übernahme der Wasserwerke in städtische Regie auszubreiten. Während in Preußen bis 1870 lediglich zwölf Städte ein zentrales Wasserwerk hatten, bauten allein in den Jahren 1870 bis 1875 18 weitere Städte ein zumeist in Gemeindebesitz befindliches Wasserversorgungssystem aus.[74] Die Typhussterblichkeit, die um 1850 in Berlin bei durchschnittlich zehn Toten auf 10000 Einwohner p. a. und um 1870 noch bei acht gelegen hatte, sank bis 1877 fast auf zwei – ein Beleg für die Wirksamkeit der gleichzeitig erheblich verbesserten und ständig erweiterten städtischen Wasserversorgung Berlins.[75] Vor allem die naturwissenschaftlichen Erkenntnisse und technischen Fortschritte im Bereich des Filterns spielten dabei neben dem Ausbau eines geschlossenen Leitungssystems mit Hochdruckreservoiren eine wichtige Rolle. Im Gegensatz zur Kanalisation besaß jedoch noch für mehrere Jahrzehnte die Wasserversorgung in den Augen vieler Stadtverordneter neben dem Gemeinnützigkeitsaspekt wie bei der Kommunalisierung der Gaswerke eine deutlich gewinnorientierte Motivation, die sich darin zeigte, in welchen Stadtvierteln zuerst Leitungen gelegt wurden. Das änderte sich erst in den neunziger Jahren, als auch der Staat die Gemeinnützigkeit der Wasserwerke durch ihre Befreiung von der Gewerbesteuer ausdrücklich anerkannte.

Außer der Kanalisation und Wasserversorgung wurde in der Frühindustrialisierung eine Reihe weiterer Bereiche der sog. »Städteassanierung« – zunächst nur punktuell und unter dem Gesichtspunkt der öffentlichen Ordnung, erst später auch des zukunftsblickenden Planens – in die öffentliche Hand genommen: die Leichenbestattung und die Anlage der Friedhöfe, die Straßenreinigung sowie die Zentralisierung der Schlacht- und Viehhöfe und ihre Übernahme in städtische Regie.[76] Im letztgenannten Bereich griff sogar der Staat relativ früh ein. Als erstes deutschen Parlament verabschiedete das Preußische Abgeordnetenhaus 1868 ein Gesetz, das es den Städten ermöglichte, obligatorische öffentliche Schlachthäuser einzurichten, die im Stadtgebiet verstreut liegenden privaten Schlachthäuser an einer Stelle zu konzentrieren und eine geregelte Fleischbeschau durchzuführen, um die bestehenden Übelstände – »die Unreinlichkeit, die Luftverderbnis durch die tierischen Abfälle, ferner die mit dem Treiben des Viehes durch die Straßen verbundenen Gefahren und endlich auch die Gefahr des Genusses ungesunden Fleisches«[77] – zu beheben. Wie in anderen Bundesstaaten in gleicher Weise führten solche gesetzlichen Bestimmungen zur raschen Ausbreitung der mit Viehhöfen kombinierten Großschlachthäuser, deren Ausbau sich für die Städte auch als finanziell reizvoll herausstellte.

In all diesen Bereichen vollzogen sich – das sei noch einmal betont – der Ausbau der entsprechenden Einrichtungen und die Breitenwirksamkeit der hygienischen Verbesserungen nicht sofort, sondern allmählich, in den Großstädten eher als in den Mittel- und Kleinstädten, in den Bürgervierteln eher als in den Arbeiterquartieren und reinen Industrieagglomerationen. Die Jahre von 1850 bis 1875 waren jedoch zweifellos die Zeitspanne in Deutschland, in der in den Städten die Weichen zur Übernahme jenes Bündels von Verwaltungsmaßnahmen gestellt worden sind, das heute mit dem Begriff der »Daseinsvorsorge« (Ernst Forsthoff) bezeichnet wird[78], obwohl der Entwicklungsstand von Technik und Wissenschaft und die sich erst allmählich entwickelnde Einsicht in die Notwendigkeit einer solchen Vorsorge noch enge Grenzen setzten.

5. Bürgerliche Selbstverwaltung und kommunale Daseinsvorsorge

Die Abwehr von im Bürgertum als bedrohlich und potentiell systemzerstörend empfundenen Erscheinungen, die das Wuchern der Städte mit sich gebracht hatte, materielle Erwägungen der ihre Selbstverwaltungsfunktion zunehmend in wirtschaftliche Bereiche ausdehnenden Stadtverwaltungen und das aus älteren Gemeinwohlvorstellungen abgeleitete Pflichtgefühl, den rasant wachsenden Menschenmassen in den Ballungszentren lebensnotwendige Leistungen und Güter zur Verfügung stellen zu müssen, die sie selber nicht mehr erbringen bzw. sich nicht mehr beschaffen konnten, verschmolzen zu einer wachsenden Leistungsbereitschaft im kommunalen Raum. Die Gemeinde erwies sich angesichts des Dualismus von Staat und Gesellschaft gerade auch nach der gescheiterten bürgerlichen Revolution von 1848/49 als der Bereich, in dem sich das auf der oberen Ebene politisch weitgehend machtlose Bürgertum entfalten konnte.[79] Die im Vormärz z. B. im Rotteck-Welckerschen *Staatslexikon* ausgedrückte Erwartung, die kommunale Selbstverwaltung sei die unterste Stufe und Voraussetzung für ein auf »nationale Volksfreiheitsrechte« gegründetes »Gesamtvaterland«[80], machte seit 1850 in den sog. altliberalen Kreisen der Auffassung Platz, daß – so Rudolf Gneist – der früher durchaus soziale Zwecke verfolgende Staat solche Aufgaben angesichts der »heutigen Großformen« nicht mehr erfüllen könne und statt dessen seine Funktion als Rechtsstaat, d. h. als Recht setzender und Recht bewahrender Verwaltungsstaat, ausbauen müsse.[81] Kommune und Kreisverband seien dagegen die Bereiche, in denen die ehemals vom Staat wahrgenommenen Wohlfahrtsaufgaben genossenschaftlich getragen und durch ehrenamtliches Engagement der

Bürger bewältigt werden sollten. Gneist als der am meisten beachtete und wirkungsvollste Propagandist einer solchen, in eigenwilliger Weise englische Vorbilder aufgreifenden Deutung der Selbstverwaltungsidee wies in diesem Zusammenhang vor allem den bürgerlichen Ober- und Mittelschichten die für eine humane Weiterentwicklung entscheidende Verantwortung zu, da nicht die bloße Vermehrung ihrer Güter, sondern der Einsatz für das Gemeinwohl und die dazu notwendige »Verwendung der auf dem Besitz ruhenden Charaktereigenschaften und geistigen Kräfte Bestimmung der höheren Klassen« sei.

Daß sich der Staat aus immer mehr Bereichen der von ihm ehemals weitgehend bestimmten öffentlichen »Polizey« zurückzog, geht schon aus dem Wandel des Polizeibegriffs im 19. Jahrhundert hervor, der sich mehr und mehr auf den Aspekt der Gefahrenabwehr reduzierte und den der Wohlfahrtspflege aufgab.[82] Das geschah unter dem Einfluß eines liberalen Denkens, das die »Wohlfahrtspolizei . . . (sonderlich die Beglückungs- und Aufklärungspolizei)« als einen »offenbare(n) Eingriff in die Freiheit der Staatsbürger« ablehnte.[83] Da jedoch demgegenüber die Gemeindeverwaltung noch nicht als verlängerter Arm der Staatsverwaltung, sondern als genossenschaftlich begründeter Gegenpol der bürgerlichen Gesellschaft zum Staat verstanden wurde, war die kommunale »Daseinsvorsorge« anfangs kaum Gegenstand liberaler Kritik – im Gegenteil, wie Gneists Lehre zeigt. Der staatliche Rückzug aus der Wohlfahrtspflege und aus den ihr verwandten Bereichen hinterließ also kein Vakuum, sondern ermöglichte es den Städten, »auf dem nun freigewordenen Betätigungsfeld mit um so größerer Initiative selbst aktiv« zu werden.[84] Sie übernahmen auf diese Weise eine gesellschaftliche »Komplementärfunktion« gegenüber dem Staat.

Seit der zweiten Hälfte der sechziger Jahre versuchten besonders die Nationalliberalen im Preußischen Abgeordnetenhaus, ihre Vorstellungen über eine Reorganisation der Selbstverwaltung sowohl durch eine einheitliche Reform des Preußischen Städte- und Verwaltungsrechts als auch durch eine Reform der Kreisverfassung durchzusetzen. Während der mit dem Namen Johannes Miquels verbundene Vorstoß mit dem Ziel einer neuen Städteordnung nach längerem Hin und Her 1876 scheiterte, verzeichnete die von Gneist angeführte Kampagne zur Neuorganisation der Verhältnisse in den Landkreisen mehr Erfolg.[85] Nach ersten Vorstößen und Entwürfen von 1867 bis 1869 kam es 1872 zu einem Gesetz, das zwar die Wünsche der Liberalen nur z. T. befriedigte und die von ihnen angestrebte »Urbanisierung« des gesamten kommunalen Bereichs in Stadt und Land nicht in die Wege leitete, dennoch aber in der Institution des gewählten Kreisausschusses ein Selbstverwaltungsinstrument schuf, das auch auf dem Lande in gewissem Umfang Einrichtungen zur Daseinsvorsorge ermöglichte.[86] Gneist hatte eine solche Funktion ausdrücklich beabsichtigt, als er 1869 in einem Gutachten mit einer Reform der Kreisordnung zugleich die Hoffnung auf eine Aufhebung der Klassengegensätze verband: »Die soziale Frage steht nicht mehr als Gespenst in einem unerkennbaren Hintergrund, sondern besitzende und arbeitende Klassen erkennen in der praktischen Tätigkeit des Schul- und Armenwesens, der Gesundheitspflege, der Wohltätigkeitsanstalten mit einiger Sicherheit, was an der sozialen Frage lösbar ist.«[87] Trotz verschiedener Leistungen für die Landbevölkerung und Strukturverbesserungen in einer Reihe von Kreisen erwies sich jedoch bald, daß diese – eh nur halbherzige – Reform zu spät kam und die neuen Regelungen die in sie gesetzten Hoffnungen nicht erfüllen konnten: Zu stark waren gemeinhin, vor allem in den östlichen Landesteilen, die traditionellen aristokratischen Interessen, die eine noch so gemäßigte Einführung demokratischer Elemente in den Landkreisen unterliefen.

Gneist, »altliberaler« Politiker und Gegenspieler Bismarcks, außerdem langjähriges Vorstandsmitglied des »Centralvereins für das Wohl der arbeitenden Klassen« und seit 1868 dessen Vorsitzender, gehörte zu jener Gruppe bürgerlicher Sozialreformer, die vor allem durch »Hilfe zur Selbsthilfe« den Arbeitern den Weg weisen wollten, zu einer »befriedigenden bürgerlichen Stellung« zu gelangen, und gleichzeitig angesichts der sich zur »Arbeiterfrage« zuspitzenden sozialen Frage durch sozialreformerische Agitation in der Öffentlichkeit aufklärend, anregend und vermittelnd zu wirken strebten. Bei aller Beschränktheit ihrer Entwürfe als Folge eines z. T. allzu engen bürgerlichen Blicks auf die sozialen Probleme und des weithin handlungsbestimmenden, verschwommenen Harmoniedenkens lagen hier mindestens partiell innovatorische Ansätze, die dann in der staatlichen und kommunalen Sozialpolitik sowie in den späteren sozialstaatlichen »Spielregeln« zur Erhaltung des sozialen Friedens weitergeführt wurden.[88]

Ein hiervon deutlich abzusetzendes Bestreben, das auf eher traditionelle Weise die soziale Frage lösen wollte, war der ebenfalls in der Frühindustrialisierungsphase unternommene Versuch, das Armenpflegewesen so zu reorganisieren, daß es den durch die Verstädterung hervorgerufenen Spannungen gerecht werden konnte. Erste entsprechende Ansätze im Vormärz sind bereits erwähnt worden.[89] Zukunftweisend, oft nachgeahmt und auf seine Weise, nämlich im Hinblick auf die Organisation innovatorisch war das 1852/53 ins Leben gerufene Elberfelder Armenpflegesystem.[90] Nicht »Hilfe zur Selbsthilfe«, sondern »Hilfe von Mensch zu Mensch« war hier bezeichnenderweise der Wahlspruch. Obwohl sie die Entwicklungen in diesem Bereich intensiv beobachteten, grenzten sich die Sozialreformer dementsprechend betont ab: Ihr Wirkungskreis berühre sich mit der Armenpflege »nur in gewissen Grenzpositionen«.[91] Den Städten in Preußen war durch die Gemeindeordnung von 1850, die Städteordnungen von 1853 bis 1856 und die Armenrechtsnovelle von 1855 die gesetzliche Grundlage zu einer vollständigen Übernahme der Armenpflege in eigene Regie gegeben worden.[92] Auf Initiative dreier Fabrikanten aus der städtischen Honoratiorenschicht sowie des Oberbürgermeisters machte nicht zufällig als erste die Stadt Elberfeld, in der die sozialen Folgen von Industrialisierung und Verstädterung bereits seit geraumer Zeit kraß hervorgetreten waren, einen so wirksamen Schritt in diese Richtung, daß die Grundsätze des neuen Systems seit den sechziger Jahren von immer mehr Städten im In- und später auch Ausland kopiert wurden.

Nach Vorstufen in den vierziger Jahren wurde hier das alte, auf christlicher Liebestätigkeit beruhende, aber vielfach zersplitterte und ineffektiv gewordene Wohltätigkeitssystem endgültig durch das rationale Handeln einer kommunal zentralisierten und verwalteten Institution abgelöst. An ihrer Spitze stand eine aus sieben Männern bestehende städtische Deputation, der die Vorsteher der einzelnen Armenpflegebezirke, in welche die Stadt aufgeteilt wurde, unterstanden. Diese wiederum leiteten die große Zahl der insgesamt 252 ehrenamtlichen Armenpfleger an, denen jeweils ein eigener Unterbezirk mit zunächst sechs bis zehn, später bis zu höchstens vier Armenfamilien zur Betreuung zugewiesen war.[93] Diese Familien mußten sie mindestens alle zwei Wochen besuchen und prüfen, ob die Voraussetzungen zur Armenhilfe weiter fortbestanden. Außerdem sollten sie die ihnen anvertrauten Armen beraten, ihnen eventuell Arbeitsplätze vermitteln und ihren Lebenswandel einschließlich z. B. des Kirchenbesuchs kontrollieren. Wer sich unwürdig verhielt oder eine ihm nachgewiesene Arbeit nicht annahm, schied sofort aus dem Kreis der Unterstützten aus. Falls sich Verwandte ermitteln ließen, die zur Unterstützung beizutragen in der Lage waren, wurden sie von den Armenpflegern herangezogen. Die Entscheidung zur Weitergewährung der Armenhilfe konnten diese »Provisoren« übrigens selbst fällen – eine Bestimmung, die jeden einzelnen von ihnen in dieses System der Sozialdisziplinierung fest einband[94] und ihnen in gewissem Umfang Macht verlieh, von ihnen aber auch ein entsprechendes Pflichtethos verlangte bzw. – in den Worten der Zeit – die Bereitschaft »zu einer würdigen Führung des Amtes der *Liebe* und des *Ernstes*; – der Liebe, um mit wohlwollendem Herzen in Freundlichkeit zu pflegen, und des Ernstes, um mit Festigkeit zu verhindern, daß die Gaben nicht zur Trägheit und zum Müßiggange führen oder gar im Dienste des Lasters vergeudet werden«.[95]

Als Grund für die Einführung einer derart rigiden und arbeitsaufwendigen, wenn auch ehrenamtlichen Einrichtung wurde einerseits die Notwendigkeit zu einem Ausbau der christlichen Nächstenhilfe, andrerseits das derzeitige Ungenügen der kirchlichen und privaten Armenfürsorge angegeben, zu der man nach einer Übergangsphase eigentlich so bald wie möglich wieder zurückkommen wollte. Den wichtigsten Anlaß hat jedoch der Elberfelder Oberbürgermeister einige Jahre nach der Einführung des Systems, als dessen Erfolg bereits deutlich sichtbar war, charakterisiert: »Die neue Einrichtung der Armenverwaltung hat die Stadt aus der Verwirrung ihrer Finanzen gerettet und vor fernerer Verwüstung derselben bewahrt; das Maß der Ausgaben für Armenbedürfnisse ist geregelt und kann bei der Aufstellung des Etats vor dem Jahresbeginne . . . mit annähernder Gewißheit vorher berechnet werden.«[96] Ökonomische Zwänge verbanden sich also mit christlich-patriarchalischem Fürsorgedenken, massiver Disziplinierung zur Aufrechterhaltung der öffentlichen Ordnung und mit der Vorstellung, daß eine intensive Erziehung zur Arbeitsamkeit den einzelnen befähigen werde, seine Armut zu überwinden.

Trotz der noch andauernden Krisenjahre gelang es mit Hilfe des Elberfelder Systems tatsächlich, die Zahl der anerkannten Armen von 4224 im Jahr 1854 auf 2744 1855 und 1427 im darauffolgenden Jahr zu senken; die Aufwendungen für die einzelnen Armenhilfeempfänger konnten dagegen deutlich von rund 44 Talern im Jahr

1853 auf 68 Taler 1867 gesteigert werden. Das gelang, obwohl die Belastung der Öffentlichkeit durch Armenmittel für die ehrenamtliche Außenarmenhilfe in diesem Zeitraum von 3,5 Talern pro Kopf der Bevölkerung auf 1,6 Taler zurückging.[97] Elberfeld sei aus diesem Grunde, schrieb ein Berichterstatter 1870, »vielleicht die bettelfreieste Stadt im Land«.[98] Vor allem die finanziellen Effekte waren es, die das Elberfelder System seit den sechziger Jahren zum »Gegenstand aufmerksamster Beachtung« in anderen Großstädten werden ließen und die Nachahmer, als erste die Stadtverordneten in Barmen 1863[99], Krefeld 1864 und Altona 1866, überzeugten. Erst nach der Jahrhundertwende (1906) erwuchs dem Elberfelder im Straßburger System, das die Tätigkeit des »Ehrenbeamten« mit der des hauptamtlichen Armenpflegers kombinierte, eine Konkurrenz: Die Aufteilung der Stadt in Armenquartiere wurde hierbei aufgegeben, die professionellen Armenpfleger waren den ehrenamtlichen gleichgestellt, und die letzteren wurden nur noch dort eingesetzt, wo man sich von ihrem Engagement besondere Erfolge versprach.[100]

Der hier sichtbar werdende Trend zur Zurückdrängung der ehrenamtlichen Honoratiorentätigkeit für das Wohl der Gemeinde – nach Gneist die Basis des kommunalen Lebens – durch eine zunehmende Professionalisierung und Heranziehung von Fachkräften war jedoch, wie bereits gezeigt, keineswegs auf den Bereich der Armenpflege beschränkt. Er setzte in anderen Feldern der kommunalen Selbstverwaltung schon erheblich früher ein und veränderte im Laufe der Hochindustrialisierungsphase gerade auch das Gepräge der Stadtverordnetenversammlungen.[101] Das von Gneist herausgestellte Gemeinwohlethos wurde bei diesem Wandel jedoch nicht völlig hinfällig; es wurde – wenn sein Propagandist sich diese Lösung auch so nicht vorgestellt hatte – von dem sich seit den sechziger Jahren verstärkt herausbildenden kommunalen Berufsbeamtentum mindestens teilweise als sinnstiftende Grundlage seines Handelns übernommen – parallel zu der ständigen Ausweitung der öffentlichen Verwaltungsaufgaben, der finanziellen Verpflichtungen, des kulturellen Engagements usw. in den großen Städten. Der sich in der Hochindustrialisierungsphase seit den siebziger Jahren verstärkt fortsetzende und immer stärker Allgemeinheit gewinnende Prozeß der Urbanisierung im qualitativen Sinn wäre ohne Hinweis auf die Herausbildung dieser ideologischen Grundlage nur unzureichend zu verstehen.

III. Verstädterung und Urbanisierung während der deutschen Hochindustrialisierung

1. Bevölkerungsexplosion, Großstadtbildung und Binnenwanderung nach 1871

Die sich in den Jahrzehnten nach der Reichsgründung bis zum Ersten Weltkrieg vollziehenden gewaltigen Bevölkerungsumschichtungen zugunsten der Städte, die »industrielle Verstädterung«, ist inzwischen in einer Reihe – vorwiegend quantifizierend vorgehender – Studien dargestellt worden, wobei als besonders anschauliche Daten immer wieder die sprunghaft zunehmende Zahl der Großstädte und die Entwicklung der Großstadtbevölkerung von 1871 bis 1910 herausgestellt werden: Hatten zur Zeit der Reichsgründung erst acht Städte mehr als 100000 Einwohner, waren es 40 Jahre später bereits 48. Der Anteil ihrer Bevölkerung an der gesamten Reichsbevölkerung stieg von 4,8 % auf 21,3 %; jeder fünfte Deutsche war demnach vor dem Ersten Weltkrieg bereits ein Großstädter (s. Tab. 2). Während die Reichsbevölkerung in diesem Zeitraum von 41 Millionen auf knapp 65 Millionen Menschen (+ 58,1 %) wuchs, stieg die Zahl der in Gemeinden mit mehr als 5000 Einwohnern lebenden Personen von 9,7 auf 31,7 Millionen (+ 228,8 %).[1] 1910 lebten nach diesem groben statistischen Befund also fast ebenso viele Menschen auf dem Land bzw. in ländlichen Kleinstädten wie in Gemeinden mit mehr als 5000 Einwohnern.

Als Ursache dieser sich in nur wenigen Jahrzehnten vollziehenden tiefgreifenden Strukturwandlung gilt die Verknüpfung von Bevölkerungswachstum, Industrialisierung und Binnenwanderung; ein erster Blick auf Einzelaspekte dieser Verknüpfung zeigt jedoch bereits, daß es sich hier um einen höchst komplexen Vorgang gehandelt hat, dessen Determinanten nur schwer zu isolieren und ebenso schwer exakt zu gewichten sind. Zieht man noch die Impulse in Betracht, die von den vielfältigen Detailentwicklungen im Sinn einer Selbstverstärkung des Verstädterungsprozesses und im Sinn einer Anstoßwirkung auf weitere Bereiche des gesellschaftlichen Lebens ausgegangen sind, wird das Bild noch unübersichtlicher: »Verstädterung ist Ursache und Folge zugleich.«[2] Die Erforschung dieses universalen Prozesses, der nach den geschilder-

ten Weichenstellungen und ersten Ansätzen in der Frühindustrialisierungsphase Deutschland in den vier Jahrzehnten vor dem Ersten
Weltkrieg in voller Breite erfaßte und es sowohl zum modernen
Industriestaat als auch zu einem Staat mit einer urbanen Gesellschaft werden ließ, ist noch sehr lückenhaft und wird zur Zeit verstärkt fortgesetzt, wobei ständig neue Perspektiven und Dimen-
sionen in den Blick genommen werden – auch zunehmend im
internationalen Austausch.[3]

Die Hochindustrialisierungsphase in Deutschland war zugleich
die Phase des – absolut gesehen – größten Bevölkerungswachstums
in der deutschen Geschichte. Die bis zu Beginn der siebziger Jahre
ungefähr parallel verlaufende Entwicklung der Geborenen- und
Sterbeziffern – sie hatte zu einem Geborenenüberschuß von durchschnittlich jährlich 10 bis 11‰ geführt – wurde zunächst durch ein
starkes Absinken der Sterblichkeit (von 1871 etwa 27‰ über
22‰ im Jahre 1900 auf ca. 16‰ 1910) abgelöst, während die Ge-
borenenziffer bis 1875/76 auf über 40‰ anstieg, dann wieder geringfügig zurückging und sich zwischen 1880 und 1900 auf einer
Höhe von etwa 36,5‰ stabilisierte.[4] Erst danach sank sie im Zuge
der nun auch in den städtischen Unterschichten verstärkt an die
Stelle der traditionellen Bevölkerungsweise tretenden »industriellen« (sog. »demographischer Übergang«) sehr schnell um fast
9‰-Punkte bis 1913 und löste damit die von den Zeitgenossen
schon vor dem Ersten Weltkrieg intensiv geführte Diskussion über
die Folgen dieses Verlustes an Nachwuchs für die Bestandserhal-
tung des deutschen Volkes aus. Da aber, vor allem durch das rapide
Absinken der Säuglingssterblichkeit in den Städten[5], in derselben
Zeit auch die Sterbeziffern weiter erheblich zurückgingen, gehörten die Geburtsjahrgänge um 1905 zu den zahlenstärksten Alters-
kohorten, die jemals in Deutschland existiert haben. Obwohl die
Wanderungsbilanz für das Deutsche Reich für die Jahre von 1871
bis 1910 negativ war (– 2,5 Millionen), weil allein nach Übersee
rund 2,7 Millionen Menschen auswanderten, wuchs in dieser Zeitspanne die Reichsbevölkerung dennoch kontinuierlich um die
oben genannten 58,1 %. Das schlug sich in der Bevölkerungsdichte
deutlich nieder, die 1871 76 Einwohner/km² betragen hatte und
40 Jahre später einen Wert von 120 Einwohnern/km² erreichte
(s. Tab. 1).[6]

Untersucht man, wie sich der Zuwachs an Menschen auf Stadt
und Land verteilte, zeigt sich bei Zugrundelegung des statistischen

Stadtbegriffs (Gemeinden über 2000 Einwohner), daß das gesamte Bevölkerungswachstum ausschließlich den Städten zugute kam, während die Landbevölkerung in diesem Zeitraum praktisch stagnierte (s. Tab. 2). Allerdings tritt hier bereits die Problematik derart globaler, wenn auch eindrucksvoller Angaben zutage, denn dieses Ergebnis kommt im wesentlichen dadurch zustande, daß eine große Zahl von Landgemeinden aus der Kategorie »unter 2000« in die Kategorie »über 2000« aufrückte – allein in Preußen waren es 761 Gemeinden –, ihren dörflich-agrarischen Charakter dadurch aber nicht unbedingt verlor.[7] Legt man dagegen die rechtliche Definition von Stadt zugrunde, ändern sich die Relationen deutlich, ohne daß damit aber der Trend eines überproportionalen Städtewachstums widerlegt würde. In Preußen wuchs z. B. die Bevölkerung der mit Stadtrecht ausgestatteten Gemeinden von rund 8 Millionen Menschen im Jahr 1871 auf fast 19 Millionen im Jahr 1910, die dadurch definierte Landbevölkerung immerhin aber auch noch von 16,6 auf 21,2 Millionen.[8] Hier ist aber wiederum zu berücksichtigen, daß bei dieser Berechnung auch die im Extremfall (Hamborn) über 100000 Einwohner betragende Bevölkerung der großen »Industriedörfer« im Rhein-Ruhr-Gebiet als Landbevölkerung mitgezählt worden ist. Trotz solcher Probleme einer exakten statistischen Erfassung ist die Richtung des Trends eindeutig: Die sprunghafte Ausdehnung des Nahrungsspielraums im gewerblich-industriellen Sektor konzentrierte die Menschen vornehmlich in den Industriezentren. Zwar konnte auch die agrarische Produktion um fast das Doppelte (+ 90 %) gesteigert werden, doch reichte dies nicht aus, um die im nichtagrarischen Bereich überproportional wachsende Bevölkerung zu ernähren. Seit den siebziger Jahren wurde Deutschland deshalb zum Einfuhrland für Agrarprodukte, besonders für Getreide und Mehl, von denen bereits 1888 1,7 Millionen Tonnen, zwanzig Jahre später 6,1 Millionen Tonnen eingeführt werden mußten.[9]

»Verstädterung entsteht in der Binnenwanderung« und »Die industrielle Gesellschaft entstand in der Wanderung« – diese Kernsätze aus den Forschungen Wolfgang Köllmanns bringen eine verwickelte und vieldeutige Problematik auf fast schon zu griffige Formeln, lenken aber den Blick mit Nachdruck auf das Phänomen, welches das horizontale (räumliche) wie z. T. auch das vertikale (soziale) Strukturgefüge der deutschen Gesellschaft in der Periode der Hochindustrialisierung am wohl nachhaltigsten aufgebrochen und verändert hat.[10] Wanderungen werden durch Pull- und/oder Push-Impulse ausgelöst[11]; in den Verhältnissen im Deutschen Kaiserreich spiegelt sich die Wirksamkeit beider Impulse zugleich wider: Der Anlaß für einen Menschen, seinen Geburtsort bzw. seinen bisherigen Wohnsitz zu verlassen, konnte sowohl die Aussichtslosigkeit sein, in einem an die Grenzen des Nahrungsspielraums stoßenden Lebensumfeld auf Dauer ein Auskommen zu finden, als auch die (später sogar durch gezielte Arbeitskräfteanwerbung genährte) Hoffnung, man könne in den expandierenden Städten und speziell in den Industrieagglomerationen seinen Lebensstandard verbessern und vielleicht sogar sozial aufsteigen. Die Fülle der im Einzelfall möglicherweise wirkenden Variablen läßt jedoch keine eindeutige Zuordnung zum einen oder anderen Impuls zu:

»Außer durch personenbezogene Faktoren, wie Geschlecht, Alter, Familienstatus, Beziehungen zu Verwandten und Freunden, Ausbildungsstand, werden der Entschluß zur Mobilität und die Formen der Wanderung bestimmt durch soziale und ökonomische Faktoren, wie Konjunkturverlauf, Wirtschafts- und Bevölkerungsstruktur von Ausgangs- und Zielgebiet, Verkehrsverhältnisse, Informationsfluß, Wohnsituation, kulturelle Attraktivität oder . . . durch fehlende bzw. nur unzureichend ausgebildete gesellschaftspolitische Hilfen.«[12]

Zu der schon im Vormärz einsetzenden und in der Frühindustrialisierung sich verbreitenden Mobilität von immer mehr Menschen im Umland- und Nahwanderungsbereich trat in den Jahrzehnten zwischen Reichsgründung und Weltkrieg neben einer verstärkten Einwanderung von Ausländern als weitverbreitete Erscheinung die Fernwanderung. Dabei hatte die Ost-West-Wanderung aus Ostdeutschland, vor allem aus den preußischen Provinzen Ostpreußen, Westpreußen und Posen, in die Industriegebiete Rheinland-Westfalens und Sachsens sowie nach Berlin die größte Bedeutung. In den Jahren von 1880 bis 1907 kamen circa 675 000 Menschen in die Rheinprovinz und rund 610 000 in die Provinz Westfalen, von denen 1907 im Rheinland 27,3 % und in Westfalen 44,8 % aus dem Osten Deutschlands stammten.[13] Der gesamte Bevölkerungsgewinn aus der Binnenwanderung betrug am Ende dieses Zeitraums für die Rheinprovinz 335 000 und für Westfalen 315 000 Menschen, denn gleichzeitig waren auch 340 000 bzw. 300 000 wieder abgewandert. Hier wird ein Problem andeutungsweise sichtbar, das besonders bei der Frage nach dem Ausmaß der Gesamtmobilität vom Land in die Stadt, aber auch von Stadt zu Stadt und – bisher oft übersehen – aus den Städten wieder aufs Land zutage tritt: Die aus den Statistiken relativ leicht errechenbaren Wanderungsbilanzen sagen nichts über den gesamten Wanderungsumschlag aus, d. h. über die Gesamtsumme aller Zu- und Wegzüge sowie innerstädtischen Umzüge. Es ist geschätzt worden, daß in der Hochindustrialisierungsphase alle Wanderungsfälle in deutschen Mittel- und Großstädten durchschnittlich im Jahr ein Viertel bis ein Drittel ihrer Gesamtbevölkerung erfaßten (s. Tab. 5).[14] Abgesehen davon, daß hier von Stadt zu Stadt große Unterschiede herrschten, schwankte die Intensität der Wanderungsbewegung auch je nach Konjunkturlage – ein Beweis dafür, daß die wachsende oder zurückgehende Nachfrage nach Arbeitskräften das Ausmaß der Mobilität ursächlich bestimmte.[15]

Vier Aspekte sind bei einer differenzierteren Betrachtung der Binnenwanderung in der Hochindustrialisierungsphase durch Forschungen in den letzten Jahren besonders herausgehoben worden, ohne daß die damit in den Blick gekommenen Probleme schon erschöpfend analysiert worden wären: die Auswirkungen der Abwanderung auf die Herkunftsregion, die Zusammensetzung, das Volumen und die Richtung der Wanderungsströme, die Eingliederungsprobleme in den Zielregionen und die längerfristigen Konsequenzen der Bevölkerungsumschichtung für die Großstädte und Industrieagglomerationen.

Aus der Perspektive des »platten Landes«, im letzten Drittel des 19. Jahrhunderts jetzt besonders der Agrargebiete in den preußischen Ostprovinzen, war die Abwanderung das einzige Ventil, das den zunehmenden Bevölkerungsdruck abzuleiten vermochte.[16] Als in den achtziger Jahren die freie Landnahme in den USA abgeschlossen war und man dort zu Einwanderungsbeschränkungen überging, trat die binnendeutsche Fernwanderung in die industriell expandierenden Regionen an die Stelle der Überseewanderung. Diese Möglichkeit zur Umleitung der Wanderungsströme verhinderte eine bedrohliche Übervölkerung auf dem Lande und trug dazu bei, die bestehende agrarische Ordnung weitgehend zu erhalten, obwohl der ländliche Geborenenüberschuß ständig anstieg und erheblich, z. T. 5 bis 6‰-Punkte, über dem der Städte lag.[17] Auch bei der von nun an dominierenden Wanderung über weite Distanzen traten die bereits bei der Nah- und Umlandwanderung der Frühindustrialisierungsphase zu beobachtenden charakteristischen Schwerpunktsetzungen nach Alter und Geschlecht zutage: Die jüngeren, zumeist ledigen Männer zwischen 16 und 30 Jahren überwogen bei weitem, was sich entsprechend in der Bevölkerungsstruktur der Ausgangs- wie der Zielregionen niederschlug (s. Tab. 7).[18] In der gleichzeitig andauernden Nahwanderung verschob sich dagegen jetzt das Verhältnis zugunsten der jungen Frauen, die in den Städten vor allem als Dienstboten in Haushalten Arbeit zu finden hofften und sich zugleich bessere Heiratschancen versprachen. Daneben spielte im Nahbereich auch die Familienwanderung eine deutlich größere Rolle als vorher.

Diese Entwicklung führte dazu, daß die gesamtgesellschaftliche Dynamik und die sozialen Konflikte einschließlich der Lösungsbestrebungen und Bewältigungsversuche die ländliche Bevölkerung nur am Rande berührten, obwohl sich die erbärmlichen Lebensverhältnisse der ländlichen Unterschichten von denen des städtischen Proletariats kaum unterschieden und die Ausbeutung der Arbeitskraft ländlicher Arbeiter oft noch erheblich drückender war als die der Arbeiter in den Fabriken. In den Jahren vor dem Ersten Weltkrieg erreichte die Abwanderung vom Lande in die Städte nicht zuletzt aus diesen Gründen ein solches Ausmaß, daß in einer Reihe von Gebieten sogar über einen wachsenden Arbeitskräftemangel in der Landwirtschaft geklagt wurde, der nur noch durch eine intensivere Heranziehung aller Familienmitglieder zur Arbeit und durch Anwerbung von meist aus Osteuropa stammenden Saisonarbeitern ausgeglichen werden konnte.[19] Eine stärkere Rationalisierung der Landarbeit und der Einsatz von Landmaschinen als Antwort auf diese Herausforderung setzten zwar schon vor dem Ersten Weltkrieg ein, bestimmten jedoch erst seit der zweiten Hälfte der zwanziger Jahre des 20. Jahrhunderts in größerem Umfang die agrarische Produktion.[20]

Die deutschen Klein- und Mittelstädte im ländlichen Bereich befanden sich in einer Zwischenposition. Einerseits versuchten sich Teile der führenden Gesellschaftsschichten an den großstädtischen Lebensformen zu orientieren, andrerseits behielten hier aber »häufig ältere soziale Muster der Honoratiorenordnung wie des engeren persönlichen Kontaktes über die reine Sachbezogenheit hinaus größeren Einfluß«.[21] Aus diesen Bereichen dürfte ein großer Teil der bürgerlichen Binnenwanderer gekommen sein. Wenn auch das Gros der Wandernden aus den Unterschichten stammte, ist doch zugleich der beträchtliche bürgerliche Anteil – vor allem bei der

Fernwanderung – nicht zu übersehen und zeigt, daß die Mobilität in den Jahrzehnten seit der Reichsgründung mehr oder weniger alle Bevölkerungsschichten erfaßt hat. Es ist geschätzt worden, daß in dieser Phase jeder zweite Deutsche im Zuge der Binnenwanderungsbewegung seinen Geburtsort verlassen hat.[22] Für den bürgerlichen Binnenwanderer spielten außer der »verordneten« Mobilität in Beamten- und Akademikerkreisen die besseren Aufstiegschancen in Industrie und Handel, die umfassenderen Ausbildungsmöglichkeiten, die vielfältigen kulturellen Angebote und die Daseinsvorsorgeleistungen in den Großstädten, vor allem wenn es sich nicht um reine Industriegroßstädte handelte, eine wichtige Rolle bei seiner Entscheidung zur Abwanderung. Der Pull-Impuls dürfte in diesen Schichten daher sehr viel stärker ausgeprägt gewesen sein als bei den Unterschichten; ihre Mobilität läßt sich dementsprechend wohl am ehesten als »Chancenwanderung« charakterisieren.[23]

Die Tatsache, daß die bürgerlichen Wanderer nach ihrem Zuzug am Zielort eine relativ höhere Seßhaftigkeit aufwiesen als die meist unqualifizierten Zuwanderer der Unterschicht, kann jedoch beim Vergleich von Volkszählungsergebnissen und bei der Errechnung von darauf beruhenden Wanderungssalden zu Fehlschlüssen führen, d. h. zu einer Übergewichtung des bürgerlichen Anteils an der Gesamtwanderung und zu einer Überschätzung der Aufstiegschancen für die Masse der Zuwandernden in den Städten. Neuere Forschungen haben gezeigt, daß Mobilität zwar grundsätzlich durchaus einen sozialen Aufstieg und damit eine längerfristige Niederlassung an einem Ort zur Folge haben konnte, daß dies aber nur in Ausnahmefällen auch für die sog. Hochmobilen galt, die zunächst kaum die Möglichkeit zur dauerhaften Integration in die jeweils vorgefundenen Lebensumstände besaßen und deshalb meist nach kurzer Zeit weiterzuwandern gezwungen waren (s. Tab. 5).[24] Sie wurden von den zeitgenössischen Beobachtern geradezu als moderne »Nomaden« angesehen und als zusätzliche Bedrohung für die sowieso schon eingeschränkte Stabilität der traditionellen Strukturen und Ordnungen verstanden. Einzelne Zahlenangaben belegen dies deutlich: Von über 12 000 zuwandernden Einzelpersonen nach Frankfurt am Main im Jahr 1891 verließ bereits im ersten Monat nach der Ankunft fast jeder sechste schon wieder die Stadt.[25] Innerhalb des ersten Jahres wanderten über zwei Drittel der Neuankömmlinge wieder ab, und länger als zwei

Jahre blieb nur ungefähr jeder zehnte. Bei der Familienwanderung sieht die Entwicklung etwas anders aus: Die Mobilität der Familien bezog sich weniger auf die Ort-zu-Ort-Wanderung als auf das innerstädtische Umziehen von Wohnung zu Wohnung – hervorgerufen durch den Zwang, bei wechselnden Familien- bzw. Einkommensverhältnissen eine andere, billigere Unterkunft zu finden. Während die Einzelwanderung vor allem durch die Altersgruppe der unter 30jährigen bestimmt wurde, fällt bei einer Betrachtung der gesamten Wanderungsströme eine immer noch relativ hohe Mobilität bei den Familien und den Familienvätern der älteren Jahrgänge auf, die angesichts der schwindenden Chancen für ältere Arbeiter, durch einen Wohnortwechsel ihr Einkommen zu erhöhen oder in der sozialen Hierarchie aufzusteigen, wohl in erster Linie als Wanderung aus Not und auf der Suche nach einer Sicherung des familiären Existenzminimums zu verstehen ist.[26]

Ein sozialer Aufstieg der unqualifizierten Neuzuwanderer aus ländlichen Gebieten war also die Ausnahme; sie füllten die untersten und am wenigsten geachteten Positionen und benötigten durchweg einen langen Zeitraum, um sich an die Lebensverhältnisse und Zwänge des Großstadtlebens und der Industriearbeit zu gewöhnen. Nach ihrer Familiengründung schrumpfte zwar der Radius ihrer Mobilität, nicht aber die Frequenz ihrer Umzüge.[27] Erst ihre Kinder und Enkel, die schon in der Stadt geboren waren, besaßen gegenüber den später neu Hinzuziehenden leicht verbesserte Chancen, in die untere Mittelschicht und eventuell noch höher aufzusteigen.[28] Ihre Vertrautheit mit den unterschiedlichen Erwerbsmöglichkeiten in den Städten und ihre besseren Kenntnisse der städtischen Verhaltensnormen, Informationsquellen und Kommunikationswege verschafften ihnen besonders in Konjunkturzeiten einen Vorsprung auf dem Arbeitsmarkt beim Verkauf ihrer Arbeitskraft und damit auch zur Höherqualifikation. Das bedeutet, daß zwar ein gewisses Wechselverhältnis zwischen regionaler und sozialer Mobilität bestand, die Zusammenhänge aber nicht einlinig, sondern komplexer waren und bei ihrer Analyse der soziale Status zumindestens auch der folgenden zwei Generationen mit betrachtet werden muß.[29] Außerdem läßt sich zeigen, daß darüber hinaus branchenspezifische Unterschiede eine Rolle gespielt haben. Eine abschließende Interpretation der Binnenwanderung im Kaiserreich unter dem Gesichtspunkt ihrer Bedeutung für den sozialen Status des einzelnen Wanderers bzw. seiner Fami-

lie scheint jedenfalls aufgrund der inzwischen zusammengetrage-
nen Materialien über einzelne Städte noch nicht möglich zu sein.
Die in älteren Schriften anzutreffende Behauptung, in den industriellen Agglomerationen und sprunghaft wachsenden Industriestädten hätten Entwurzelung, Verunsicherung und somit chaoti-
sche Verhältnisse vorgeherrscht, wird mehr und mehr von der
Auffassung verdrängt, daß die meisten Wanderer durchaus ein ra-
tionales Verhalten an den Tag gelegt haben und einem »wohl über-
legte(n) Wanderungsmuster« folgten.[30] Auch wenn sie über eine
gewisse Zahl von Jahren als Ledige eine größere Reihe von Wande-
rungsstationen durchliefen und insofern »Flugsand« waren, verloren
sie dennoch normalerweise nicht ihre persönlichen Bindungen.[31]
Das zeigt sich z. B. daran – auch wenn hier besondere Verhältnisse vorlagen –, daß die ins Ruhrgebiet zuwandernden jungen
Männer aus den preußischen Ostgebieten oft zunächst als Schlafgänger bei den aus ihrer Heimat stammenden Familien unterka-
men, ehe sie nach einer Zeit der Eingewöhnung ihre Braut nach-
holten und eine eigene Familie gründeten: »Die nordostdeutsche
Familie am neuen westdeutschen Wohnort war zugleich Verbindung zur alten Heimat und eine erste Stufe der Beheimatung in der
neuen Welt.«[32]

Die durch die Binnenwanderung hervorgerufene Dynamik
schlug sich – das ist schon mehrfach angeklungen – vor allem in der
Altersstruktur der Großstädte und Industriezentren nieder, in
denen die Bevölkerungsgruppen im arbeitsfähigen Alter überproportional, die »lastenden« Teile dagegen, die Kinder und alten
Menschen, deutlich geringer als im Reichsdurchschnitt vertreten
waren. Allerdings sind bezeichnende Unterschiede festzustellen,
so daß drei Haupttypen von Städten, die sich noch weiter differen-
zieren ließen, voneinander abgrenzbar sind (s. Tab. 7.3)[33]: In den
großen Haupt- und Handelsstädten mit langer Tradition und einem hohen Anteil mittelständischer Bevölkerung war die erwähnte
Konstellation schon Ende des 19. Jahrhunderts am deutlichsten
ausgeprägt. In Städten wie Berlin, München, Hannover, Hamburg
und Frankfurt kam der Anteil der 15- bis 60jährigen fast an die
70%-Marke heran, der Nachwuchs machte etwa ein Viertel der
Bevölkerung aus, und die über 60jährigen waren mit nur etwa 5 %
vertreten. Die »alten« Industriestädte Barmen, Elberfeld, Krefeld,
Chemnitz usw., also meist Textilstädte, sowie die erst in der zweiten Hälfte des 19. Jahrhunderts schnell gewachsenen Verwaltungs-

städte – Beispiel Düsseldorf – nahmen eine Mittelposition ein, während die »jungen« Industriestädte des rheinisch-westfälischen und des oberschlesischen Industriegebiets wie Oberhausen, Gelsenkirchen und Königshütte, nicht mehr ganz so deutlich ausgeprägt auch Essen, Dortmund, Gleiwitz usw. insofern zu diesem Zeitpunkt noch von der Regel abwichen, als sie einen deutlich über dem Reichsdurchschnitt liegenden Anteil von unter 15jährigen (38 bis 43 %), aber ebenfalls einen äußerst geringen Anteil an alten Menschen aufwiesen. Die Erklärung dafür lautet, daß hier die Generation der aus den agrarischen Ostprovinzen stammenden Binnenwanderer zunächst noch ihre vorindustrielle Bevölkerungsweise beibehielt; sie reagierte auf die durch den wirtschaftlichen Aufschwung Ende des 19. Jahrhunderts hervorgerufene Ausweitung des allgemeinen Nahrungsspielraums sowie auf ihre eigene nach einer Übergangszeit erreichte soziale Konsolidierung mit einer überdurchschnittlich großen Kinderzahl in der Ehe. Die vergleichsweise hohe Heiratshäufigkeit in diesen Regionen seit 1890, vor allem aber die sich z. B. in der Provinz Westfalen im Jahre 1900 auf 188,4 ‰ (im Reichsdurchschnitt nur auf 152,0 ‰) belaufende Fruchtbarkeitsziffer (Geburten auf 1000 Frauen im gebärfähigen Alter) sind Belege dafür.[34] Da gleichzeitig die Säuglingssterblichkeit weiter erheblich zurückging (s. Tab. 11.2), vergrößerte sich die Einwohnerzahl der »jungen« Industriestädte nicht nur durch die noch andauernde Binnenwanderung, sondern gerade auch durch das natürliche Wachstum besonders schnell. Die sog. industrielle Bevölkerungsweise, die sich allgemein in Deutschland seit etwa 1900 unübersehbar durchsetzte, begann hier also erst mit einer Verzögerung von ungefähr einer Generation wirksam zu werden.

Als Gesamtergebnis der Entwicklung fällt trotz der Unterschiede zwischen den verschiedenen Städtetypen eine deutliche Verjüngung der Großstadtbevölkerung (s. Tab. 7) gegenüber der Bevölkerung auf dem Lande auf, das demgegenüber von einer relativen »Vergreisung« geprägt wurde. Eine solche »Jugendlichkeit« der Großstädte kann zweifellos als besonders herausragendes »Signum des Urbanisierungsprozesses« in der Phase der Hochindustrialisierung gelten – sowohl in quantitativer als auch in qualitativer Hinsicht.[35] Dieses Charakteristikum tritt noch deutlicher hervor, wenn man nicht nur die Städte selber, sondern auch ihre Vorstädte und die Umlandgemeinden mit in die Betrachtung einbezieht.

Nach der Phase der »inneren Verstädterung« vor 1850 – verstanden als extensive Ausnutzung des vorhandenen Baubestandes – und der Stadterweiterung in der Frühindustrialisierungsphase, die eine sprunghafte Ausdehnung des Siedlungskörpers über die traditionellen Bebauungsgrenzen in die städtische Feldmark hinaus mit sich brachte, begannen seit den sechziger Jahren die großen Städte über ihre Grenzen hinauszublicken, das Umland und die Vororte außerhalb ihres Verwaltungsbereichs allmählich mit in ihre Planungen einzubeziehen und in einer Reihe von Fällen erste Eingemeindungen durchzuführen. Solche Flächenerweiterungen hielten sich zunächst, was Umfang und Menschenzahl angeht, in engen Grenzen und dienten aktuellen Bedürfnissen, z. B. der Notwendigkeit, Gelände für die Anlage von Rieselfeldern, Schlacht- und Viehhöfen, Friedhöfen, Gaswerken u. ä. zu erwerben.[36] Nur in wenigen Fällen spielte bis zur Mitte der achtziger Jahre schon das Bestreben eine Rolle, einem dichtbesiedelten und zu klein gewordenen Stadtgebiet eine Entlastung zu verschaffen (Beispiel Münster in Westfalen 1875) oder eine bis an die Grenzen der Kernstadt herangewachsene Vorstadt administrativ einzubinden und so die Planungsperspektiven auszudehnen. Nach 1885 veränderte sich dieser zunächst verzögert begonnene Prozeß grundlegend: Eingemeindungen wurden von nun an zu einer »massenhaften Erscheinung«, erreichten in den Jahren nach 1900 ihre größte Bedeutung (s. Tab. 6) und stellten neben der natürlichen Bevölkerungsbewegung und der Binnenwanderung die dritte Quelle dar, aus der sich der Verstädterungsprozeß speiste (s. Tab. 4).[37]

2. Eingemeindungen und die Entstehung von Stadtregionen

Die Entwicklung in den Vororten in den Jahrzehnten seit der Jahrhundertmitte hatte Schritte wie die oben erwähnten in vielen Fällen längst überfällig werden lassen: Viele Vorortgemeinden waren zu mittelgroßen Städten mit z. T. eigenem Stadtrecht geworden; zugleich hatte aber ihre vor allem wirtschaftliche Abhängigkeit von der jeweiligen Kernstadt stark zugenommen.[38] Manche Vorstädte waren zum Ansiedlungsort der aus der Innenstadt hinausdrängenden älteren Industriebetriebe, die an ihrem bisherigen Standort nicht mehr expandieren konnten, und von jungen Industriezweigen (z. B. Elektroindustrie und Chemie) geworden, die im Stadtgebiet angesichts der hohen Bodenpreise keine adäquaten Grundstücke zur Fabrikgründung mehr finden konnten. Vielfach hatten sich Vororte auch wegen ihres niedrigeren Mietniveaus zu bevorzugten Wohnplätzen nicht nur für jene Arbeiter entwickelt, die in den an den Stadtrand gewanderten Betrieben arbeiteten, sondern auch für solche, die weiterhin in der Innenstadt einer Beschäftigung nachgingen. Dank des sich ausbreitenden öffentlichen Nahverkehrs waren sie in der Lage, auch größere Distanzen zum Arbeitsplatz zurückzulegen: Das Pendlerproblem wurde auf diese Weise ins Leben gerufen, zumal die bestehenden Pferdeomnibuslinien und Pferdeeisenbahnen sowie die Ferneisenbahnen mit Lokalbetrieb, die seit Ende der vierziger Jahre zunächst – wie in Berlin – im wesentlichen dem Ausflugsverkehr gedient hatten, sich seit Ende der sechziger Jahre sehr rasch auf diese neuen Bedürfnisse umstellten und ihr Angebot verbesserten.[39] Weiterhin waren es reiche Bürgerkreise, die manchen Gemeinden im Umland zu Wachstum und Blüte verhalfen, indem sie sich dort Villen, Alterssitze und Sommerhäuser bauten und aus dem Lärm und Schmutz der Innenstädte in die noch unbelasteten Vororte zogen, ohne aber zugleich auch immer ihre Innenstadtwohnung aufzugeben. In Berlin ging ein besonderer Impuls zur Entwicklung solcher Vororte im Zusammenhang mit der Planung und dem Bau einer Ringbahn zu Beginn der siebziger Jahre aus: Zwar hatten bei der Idee zu ihrer Anlage militärische und wirtschaftliche Gesichtspunkte im Vordergrund gestanden – sie sollte die vielen in Berlin in Sackbahnhöfen endenden privaten Eisenbahnlinien zum Zwecke eines schnelleren Umschlags von Truppen und Waren miteinander verbinden –, doch entdeckten in der Zeit des Gründungsbooms nach 1870 die auf schnellen Profit bedachten Terraingesellschaften einen großen Teil des von der projektierten Ringbahn durchschnittenen Geländes als Spekulationsobjekt. Sie kauften – wie der »Napoleon der Terrainspekulanten«, Carstenn – z. T. riesige Flächen am Rande kleiner Umlanddörfer auf, um dort Villenkolonien anzulegen.[40] Zwar »platzten« mit dem Gründerkrach 1873 viele dieser Projekte, jedoch konnte nach der Überwindung der anschließenden »großen Depression« in den achtziger und besonders in den neunziger Jahren an diese Weichenstellung angeknüpft werden. Manche der selbständigen Villenvororte legten in der Folgezeit großen Wert auf die Erhaltung ihres exklusiven Charakters, indem sie im Rahmen ihres Zuschlagsrechts zu den Staatssteuern bei der Festlegung der Zuschläge die Bezieher hoher Einkommen gezielt begünstigten. Die Gemeinde Oetzsch vor Leipzig gilt z. B. als besonders krasser Fall einer solchen Politik durch eine »negative Progression« der Zuschlagsätze.[41]

Die große Mehrheit der Vorortgemeinden traf jedoch die schnelle Expansion der Kernstädte mit deren Folgen unvorbereitet; erhebliche Mißstände waren die Folge, die wiederum zu starken Spannungen führten.[42] Eingemeindungsgegner und -befürworter standen sich sowohl in den Kernstädten als auch in den Vororten gegenüber. Folgende typische Einstellungen und Konstellationen entstanden: Die industriellen Unternehmer in den Vorortgemeinden wie auch die neu zugezogene Arbeiterschaft vermißten den Ausbau der Infrastruktur und die Daseinsvorsorgeeinrichtungen, welche die Kernstadt schon besaß, und beklagten das Fehlen einer großräumigen Planung. Sie erhofften sich von einer Eingemeindung eine Anbindung an die innerstädtischen Versorgungs- und Verkehrsnetze sowie an sonstige Leistungsangebote. Die Gruppe der meist mittelständischen Honoratioren, Handel- und Gewerbetreibenden und Bauern sah dagegen ihre Position und Existenz angesichts der zu erwartenden Konkurrenz nach einer Eingemeindung bedroht. Villenvororte mit einer soliden Finanzbasis aufgrund der wohlhabenden Steuerzahler auf ihrem Territorium befürchteten bei einer Verschmelzung mit der Kernstadt beträchtliche Steuererhöhungen. Auch die kernstädtischen Honoratioren und bürgerlich-konservativen Politiker in den Stadtverordnetenversammlungen beurteilten Eingemeindungen lange Zeit meist skeptisch, besonders wenn es sich um Vororte mit einer großen Arbeiterbevölkerung handelte.[43] Sie argumentierten mit den zu erwartenden hohen Kosten und Folgelasten im Tiefbau, im Schulbereich und bei der Armenfürsorge und schätzten die eventuellen Vorteile sehr viel geringer ein als die städtischen Verwaltungen und Stadtplaner, die den Flächenbedarf – auch für größere Grünflächen –, die Möglichkeit eines großräumigen Ausbaus des Versorgungsnetzes und – auf längere Sicht – auch die Erschließung neuer Finanzquellen im Auge hatten. Sie waren daher die treibenden Kräfte einer aktiven Eingemeindungspolitik, und vor allem ihnen wurde von den Gegnern »Großstadtimperialismus« vorgeworfen. Auch wahlpolitische Gründe waren oft von Bedeutung: Je nach sozialer Zusammensetzung der Vorortbevölkerung konnte durch eine Vereinigung mit der Kernstadt die parteipolitische Zusammensetzung der Stadtparlamente erheblich beeinflußt werden. Daraus resultierten z. B. vorwiegend die Hemmungen, die in Berlin für lange Zeit eine Regelung des sich zuspitzenden Verhältnisses von Kernstadt und Vorstädten unmöglich machten.[44]

Besonders betroffen von der Eingemeindungswelle Ende des 19. Jahrhunderts waren jedoch die umliegenden Landkreise: Ihnen wurden durch Eingemeindungen oft ihre finanzstärksten Kommunen entzogen. Ihre Verwaltungs- und Wirtschaftsstruktur, die eh schon zunehmend durch die expandierende kreisfreie Großstadt belastet worden war, wurde dadurch in einer solchen Weise verändert, daß schließlich ihre Existenz bedroht war und in einigen Fällen, in denen durch Eingemeindung ein Drittel und mehr der Einwohnerzahl und der Steuereinnahmen verlorengegangen war, ihre Auflösung erfolgte.[45] Die Dominanz der Großstädte im gesamten Umland und im räumlichen Gefüge überhaupt nahm damit erheblich zu; sie wurden zum zentralen raumordnenden Faktor. Dieser Prozeß wurde von den ihren Planungshorizont immer weiter ausdehnenden Stadtplanern als Herausforderung verstanden: Von der zunächst bloß nachvollziehenden Eingemeindung, mit der versucht wurde, die ungeplant durch Industrialisierung und Bevölkerungswachstum entstandene Situation nachträglich zu bewältigen, gingen sie in der letzten Phase vor dem Ersten Weltkrieg zur »antizipatorischen« Eingemeindung über.[46] Diese wiederum führte in ersten Ansätzen, besonders dann, wenn dadurch die Interessensphären benachbarter Großstädte berührt wurden, zur wachsenden Einsicht in die Notwendigkeit einer übergreifenden Raumplanung.

Als Ergebnis ist festzuhalten, daß die eigentliche Vergroßstädterung in den Jahrzehnten vor dem Ersten Weltkrieg unter dem Gesichtspunkt der Stadtfläche erst durch die Eingemeindungswelle seit 1885 und besonders seit 1900 möglich gemacht wurde (s. Tab. 6). Bis 1910 verdoppelte sich die durchschnittliche Fläche der größeren Städte in Deutschland von 1850 20,9 auf 42,3 km²; etwa 19 % ihres Bevölkerungswachstums stammten in diesem Zeitraum direkt aus Eingemeindungen, deren indirekte Bedeutung aber dadurch, daß sie erst die Basis für das weitere Wachstum schufen, erheblich größer war. Daß Großstadtbildung und Eingemeindung eng zusammenhingen, belegen auch folgende Angaben: Von den 188 Eingemeindungsfällen im Deutschen Reich zwischen 1880 und 1910 – im gesamten Zeitraum vorher waren es lediglich 56 gewesen –

bezogen sich allein 133 auf die 48 Städte, die 1910 über 100000 Einwohner zählten; 46 Eingemeindungen vergrößerten die Städte der Kategorie 50000 bis 100000 Einwohner, nur 9 die sonstigen Städte.[47] Die Regel, daß die Vergroßstädterung in den Extremen am schnellsten weiterschreitet, mithin von einem Prozeß der Selbstverstärkung getragen wird, findet sich auch hier bestätigt.[48]

Zwei unterschiedliche Entwicklungstypen des räumlichen Ausgreifens von Städten standen in der deutschen Hochindustrialisierungsphase nebeneinander: einerseits die Expansion des traditionellen zentralen Ortes – Verwaltungssitz, Handels- und Gewerbezentrum und kultureller Mittelpunkt seit langem –, der von einem immer dichter werdenden Ring von Vorstädten umgeben wurde, die sich auf die Kernstadt hin orientierten und von ihr bis auf wenige Ausnahmen in mehr oder weniger kurzem Zeitraum eingemeindet wurden (Beispiel Groß-Berlin), andrerseits die »Städtevergesellschaftung«, d. h. die Entstehung einer verstädterten Region oder »Konurbation«, die nicht auf einen einzigen Mittelpunkt hin ausgerichtet war, sondern wie ein »unregelmäßiger Sternenhaufen ohne Zentralsonne« aus einem sich verdichtenden Konglomerat schnell wachsender Industriestädte und Industriedörfer bestand (s. Abb. 1 und 2).[49] Hier hatte die Expansion durch die Eingemeindung von Vororten dazu geführt, daß sich schließlich – wie im Ruhrgebiet und, nicht ganz so ausgeprägt, auch im Rhein-Main-Gebiet – die Großstadtgrenzen berührten und damit eine Barriere für eine weitere räumliche Ausdehnung erreichten. Die in einem solchen Fall denkbare Lösung, der Zusammenschluß etwa gleich großer Städte zu einer einzigen Stadt wie beim Beispiel Saarbrückens 1909[50], blieb vor dem Ersten Weltkrieg eine Ausnahme und erfolgte – wie die Gründung der Stadt Wuppertal im Jahre 1929 zeigt – auch in der Weimarer Republik nur selten ohne gesetzgeberischen Druck: Die jeweiligen Kommunalverwaltungen und die meist von einem hohen Selbstgefühl geprägten Oberbürgermeister hätten bei einer solchen Lösung einen erheblichen Verlust an Macht und Einfluß hinnehmen müssen und achteten eifersüchtig darauf, daß keine Wege eingeschlagen wurden, die den eigenen Gestaltungsraum einengten.

Dennoch erzwangen die Verhältnisse in den Ballungsräumen erste überörtliche Annäherungen und Kontaktaufnahmen zum Zweck punktueller gemeinsamer Planung, z. B. im Bereich des öffentlichen Nahverkehrs und des Straßenbaus. Weitere Impulse gingen von der Großindustrie aus, für die kommunale Grenzen ohnehin eher lästig waren und die im Kaiserreich im Zuge des sich ausbreitenden »organisierten Kapitalismus« begann, in vielfältiger Weise überörtliche und z. T. überregionale Formen des Zusammenschlusses, vor allem in Kartellen und Syndikaten, zu entwickeln. Auch die Handelskammern der einzelnen Städte in den Ballungsräumen forderten und förderten eine stärkere Kooperation über die kommunalen Verwaltungsgrenzen hinaus.[51] So kam es z. B. im Ruhrgebiet vor diesem Hintergrund vor allem auf Druck von industriellen Unternehmern zur Bildung zweier überörtlicher Genossenschaften, in deren Leitungsgremien sowohl Vertreter der Städte als auch private Interessenten saßen.[52] Der Ruhrtalsperrenverein, 1899 gegründet, wollte sich um die Reinhaltung der Ruhr und die Erschließung von zusätzlichen Trinkwasservorräten bemühen, nachdem einzelne Städte in der südlichen Nachbarschaft wie Remscheid und Barmen schon richtungweisend durch den Bau kommunaler Trinkwassertalsperren gewirkt hatten. Das zweite große Problem von Ballungsräumen, die Abwässerbeseitigung, wurde im Ruhrgebiet im Jahre 1904 überörtlich angegangen. Die in diesem Jahr gegründete Emschergenossenschaft hatte das Ziel, die unhaltbar gewordene Situation im mittleren Ruhrgebiet durch den Bau von Kläranlagen und den Ausbau des Flüßchens Emscher zum Hauptabwasserträger zum Rhein zu entschärfen. Darüber hinaus hatten auch im Aufsichtsrat des gemischtwirtschaftlichen »Rheinisch-Westfälischen Elektrizitätswerks« (RWE), ebenfalls 1899 gegründet, die verschiedenen Städte dadurch, daß sie nach und nach Aktien erwarben, Sitz und Stimme und mußten ihre Interessen und Planungsvorstellungen in Einklang bringen. Insgesamt blieb jedoch die überkommunale Zusammenarbeit zum Zwecke weiträumiger Planung bis zum Ende des Ersten Weltkriegs sehr gering.

Nur in zwei Fällen kam es vor 1914 zu zukunftsweisenden, wenn auch weitgehend auf dem Papier bleibenden Vorstößen zur Gestaltung von verstädterten Großräumen. Es war kein Zufall, daß es wieder die beiden extremsten Ballungsräume – Berlin und das Ruhrgebiet – waren, für die die ersten Ansätze zu einer Raumplanung nachzuweisen sind und wo zugleich die städtereformerischen Entwürfe von zeitgenössischen Städtebauern und Architekten über die »abgehobene« Diskussion von Fachleuten und über die Fixierung auf die Gestaltung der einzelnen Stadt hinausgingen. Die verfahrene Berliner Lage, die von einer Patt-Situation zwischen Eingemeindungsgegnern und -befürwortern in Berlin selber und in seinen Vorstädten geprägt war – seit 1861 hatte sich die überlastete Kernstadt nur noch durch geringfügige und völlig unzureichende Eingemeindungen »Luft« verschaffen können –, versuchte das preußische Innenministerium nach vielen Jahren des Hin und Her schließlich dadurch zu lösen, daß es ein 1912 in Kraft tretendes Zweckverbandsgesetz erließ, das die Vorstufe zu einer dezentralisierten städtischen Großgemeinde schaffen sollte. Berlin und seine Vororte Charlottenburg, Spandau, Schöneberg, Rixdorf (Neukölln), Wilmersdorf und Lichtenberg sowie die beiden Kreise Teltow und Niederbarnim wurden zu einem Planungsgroßraum zusammengeschlossen.[53] Der Aufgabenbereich des Zweckverbandes, der bald vielfältige Querelen unter seinen Mitgliedern auslöste, hielt sich jedoch in Grenzen: Er sollte für die Verkehrspolitik, die Fluchtlinien- und Bebauungsplanung sowie die Schaffung und Gestaltung größerer Freiflächen zuständig sein. Die Probleme eines größerräumigen Versorgungsnetzes, der Industrieansiedlungs- und Wirtschaftslenkung, der Planung im Bildungs- und Wohlfahrtswesen usw. blieben ausgespart. Da die einzelnen Kommunalbehörden dem aufoktroyierten Zweckverband zudem skeptisch gegenüberstanden und kaum zu fördernder Aktivität bereit waren, konnte der Effekt der Maßnahme nur gering sein. Zwar war die Grundlage für die Regionalplanung im Groß-Berliner Raum nun geschaffen; die daraus nach dem Ersten Weltkrieg hervorgehende Lösung war jedoch kein weiterer Ausbau einer dezentralisierten Struktur unter dem Dach eines Städteverbandes, sondern die durch Gesetz vom 27. April 1920 geschaffene Einheitsgemeinde Groß-Berlin. Die Dominanz der Kernstadt hatte sich also langfristig durchgesetzt, wenn auch die regionale Differenzierung in gewissem Umfang durch die Einführung einer Bezirksverfassung erhalten blieb.[54]

Entgegengesetzt verlief die Entwicklung im Ruhrgebiet. Der Impuls, sich konkreter mit seiner räumlichen Struktur überlokal auseinanderzusetzen, ging ebenfalls zunächst »von oben« aus.[55] Eine Städtebauausstellung in Düsseldorf hatte 1910 höheren Beamten der Rheinprovinz und vor allem dem Düsseldorfer Regierungspräsidenten Kruse vor Augen geführt, daß das Ruhrgebiet auf dem Weg war, zu einer gigantischen Agglomeration mit höchst krankhaften und auf Dauer selbstzerstörerischen Zügen zu werden.

Kruse entwickelte deshalb die Idee, die wenigen noch vorhandenen Grünflächen zu schützen und einen dezentralisierten »Nationalpark« für das rheinisch-westfälische Industriegebiet zu schaffen. In diesem Zusammenhang erhielt der für Stadtbaufragen zuständige Essener Beigeordnete Robert Schmidt den Auftrag, eine entsprechende Materialsammlung und darauf fußende Empfehlungen vorzulegen. Schmidt kannte sowohl die seit den neunziger Jahren unter Städteplanern geführte Diskussion über die Stadt der Zukunft als Lebensraum eines »neuen Menschen« als auch aus seiner Essener Praxis die Planungsprobleme des bisher regellos gewachsenen Ruhrreviers, in dem die kommunalen und auch überörtlichen Verwaltungsgrenzen jede Entwicklung weitschauender Konzepte verhinderten. Seine Arbeit, die er 1912 abschloß und dem Regierungspräsidenten vorlegte, wollte er deshalb bewußt als ersten Schritt auf dem Wege zu einem »einwandfreien, den modernen Lebensbedingungen angepaßten Großstadtorganismus« des gesamten Ruhrgebiets verstanden wissen.[56] Seine Analysen und Prognosen führten ihn wie auch einige andere Beobachter der Entwicklung zu der Erwartung, daß dieser verstädterte Raum in wenigen Jahrzehnten eine einzige riesige Stadt bilden werde. Schmidt entwarf deshalb einen »Generalsiedelungsplan«, der die bestehenden politischen Grenzziehungen kaum beachtete, und forderte das regelnde Eingreifen des Staates, da nur dieser im Interesse des Volkswohles die Mißstände beheben könne, die durch die bisher geduldeten Bereicherungsmöglichkeiten einer Interessengruppe auf Kosten der Lebensbedingungen einer anderen Gruppe, nämlich der Industriearbeiterschaft, entstanden seien. Seine typisch bürgerlich-sozialreformerische Zielsetzung kam besonders in dem Argument zum Ausdruck, in den häßlichen und trostlosen Industriezonen vor allem des nördlichen Ruhrgebiets mit ihren abschreckenden und niederdrückenden Wohnverhältnissen könne »keine arbeitsfrohe, staatserhaltende Bevölkerung erzogen werden«.[57] Gerade mit einer solchen Argumentation wie auch mit seiner Behauptung, das Denken in kommunalen Grenzen sei eine Vorstellung aus der Froschperspektive und im Zeitalter der Luftschiffahrt nicht mehr zulässig, provozierte Schmidt jedoch Kritik; seine Vorschläge fanden sowohl im Regierungspräsidium als auch in den großen Ruhrgebietsstädten wenig Gegenliebe. Sein Plan wanderte in die Schubladen und wäre wohl vergessen worden, wenn Schmidt nicht nach dem Ersten Weltkrieg als Verbandsdirektor des im Jahre 1920 gegründeten Ruhrsiedlungsverbandes an seine Vorschläge von 1912 hätte anknüpfen und viele von ihnen auch in die Tat umsetzen können. Zunächst jedoch wurde der am weitesten gehende Vorschlag zur Lenkung der Verstädterungsprozesse in einem besonders herausragenden Ballungsraum zu den Akten gelegt. Der zwei Jahre später ausbrechende Krieg vertiefte zusätzlich die Gräben zwischen den einzelnen Städten und ließ eine gemeinsame Planung erst recht illusorisch erscheinen.

3. Binnendifferenzierung und Lebensformen in den Großstädten

Baurecht und Städtebau

Der Wille, für die entstandenen Ballungsräume die Verstädterungsprozesse gemeinsam zu planen, war auch deshalb gering entwickelt, weil der »Städtebau« als ein besonderes und eigenständiges Lehrfach gerade erst entstanden war und seine fortschrittsoptimistischen Perspektiven zunächst einmal im lokalen Kontext durchzusetzen begann.[58] Mit der bereits erwähnten wachsenden Leistungsbereitschaft der Kommunalbürokratie seit den sechziger Jahren – vor allem im Bereich der Städtetechnik und -hygiene – war zunächst nur in Ansätzen die Einsicht einhergegangen, daß auch die Stadt als ganze in ihrer Gesamtstruktur gestaltet werden könne und müsse. Nach ersten Vorläufern wie den Schriften von Reinhard Baumeister aus den siebziger Jahren markierten dann die beiden Bücher von Camillo Sitte *Der Städtebau nach seinen künstlerischen Grundlagen* (1889) und von Joseph Stübben *Städtebau* (1890) sowie – international – die Weltausstellung in Chicago 1893 eine Wende.[59] Angesichts der sozialen Probleme in den modernen Großstädten und der Entstehung von gigantischen Metropolen, zugleich aber auch einer zunehmenden Großstadtfeindschaft und Zivilisationskritik vor allem im Bildungsbürgertum etablierte sich eine internationale Städteplanungsbewegung mit geradezu »prophetischem« Charakter, die den gezielten und umfassenden planerischen Eingriff in den Verstädterungsprozeß mit dem Ziel propagierte, eine menschenwürdigere, zeitgemäßere und vor allem auch schönere Umwelt für die Großstadtbewohner zu schaffen.[60] Innerhalb kurzer Zeit entstand eine Fülle von Neugestaltungsideen und Wunschbildern, die sich auf das Äußere der Städte und ihre räumliche Struktur ebenso bezogen wie auf die Formen des menschlichen Zusammenlebens in ihren Quartieren. Zugespitzt heißt dies: Es wurde jetzt der qualitative Aspekt der Urbanisierung entdeckt und ihm – ausgehend von der Überzeugung seiner Planbarkeit und Machbarkeit – eine psychohygienische Funktion zugewiesen: Die durch einen menschenwürdigen Städtebau geschaffene »Gemeinde« sollte mehr sein als eine bloße Verwaltungseinheit; sie sollte die Basis eines »herzlichen Zusammenarbeiten(s)« der modernen Menschen in einer modernen Umwelt sein, in der alles der Förderung der Gemeinschaft und der Einbindung des einzelnen in neue Formen der Nachbarschaft diente.[61] Die auch international gesehen erste ausdrücklich der Verbreitung solcher Ziele gewidmete Zeitschrift, die von Theodor Goecke und Camillo Sitte seit 1904 herausgegebene Zeitschrift *Der Städtebau*, definierte die programmatischen Vorstellungen dieser neuen Generation von Stadtplanern wie folgt:

»Der Städtebau ist die Vereinigung aller technischen und bildenden Künste zu einem großen, geschlossenen Ganzen; der Städtebau ist der monumentale Ausdruck wahren Bürgerstolzes, die Pflanzstätte echter Heimatliebe; der Städtebau regelt den Verkehr, hat die Grundlage zu beschaffen für ein gesundes und behagliches Wohnen der nun schon in überwiegender Mehrheit in den Städten angesiedelten modernen Menschen; hat für günstigste Unterbringung von Industrie und Handel zu sorgen und die Versöhnung sozialer Gegensätze zu unterstützen. So wie das gesamte staatliche, bürgerliche und individuelle Leben den Inhalt des täglichen Gebarens und Gehabens einer städtischen Bevölkerung bildet, so ist die bauliche Anlage und Ausgestaltung der Stadt hierfür die äußere Form, das Gefäß, das diesen Inhalt einschließt, und deshalb gehört dessen naturgemäße richtige Entwicklung mit unter die wichtigsten Aufgaben moderner Kulturarbeit.«[62]

Eine besonders einflußreiche Vorstellung, Ende der neunziger Jahre gleichzeitig in Deutschland und England konzipiert, war die Gartenstadtidee. Zwar konnte sie in Reinform nicht realisiert werden – in gewissem Umfang war sie die Planungsgrundlage bei den Siedlungen Hellerau bei Dresden und Margarethenhöhe in Essen –, doch ihre Inhalte haben ungemein anregend gewirkt und vor allem die entstehende Auffassung von der Notwendigkeit einer funktionalen Gliederung und Differenzierung der regellos gewachsenen städtischen Siedlungsstruktur verstärkt. Das bereits erwähnte preußische Fluchtliniengesetz aus dem Jahre 1875 bot dazu praktisch keine Handhabe, denn es ermöglichte zwar die

Trennung des Stadtgebiets in öffentliche Verkehrs- und Versorgungsflächen einerseits, privat zu nutzende Bauflächen andrerseits, jedoch war damit ein Einfluß auf die Art der privaten Grundstücksnutzung nicht gegeben.[63] Auch die wenigen baupolizeilichen Vorschriften boten hier zunächst keine Möglichkeit einer eindeutigen Funktionszuweisung an einzelne Stadtviertel; in dem bemerkenswerten Kreuzberg-Urteil vom 14. Juni 1882 hatte das Preußische Oberverwaltungsgericht den Baupolizeibehörden sogar untersagt, über die reine Gefahrenabwehr hinaus durch Bauvorschriften lenkend einzugreifen.[64] Von dieser Auffassung rückte das Gericht in der Folgezeit nur langsam ab, kam aber schließlich doch zu der Einsicht – ausgedrückt in einem Urteil vom 2. Juli 1900 –, »daß für bestimmte Teile eines Kommunalbezirks Anlagen und gewerbliche Betriebe gänzlich ausgeschlossen werden (können), welche in irgendeiner Weise, insbesondere durch Rauch, Ruß, üblen Geruch, schädliche Ausdünstungen, ungewöhnlichen Lärm, Gefahren, Nachteile oder Belästigungen für das Publikum herbeiführen würden«.[65] Zu einer weitergehenden gesetzlichen Handhabe zur geplanten Staffelung oder Differenzierung der Bebauung kam es in Preußen dann erst durch das Wohnungsgesetz von 1918.[66] Immerhin versuchten seit den achtziger Jahren einzelne Städte, darunter alte Zentren wie Frankfurt am Main und frühe Industrieorte wie Barmen, durch abgestufte Bauordnungen zugleich eine Staffelung der Stadtviertel nach Typen und Bebauungsformen zu erreichen und so lenkend und gestaltend einzugreifen.[67] Das bedeutete, daß in den Vierteln, abhängig davon, ob sie als Wohnviertel, Industrieviertel oder gemischte Viertel ausgewiesen waren, unterschiedliche Bauweisen, Bauhöhen und Flächenüberbauungsregeln festgesetzt werden konnten. Hatten die zuständigen Ämter bisher lediglich die Festlegung der Fluchtlinien und deren Einhaltung, vor allem in den Neubauvierteln, im Blick gehabt – sie wurden deshalb auch meist treffend »Stadterweiterungsämter« genannt –, änderte sich allmählich ihre Funktion. Sie entwickelten sich bis zum Ende der neunziger Jahre zu »leistungsfähigen Stadtbauämtern«, die von der Verfolgung von »Teilaspekten zur Gesamtschau, von der Teilplanung zum Generalplan« übergingen und »Flächenaufteilungspläne« bzw. »Generalbebauungspläne« zu erarbeiten begannen.[68]

In all diesen Fragen bot die preußische Rechtslage erheblich weniger Spielraum als die einiger anderer deutscher Staaten. Neben

Bayern, wo sich besonders die Münchener Bauordnung in einer Reihe von Punkten vorteilhaft von den in Preußen geltenden Bestimmungen abhob – z. B. gab es keine Konkurrenzsituation zwischen kommunaler Fluchtlinienfestlegung und staatlicher Baupolizeikompetenz – und wo 1904 eine recht wirksame Staffelbauordnung eingeführt wurde, ist besonders das Königreich Sachsen zu erwähnen.[69] Hier erließ die Regierung 1900 das für lange Zeit modernste Baugesetz Deutschlands, das den Bebauungsplan zum Instrument einer einheitlichen Lenkung der Bodennutzung und Stadtgestaltung machte – allerdings erst zu einem Zeitpunkt, als die großstädtische Expansion in Sachsen bereits weitgehend abgeschlossen war.

Immerhin tendierte die Entwicklung um 1900 überall in Deutschland, in besonderer Weise in Sachsen, zu einer wachsenden Bereitschaft der Stadtverwaltungen unter dem Einfluß ihrer Stadtbauämter, bei der Stadtplanung künstlerische und soziale Rücksichten »durch angemessene Sonderung des Gebietes in Industrie-, Geschäfts- und Wohnbezirke unter richtiger Bemessung der Straßenbreiten nach dem Verkehrsbedürfnis« zu nehmen.[70] Der Hinweis auf den »time-lag« zwischen der baulichen Expansion und der Bereitstellung eines Instrumentariums zu ihrer Lenkung deutet jedoch das Grunddilemma des Städtebaus vor dem Ersten Weltkrieg an: Es gab lange Zeit kein konsensfähiges Gesamtkonzept, sondern nur eine Vielzahl von konzeptionellen Ansätzen zur Stadtplanung, die aber wegen einer großen Zahl von Hemmungen mit dem rasant verlaufenden Verstädterungsprozeß nicht Schritt halten konnten.[71] Nur in wenigen Fällen gelang eine effizientere Durchsetzung umfassender Planungsprinzipien gegen die Partikularinteressen vor allem besitzbürgerlicher Kreise. Die Münchener Generallinienplanung unter dem Bauamtmann Ferdinand Fischer ist ein Beispiel dafür.[72] Die krasse Kehrseite, die »totale Unfähigkeit zur Stadtentwicklung«, wie sie in einer Reihe von Städten, besonders in den sprunghaft wachsenden jungen Industrieorten die Regel war, zeigt sich dagegen im Fall des Borbecker Kommunalbaumeisters Voßkühler, der sich mit seinen utopischen Plänen zur Gestaltung eines Industriedorfs im Ruhrgebiet »im Gestrüpp lokaler Interessen« verfing und schließlich scheiterte.[73]

In den meisten größeren Städten wurde aus der breit geführten Diskussion von Architekten und Städtebauern über die Prinzipien einer modernen Stadtplanung wenigstens ein Aspekt verstärkt beachtet, da mit ihm mehrere Bedürfnisse zugleich befriedigt werden konnten: Als Mittel gegen die Regellosigkeit, Entgrenzung und Formlosigkeit des Stadtbildes, das die bisherigen Fluchtlinienplaner allenfalls nach streng geometrischen Rastern durch schnurgerade Straßen durchschnitten hatten, war u. a. von Camillo Sitte eine ästhetische Gestaltung der Plätze und Straßen, eine auf das Umfeld abgestimmte Gestaltung von Monumentalbauten und die Ausschmückung des Stadtzentrums mit Denkmälern, Brunnen und Grünanlagen empfohlen worden. Die Großstadt sollte auf diese Weise »Körperlichkeit«, »Silhouette« und unverwechselbar eigene Gestalt erhalten; vor allem die großen Gebäude sollten an den »richtigen« Stellen im Stadtraum zu finden sein.[74] Plätze galten in diesem Konzept als die eigentlichen Stätten des sozialen Lebens und der gesellschaftlichen Begegnung. Statt des bisher von sternförmig verlaufenden, geraden Straßen gebildeten offenen, entgrenzten Platzes sollten geschwungene Straßen auf von repräsentativen Gebäuden umrahmte Plätze führen, deren Häuserfassaden dem Blick Halt böten.[75]

Wie wirksam in Einzelfällen diese Prinzipien waren, zeigt wieder das Münchener Beispiel: Hier wurden um die Jahrhundertwende besonders viele Plätze mit Monumentalbauten versehen, und gerade hier dominierte in ausgeprägter Weise der Ausbau geschlossen wirkender, zugleich aber unregelmäßig angelegter Plätze.[76] Aber auch alle anderen großen Städte, selbst die inzwischen zunehmend auf ein urbanes Gesicht Wert legenden Industriestädte, wetteiferten darum, sich in dieser und ähnlicher Art wenigstens in ihren Innenstädten und repräsentativen Vierteln zu schmücken. Öffentliche und private Auftraggeber schufen eine Fülle wuchtiger Monumentalbauten, angefangen von neuen Rathäusern und Verwaltungssitzen über große Bahnhofshallen, Handelskammergebäude, Großkaufhäuser, Banken, Versicherungsverwaltungen, Opernhäuser, Postämter, Justizpaläste usw. bis hin zu künstlerisch gestalteten Wasserreservoiren, Fabrikfassaden und den in großer Zahl errichteten Denkmälern, z. B. den Bismarcktürmen.

Sicherlich verbanden viele Oberbürgermeister und hohe Verwaltungsbeamte, Unternehmer und reiche Stifter sowie die Direktoren großer Institutionen mit der Förderung solcher Bauten zunächst einmal die Hoffnung, sich selber ein unvergängliches Denkmal zu setzen. Zugleich hatte diese Art der Stadtverschönerung aber auch den Zweck, den Bürgern und darunter vor allem

den in häßlichen Vorstädten, in tristen Mietskasernen und herunter-
gekommenen Arbeitervierteln lebenden und ständig fluktuierenden Unterschichten eine Möglichkeit zur Identifikation mit
»ihrer« Stadt zu geben. Schon seit den fünfziger Jahren hatten bürgerliche Sozialreformer zudem darauf hingewiesen, daß Monumentalbauten und große Denkmäler »stumme Lehrer« seien, die
durch eine »Pädagogik der Umgebung« wirkten: Außer der Tatsache, daß das unreflektierte alltägliche Erleben solcher Kunstwerke
die Basis zur Entstehung eines »nationalen Kunstsinns« gerade
auch in den unteren Bevölkerungsklassen sei, dürfe auch die Wei-
he, die künstlerische Produkte öffentlichen Plätzen und Anlagen
gäben, nicht geringgeschätzt werden; sie erübrige das Aufstellen
von Schildwachen und Verbotstafeln![77] Die von einer zunehmend
breiter werdenden sozialen Kluft durchzogene Gesellschaft des
späten Kaiserreichs versuchte offenbar auch auf diesem Wege, jene
Risse mit Hilfe wuchtiger Steinmassen zu überdecken. Monumen-
talität drückt immer auch die gewollte Zurschaustellung von
Macht aus und zielt daher auf Einschüchterung wie Einordnung
des einzelnen zugleich. Die Grenzen zwischen den von sozialen
Erwägungen getragenen Forderungen nach einer ästhetischen Lebensumwelt der Menschen in den Großstädten[78] und der Status-
quo-Verteidigung der bestehenden Gesellschaftsstruktur auch
mittels Stadtplanung und der Anlage künstlerisch gestalteter Inseln
im »Siedlungsbrei« waren jedenfalls fließend.[79]

Räumliche und soziale Segregation

Dieser »Siedlungsbrei« war jedoch in sich durchaus nicht ohne jede
Ordnung. Wenn auch ungeplant, hatte die Segregation der verschiedenen Bevölkerungsschichten, wie schon mehrfach angedeu-
tet, seit der Frühindustrialisierungsphase rasche Fortschritte gemacht. Sollte die stadtplanerische Zonung oder Staffelung durch
Funktionszuweisungen an Stadtviertel gewissermaßen nachträglich Ordnung schaffen und dabei u. a. auch soziale Ziele, die im
wesentlichen aus der spezifisch bürgerlichen Vorstellung von Gesellschaft abgeleitet waren, verfolgen, hatten im Grunde die Segregationsprozesse der kapitalistischen Industriegesellschaft schon
von sich aus zu einer der Klassenlage der Menschen entsprechenden Ordnung geführt.[80] Von ihrer Struktur mußten die Planer

mehr oder weniger gezwungen ausgehen, zumal sie diese nur selten völlig umstoßen konnten und wollten. Meist unterstrich statt dessen die Zonungsplanung die gewachsene Struktur zusätzlich. Segregation und geplante Staffelung waren insofern aufeinander bezogen, lassen sich aber doch als durchaus unterschiedliche Medaillenseiten dessen bezeichnen, was unter dem Begriff »sozialräumliche Gliederung« zusammengefaßt wird.

Segregation in ihren verschiedenen Formen war keine erst mit der Verstädterung entstandene Erscheinung. Berufliche, kulturelle, ethnische Segregation, aber auch Ansätze einer Segregation nach Alter gab es ebenso wie die soziale Segregation schon in vorindustrieller Zeit: Gesellschaftliche Unterschiede pflegen sich grundsätzlich auch räumlich mehr oder weniger deutlich auszuprägen.[81] Allerdings überformte die sozioökonomische Segregation, die »Sozialstatus-Dimension«, in den Großstädten seit den vierziger Jahren und besonders in der Hochindustrialisierung nachhaltig alle anderen Formen und rief bereits früh Debatten über die Bewertung dieses Phänomens hervor.[82] Die von einem gesellschaftlichen Harmonieideal ausgehenden bürgerlichen Sozialreformer propagierten die Durchmischung der Klassen mit dem Ziel der Wiedereinbindung zentrifugaler Kräfte, besonders der Industriearbeiterschaft, in das Gesellschaftsgefüge. Hobrecht etwa nahm optimistisch an, das Nebeneinanderwohnen von Familien aus unterschiedlichen Gesellschaftsschichten in den einzelnen Mietskasernen wie in den verschiedenen Stadtvierteln werde zu entsprechenden Kontakten führen und das Konfliktpotential zwischen den Klassen abbauen helfen.[83] Die später noch oft herangezogene Nachbarschaftsidee, die dann z. T. sogar zu einer regelrechten Nachbarschaftsideologie ausgebaut wurde, hatte hier eine ihrer Wurzeln.[84] Eine konträre Auffassung vertrat zu derselben Zeit Ernst Bruch, der Hobrecht und weiteren Befürwortern des Integrationsmodells entgegenhielt: »Das Zusammenpacken der ganzen menschlichen Gesellschaft unter einem Dach wie in einer Arche Noah wirkt u. E. schädlich auf die soziale Entwicklung einer Stadt. Es befördert eine Überhebung aller Stände, ein Hinausgehen über die gegebenen Verhältnisse, Neid, Frechheit und Feindschaft der unteren Volksklassen.«[85] Dementsprechend trat Bruch nachdrücklich für eine Differenzierung und funktionale Aufteilung der Stadtanlage ein. Als sozialkonservativer Bürger glaubte er in einheitlich geprägten, »entmischten« Stadtvierteln die

Grundlage für ein ständisch organisiertes Gemeinwesen gefunden zu haben; homogene »Kleingemeinschaften« sollten die Vielzahl der unterschiedlichen Tendenzen unter dem Dach der gesamtstädtischen Einheit zum Ausdruck bringen können.

Die beiden Auffassungen, Absonderung hier und Durchmischung dort, stehen sich noch heute gegenüber. In der Realität tendierte aber die Entwicklung seit der Mitte des 19. Jahrhunderts eindeutig zur räumlichen Trennung der Gesellschaftsschichten je nach Sozialstatus und Klassenlage. Die Frage nach den konkreten Entstehungsbedingungen, vor allem nach den Indizien der Herausbildung segregierter Quartiere ist aber nicht einfach mit dem Hinweis auf die unterschiedlichen Bodenpreise und die Bedeutung der Bodenspekulation zu beantworten. Diese Feststellung ist ein wichtiges erstes Ergebnis der inzwischen auch von Sozialhistorikern in Angriff genommenen Erforschung der räumlichen Sozialstruktur, die lange Zeit den Stadtsoziologen und -geographen allein überlassen worden war.[86] Während letztere unter dem Gesichtspunkt der »Stadtökologie« Modelle der Raumnutzung und sozialen Differenzierung von Räumen entwickelten[87], interessiert sozialgeschichtlich außer den Gründen für die Entstehung und für den Wandel von Quartieren vor allem deren Bedeutung für die Herausbildung von Klassenbewußtsein und Gruppenidentität, städtischen Subkulturen und besonderen Milieus, Lebensformen und Kommunikationsstrukturen, die wiederum die Basis für spezifische Sozialisationsprozesse waren. Soziale Segregation war hiernach nicht nur die Folge gesellschaftlicher Arbeitsteilung in der Klassengesellschaft, sondern unterlag auch durch das Wirken außerökonomischer Faktoren einer ständigen Selbstverstärkung: Ökonomische Mechanismen bzw. Zwänge einerseits, mentalitätsgeschichtliche Zusammenhänge wie z. B. Wandlungen in den schichtspezifischen Normen, Werten und Bedürfnislagen andrerseits trieben sich gegenseitig an oder ergänzten sich.[88]

Geht man etwa allein vom Bodenpreis als Hauptindiz der Segregation aus, so ist kaum zu erklären, weshalb sich in den meisten Großstädten gerade in Citynähe, also auf eigentlich teurem Grund und Boden, trotz verschiedener Sanierungsmaßnahmen Slumviertel der Unterschichten und heruntergekommene Ghettos von Minderheiten wie das vornehmlich von Ostjuden bewohnte Berliner Scheunenviertel erhalten konnten.[89] Genauere Untersuchungen einzelner Städte haben jedoch gezeigt, daß sich trotz unterschiedlicher Bodenpreise, Wohnungsmieten und -größen, Bebauungsqualitäten und Entfernungen vom Zentrum der Preis pro Kubikmeter Wohnraum in solchen Unterschichtenquartieren von dem in den Villenvororten kaum unterschieden hat.[90] Zum Verständnis der Prozesse sind deshalb weitere Indizien heranzuziehen: die Einkommenshöhe und die entsprechende Belastbarkeit des Haushaltsbudgets mit Mietausgaben, die nachgefragte Wohnungsgröße und -qualität, die vom Fahrpreis wie vom Zeitaufwand her noch erträgliche Distanz zwischen Arbeitsplatz und Wohnung, aber auch die sich wandelnden »Wohnmoden« der Oberschichten und oberen Mittelschichten sowie das Bedürfnis vor allem der zuwandernden Unterschichten, sich in einem Netzwerk sozialer Beziehungen mit Menschen ähnlicher Lage und Herkunft in gewissem Umfang ein Gefühl der Sicherheit zu verschaffen. Mit diesem Pull-Effekt in bestimmte Viertel korrespondierte ein Push-Effekt, der eine Verdrängung oder freiwillige Abwanderung jener Familien zur Folge hatte, die den sich herausbildenden Standards des jeweiligen Quartiers in beiderlei Richtungen nicht mehr entsprachen oder entsprechen wollten.

Ein häufig zu beobachtender Trend neben anderen war z. B., daß die seit Mitte des 19. Jahrhunderts verstärkt in bestimmte Vorortbereiche abwandernden Oberschichten ihre bisherigen Wohnplätze nachrückenden Schichten überließen, die aber zu große und zu teure Wohnungen nicht bezahlen konnten. Also wurden solche Wohnungen umgebaut und aufgeteilt, um sie auch an Familien mit geringerem Einkommen vermieten zu können. Da der Sozialstatus im Bürgertum neben der reinen Einkommenssituation – die man aber nach außen und selbst den Familienmitgliedern gegenüber möglichst geheimhielt – wesentlich nach Lage und Ausstattung der Wohnung sowie dem sozialen Status der Nachbarn beurteilt wurde, beschleunigte sich besonders in Konjunkturzeiten der Segregationsprozeß.[91] Zugleich fanden in solchen Phasen durch die Expansionsbedürfnisse von Kaufhäusern, Banken und Verwaltungen aller Art Sanierungen im Citybereich statt, welche die in der Innenstadt wohnenden Familien verdrängten und sie zwangen, nach Ausweichquartieren zu suchen. Während die Industriearbeiterschaft z. T. mit den Industriebetrieben an die Peripherie abwanderte und sich in den neugebauten Arbeitervororten, d. h. in den wegen ihrer topographisch ungünstigeren Wohnlage von den Oberschichten nicht okkupierten Räumen, ansiedelte, blieb den übrigen Unterschichten kaum eine andere Möglichkeit, als sich in den von den schubweisen Sanierungen nicht erfaßten Innenstadtvierteln zusammenzudrängen und dort um die billigeren Wohnungen zu konkurrieren, zumal der sich ausbreitende tertiäre Sektor eine beträchtliche Zahl von untergeordneten Positionen, Dienstleistungsfunktionen und Aushilfsjobs zu vergeben hatte, die eine Nähe zum Arbeitsplatz erforderten.[92] Auf diese Weise kamen immer wieder neue Zonen »in transition«: Sie unterlagen einem Abwertungsprozeß, der oft dazu führte, daß die Eigentümer die Gebäude so weit dem Verfall überließen, daß ein Abriß schließlich gerechtfertigt war.[93]

Die segregierten Quartiere stellten für ihre Bewohner, besonders wenn zu ihrer gemeinsamen Klassenlage als Unterschicht auch noch gleiche Arbeitsplatzerfahrungen hinzukamen, wie das in Industriearbeitervierteln der Fall war, einen Lebensraum von stark prägendem Charakter dar. Die Wurzeln der entstehenden Arbeiterbewegung sind wesentlich in solchen Vierteln zu suchen; die oft zitierte »Trennung der proletarischen von der bürgerlichen Demokratie«[94] seit den sechziger Jahren vollzog sich vor dem Hintergrund einer gleichzeitig auch immer ausgeprägteren räumlichen Trennung von Bürgertum und Arbeiterschaft. Wenn Friedrich Engels 1881 rückblickend feststellte, der »Schwerpunkt der Bewegung« habe sich »in die industriellen großen Städte« verlagert, wies er damit gleichzeitig auf die Tatsache hin, daß dem modernen Kapitalismus gerade dort die Widerstände eines sich formierenden Proletariats am deutlichsten erwuchsen, wo dieses besonders massiert zusammenlebte und sich seine Erfahrungen entsprechend kumulierten.[95] Nicht so sehr die alles in allem noch heterogenen Innenstadtviertel, sondern die industriell geprägten Vororte und Vorstädte lieferten deshalb die Voraussetzungen für eine breite Klassenbewegung. Die hiermit verbundene Chance einer radikalen Gesellschaftsveränderung haben Marx und Engels bereits 1848 im Kommunistischen Manifest betont und festgestellt, ein bedeutender Teil der Bevölkerung sei dadurch, daß die Bourgeoisie das Land der Herrschaft der Stadt unterworfen und »enorme Städte« geschaffen habe, »dem Idiotismus des Landlebens entrissen« worden.[96] Zwar herrschten auch in den Arbeitervierteln der Großstädte meist erdrückende Lebensverhältnisse, jedoch schien hier die Vereinzelung aufgehoben und der Weg zu solidarischem Handeln offen.

Nicht zufällig gingen Streikbewegungen und Volkstumulte schon in der Phase der Frühindustrialisierung in wachsendem Maße von den Vororten oder Arbeitervierteln aus, und ebenfalls nicht zufällig waren gerade solche Erfahrungen ein wichtiger Grund für die erwähnte Abneigung vieler kernstädtischer Bürger, solche Vororte einzugemeinden.[97] Umgekehrt argumentierten in diesem Zusammenhang insbesondere die Polizeiverwaltungen, die auf die Einbeziehung der Vorortgemeinden in eine einheitliche polizeiliche Überwachung drängten. Was in dem folgenden polizeioffiziösen Zitat – mit Blick auf Berlin – als eine Art Pendelverkehr der Unterwelt zwischen Vorstadt und Kernstadt zugespitzt betont wurde, bezog sich selbstverständlich auch auf das Problem der politischen Überwachung und Verfolgung der Arbeiterbewegung, besonders zur Zeit des Sozialistengesetzes: »Gewohnheitsverbrecher konnten in den Vororten, wo sie nicht gekannt und daher auch nicht überwacht wurden, Wohnung nehmen, um von dort aus in Berlin ihrer verbrecherischen Tätigkeit nachzugehen; ebenso konnten umgekehrt in Berlin ansässige Verbrecher den Schauplatz ihrer Tätigkeit in die Vororte verlegen.«[98]

War der Arbeiter in der Fabrik weitgehend der diktierten Arbeitsdisziplin des Produktionsablaufs und der strengen Hierarchie der Betriebsstruktur ausgeliefert, denen er sich während des normalen Arbeitsablaufs nur in ganz geringem Maße entziehen konnte[99], bot trotz der knappen arbeitsfreien Zeit – die aber bis zum Ersten Weltkrieg durch einen Rückgang der wöchentlichen Arbeitszeit von 1865 über 70 Stunden auf 1910 unter 60 Stunden stetig zunahm – das Leben im Quartier die Möglichkeit, sich der sozialen Kontrolle durch offizielle Institutionen zumindest teilweise zu entziehen – im Vorort, in der Arbeiterkolonie, aber auch in den fast homogen besiedelten jungen Industriestädten erheblich mehr als in den stärker durchmischten Kernstädten. Typisch ist auch – Leipzig bildet nur ein Beispiel [100] –, daß die großen Versammlungssäle, in denen die Arbeiterbewegungsorganisationen ihre Treffen abhielten, meist nicht in der Altstadt, sondern in den verschiedenen Arbeitervororten zu finden waren. Bedenkt man weiterhin die in den Arbeitervierteln besonders ausgeprägte »Jugendlichkeit«, die vor allem in Aufschwungzeiten sowohl durch einen überdurchschnittlichen Zustrom vom Lande als auch durch eine wachsende Streikbereitschaft und Radikalität der jüngeren Arbeiter dem Bürgertum vor Augen trat[101], wird deutlich, warum

mancher etablierte Innenstadtbewohner das Gefühl einer bedrohlichen Zuspitzung der sozialen Verhältnisse von den Stadträndern
her empfand und nach dem Motto »Erziehst du dir einen jungen
Raben, so wird er dir die Augen ausgraben« ein entschlossenes be-
hördliches Eingreifen forderte.[102] Besonders an Feiertagen, zu
großen Veranstaltungen und bei Volksfesten strömten die mit Ver-
gnügungsstätten in ihrer Nachbarschaft nur karg oder gar nicht
ausgestatteten Vorstadtbewohner in die Innenstädte und traten
dabei massiert in Erscheinung. Für viele zeitgenössische Beobachter lag es deshalb nahe, zwischen der angeblich offenkundigen
Vergnügungssucht der Unterschichten, ihrem – wie es schon im
Vormärz hieß – unersättlichen Streben, »sich mit den höheren
(Ständen, J. R.) zu verschmelzen und deren Genüsse zu teilen«[103],
sowie der mit Sorge beobachteten Zunahme vor allem der Dieb-
stahl- und Raubkriminalität einerseits, der politischen Radikalisie-
rung der Arbeiterjugend andrerseits eine Verbindung herzustellen
und ein Grund-Folge-Verhältnis zu konstruieren. Die Wilhelminische »Jugendfürsorge« in allen ihren offiziellen und halboffiziel-
len Formen und die breite öffentliche Förderung der »Volks- und
Jugendspiele« hatten hier ihren Ursprung ebenso wie viele Argumente der vor allem im Bildungsbürgertum rapide zunehmenden
Großstadtfeindschaft und Zivilisationskritik.[104]

Vollzog sich der hier im wesentlichen mit dem Blick auf die
Unterschichten erörterte Segregationsprozeß, von Ausnahmen
und besonderen topographischen Verhältnissen abgesehen, in den
Agglomerationen mit einem traditionellen Zentrum, z. B. in den
alten Haupt- und Handelsstädten, meist ringförmig sich ausdeh-
nend[105], zeigt selbst das Ruhrgebiet als kernloser industrieller Ballungsraum durchaus ähnliche Segregationstendenzen, jedoch in
Form einer von Süden nach Norden fortschreitenden, der Nord-
wanderung des Bergbaus und der Industrie vom Ruhrtal in Richtung des Flusses Lippe folgenden Zonung mit entsprechender Differenzierung.[106] Der nördliche Rand der alten industriell über-
formten »Hellwegstädte« Duisburg, Essen, Bochum und Dortmund, vor allem aber die seit den sechziger Jahren in wenigen
Jahrzehnten erschlossene »Emscherzone« mit den Orten Hamborn, Oberhausen, Borbeck, Gelsenkirchen, Wanne-Eickel,
Herne und Castrop-Rauxel läßt sich als ein einziges riesiges Arbeiterviertel verstehen, in dem die ehemaligen dörflichen Kerne fast
vollständig erdrückt wurden. Räumliche Nähe, das Charakteristi-

kum jeder Quartierbildung, schlug hier in extreme Enge um: In dieser Zone trat das »Trostlose der jungen kapitalistischen Unbekümmertheit«[107], jene nur von den »Standortvorteilen und -bedürfnissen einer menschlichen Raffung und Anhäufung«[108] bestimmte Ballung, in der die Menschen »am grauen Himmel, am Lärm, an der engherzigen, weil engstirnigen Ordnung« zu leiden hatten, in besonders krasser Weise zutage.[109] Das schon erwähnte Wohnelend potenzierte sich hier in der Hochindustrialisierungsphase noch einmal.[110] Zwar gab es einige Musterkolonien, in denen die Zechengesellschaften den vor allem aus den preußischen Ostprovinzen in großer Zahl angeworbenen Arbeitern Häuser mit einem kleinen Garten und einem Stall zur Verfügung stellten, jedoch wurde der größte Teil der im letzten Viertel des 19. Jahrhunderts ins Ruhrgebiet strömenden rund 800000 Menschen in häßlichen, schlecht ausgestatteten und überfüllten Massenquartieren untergebracht, die in aller Eile und ohne jede Rücksicht auf die vorgefundene Landschaft aus dem Boden gestampft wurden. Von einer urbanen Infrastruktur, die sich in den älteren Hellwegstädten bis zum Ende des 19. Jahrhunderts in den meisten Fällen herausgebildet hatte, war in den neuen, im Extremfall bis zu 100000 Einwohnern zählenden Industriedörfern fast nichts zu entdecken.[111] Das im übrigen Deutschland weit verbreitete abstoßende Bild vom »Kohlenpott« beruhte vor allem auf dem Anblick dieser von Fördertürmen, Abraumhalden, zahllosen Verkehrswegen, Kanälen, Zechengebäuden und wahllos eingestreuten Wohngebieten geprägten Emscherzone. Die wenigen alten »Pohlbürger« gerieten bald hoffnungslos in die Minderheit und standen den fremdartigen und oft auch andersgläubigen Zuwanderern voll Haß gegenüber. Im blutigen Herner Polenkrawall des Jahres 1899 schlug dieses Spannungsverhältnis in handgreifliche Aktion um, und diese Zone war es auch, in der die großen Bergarbeiterstreiks von 1889 und 1905 ihre größte Resonanz hatten.[112]

Auch im Ruhrgebiet entstanden jedoch Villenviertel, zwar nicht so ausgedehnt wie in den Haupt- und Handelsstädten und ebenfalls nicht ringförmig auf Zentren bezogen, sondern in einer West-Ost-Zone, parallel zur Emscherzone am Südrand des Reviers gelegen. Das Ruhrtal und seine Hänge, vom nordwärts wandernden Bergbau zunehmend verlassen, besaßen noch unzerstörtes Gelände, wo Anfang der siebziger Jahre in besonders bevorzugter Lage der Prototyp der deutschen Unternehmervilla, die

Kruppsche Villa Hügel entstand, die ihr Besitzer reich mit Kunstwerken ausstattete.[113] In die schnell und gut erschlossenen südlichen Viertel zogen sich sowohl die alteingesessenen Oberschichten als auch die zugewanderten Unternehmer und höheren Angestellten zurück und vermischten sich – wenn auch zunächst nicht ohne Spannungen – zu einem modernen Industriebürgertum, das auf eine urbane Ausstattung der Hellwegstädte Wert legte und für den Ausbau der Daseinsvorsorgeeinrichtungen und städtischen Infrastruktur ebenso sorgte wie für die Schaffung von kulturellen Mittelpunkten, Weiterbildungsmöglichkeiten und ästhetischen Akzenten.[114] So stiftete z. B. die Fabrikantenfamilie Grillo das erste Essener Theater; Krupp unterstützte neben dem Museum und dem Theater vor allem das städtische Orchester. Spenden reicher Bürger waren es auch, die in Duisburg den Bau der Tonhalle, in Dortmund des Museums ermöglichten. Segregation, räumliche wie sozialpsychische, bestimmte also auch in ausgeprägter Weise die innere Differenzierung des Ruhrgebiets. Es war kein Zufall, daß Krupp, der Betriebshierarchie entsprechend, in jener südlichen Zone für seine Angestellten, »Privatbeamte« genannt, die in ihrer Anlage von der Gartenstadtidee geprägte Siedlung Margarethenhöhe bauen ließ. Die Klassengrenzen drückten sich also auch in dieser fast ausschließlich von der Industrie beherrschten Agglomeration durch räumliche Trennung und unterschiedliche Wohnweise deutlich aus: »Bürger und Arbeiter lebten in verschiedenen Welten, wurden einander fremd.«[115]

Die Uniformität der Orte in der Hellwegzone beruhte dagegen nicht zuletzt darauf, daß es hier nur eine sehr schmale mittelständische Schicht gab, die kaum in der Lage war, auf die Zerstörung ihrer bisherigen Lebensumwelt hemmend Einfluß zu nehmen oder zumindest für einen mit der Expansion der Einwohner Schritt haltenden infrastrukturellen Ausbau zu sorgen. Eine »defiziente Urbanisierung«[116] war die Folge, die sich noch dadurch selbstverstärkte, daß die Staatsbehörden den Mangel an Bürgerlichkeit zugleich auch als Fehlen der »nötigen Elemente der Selbstverwaltung« interpretierten.[117] Deshalb wurde vielen der schnell wachsenden Industriedörfer trotz riesiger Einwohnerzahlen die Verleihung von Stadtrechten und das Ausscheiden aus dem Kreisverband lange Zeit verweigert. Den Kommunalverwaltungen war damit der Weg verbaut, »in Allianz mit den örtlichen Gewerbetreibenden und dem Kleinbürgertum . . . eine größere Unabhängigkeit von den Landräten, grundbesitzenden Bauern und der Industrie (zu) erhalten, diese stärker besteuern, damit Planung und Infrastruktur finanzieren und so weiteres Bürgertum anziehen (zu) können«.[118] In einer solchen Situation hätte selbst die Einführung des Dreiklassenwahlrechts einen Fortschritt bedeutet. Eingebunden in den Kreisverband blieben die ehemaligen Kirchdörfer dagegen »manövrierunfähig zwischen den Zwängen unaufschiebbarer Ausgaben und dem Ausbleiben hinreichend großer Einnahmen gefangen«.[119] Als dann seit der Jahrhundertwende doch verschiedene der Industriegemeinden Stadtrechte erhielten – z. B. Herne 1897, Castrop 1902, Hamborn und Buer 1911, Sterkrade 1913[120] –, waren die Strukturen bereits so festgelegt, daß durchgreifende Änderungen nicht mehr möglich waren.

Zugespitzt ausgedrückt, führten die großstädtischen Segregationsprozesse in der Hochindustrialisierungsphase dazu, daß durch die innerstädtische Differenzierung die allgemeine Urbanisierung mit ihren Begleiterscheinungen in schichtenspezifischer Weise vermittelt wurde und die gesellschaftlichen Kluften vertiefte. Die »Gleichzeitigkeit des Ungleichzeitigen« beherrschte sowohl die Lebensbedingungen der unterschiedlichen Gesellschaftsschichten sowie die planerische Gestaltung der von ihnen dominierten Stadtviertel als auch die Entwicklungsabstände zwischen den einzelnen Städtetypen. Viele Prozesse der allgemeinen Modernisierung hingen zwar eng mit dem Verlauf von Verstädterung und Urbanisierung zusammen, weil die Großstadt überhaupt das vornehmliche Experimentierfeld des – positiv wie negativ – Neuen war, doch kamen die Menschen offenbar in den Städten je nach Klassen- und Schichtzugehörigkeit in unterschiedlicher Weise und zu unterschiedlichen Zeiten mit diesen Prozessen in Berührung; d. h. je nach dem Ausmaß der Nivellierungs- und Anpassungszwänge, der individuellen Entfaltungschancen oder -hemmungen, des Erfahrungs- und Gestaltungsspielraums in den einzelnen Quartieren wurden sie von den politischen, sozioökonomischen und kulturellen Wandlungen betroffen. Die Großstadt kann daher in dieser Phase keineswegs als der große Schmelztiegel bezeichnet werden; Nivellierungs- und Differenzierungsvorgänge vollzogen sich in der Klassengesellschaft des Kaiserreichs gleichzeitig und prägten gerade das Leben des Großstädters bis in die Details seines Familienlebens und Konsumverhaltens, seiner körperlichen Konstitution, seiner Kommunikationsformen und Möglichkeiten zur

Teilhabe am technischen Fortschritt, seiner Wahrnehmung von Zumutungen und gebotenen Chancen sowie seiner entsprechenden Reaktion.

Leben im Quartier: Familie, Wohnung, Schule

Das alles läßt sich beispielhaft an der Struktur und Bedeutung der Familie und an den Wohnverhältnissen je nach Schicht- und Klassenzugehörigkeit zeigen. Auf viele Einzelheiten kann angesichts einer breiten neueren Literatur zu diesem Thema verzichtet werden[121], hervorzuheben ist jedoch, daß sich der Typus der modernen Kernfamilie seit dem Ende des 18. Jahrhunderts zunächst in den Städten durchgesetzt hat und hier auch – mit den bereits erwähnten Ausnahmen – am frühesten die industrielle Bevölkerungsweise mit dem daraus folgenden Geburtenrückgang zum Durchbruch kam.[122] Das gilt mit zeitlicher Abstufung für alle städtischen Bevölkerungskreise gleichermaßen, jedoch deutet schon der Hinweis auf den in den Unterschichten verbreiteten Zwang für viele Frauen, das familiäre Existenzminimum durch eine eigene Berufstätigkeit oder zumindest durch einen Zuverdienst mit aufrechterhalten zu müssen, darauf hin, daß trotz der äußeren Gleichheit der Strukturveränderungen im einzelnen gravierende Unterschiede zwischen den Schichten und Klassen bestanden haben.[123]

Ein Entstehungsgrund der modernen Kernfamilie war die Trennung von Erwerbsarbeit und Familienleben, welche die Familie zu einem auf emotionaler Basis beruhenden Intimraum ohne Produktions-, dafür aber mit einer gesteigerten Reproduktionsfunktion werden ließ. Wenn gleichzeitig eine materielle Absicherung durch das Gehalt des Mannes gewährleistet war, wie das in der bürgerlichen Familie meist die Regel war, prägte sich die zu einem Ideal hochstilisierte Vorstellung von der Familie als einem nach außen hin abgeschotteten, apolitischen Lebensraum emotional verbundener Individuen sowohl in ihrem äußeren Erscheinungsbild, das vor allem durch die Art des Wohnens vermittelt wurde, als auch in der inneren Rollenbesetzung, Werthierarchie und Autoritätsstruktur z. T. geradezu überdeutlich aus.

Da das, was einen urbanen Lebensstil ausmacht, weitgehend relativ ist und dieser im Kaiserreich praktisch mit dem Lebensstil der in den Großstädten dominierenden Schichten und Klassen identisch war, kommt gerade dem Familienideal des gehobenen Besitz- und Bildungsbürgertums eine besondere Bedeutung zu, weil es die Maßstäbe lieferte, an denen sich die um sozialen Aufstieg und gesellschaftliche Anerkennung bemühten, in der Hierarchie folgenden Schichten und Klassen orientierten und die sie im Rahmen ihrer materiellen Verhältnisse soweit wie möglich zu kopieren suchten, um sich vor allem nach unten abzugrenzen. Die extremste Ausprägung des bürgerlichen Wohn- und Familienideals war die Vorstadtvilla als Mischung aus einem behaglichen, von einem Park umgebenen Landhaus und einem städtischen Repräsentationsbau.[124] In diesem Haustyp verknüpfte die Oberschicht ihren bisher in der Innenstadt zur Schau gestellten Herrschaftsanspruch mit einer partiell vom Adel übernommenen, aber durch ein romantisch gefärbtes Bild vom Leben auf dem Lande erweiterten Lebensstilvorstellung, die wiederum ein Reflex auf die fortschreitende Verschlechterung der innerstädtischen Lebensumwelt war. Hatte in der Frühindustrialisierung das Haus des Unternehmers oft in unmittelbarer Nähe seines Betriebs gelegen, so daß er durch seine Person seine Autorität unter Beweis stellen konnte und für die Arbeiter auch persönlich präsent war, erübrigte sich in der Hochindustrialisierungsphase durch die Entstehung von Mammutbetrieben mit einer differenzierten Lenkungshierarchie und der partiellen Delegierung der Verantwortung an leitende Angestellte und Direktoren die unmittelbare Anwesenheit.[125] Insofern spiegeln sich im Entstehen der Villenvororte auch die Wandlungen in der großindustriellen Betriebsstruktur, aber auch im Organisationsgefüge der Großunternehmen des tertiären Bereichs wider. Wie stark trotz dieses Auszugs des Großunternehmers in die Vororte die auf ihn ausgerichtete patriarchalische Struktur auch weiterhin sein konnte, zeigt die Beibehaltung der Übertragung der Familienideologie auf die gesamte Belegschaft, wie sie besonders deutlich am Beispiel der »Kruppianer« nachzuweisen ist.

Der »Familienstolz« auf das Erreichte, das es zu wahren und zu erweitern galt, verstärkte im Großbürgertum das Dynastiedenken mit dem Blick auf die eigene Familie und deren Behausung einerseits und die Ausbreitung einer »national-nostalgischen« Geschichtsauffassung andrerseits, die sich in der ausgeprägt sozialkonservativen Grundeinstellung und autoritär-patriarchalischen Lebensform ebenso zeigte wie im Baustil der Villen und in der

Ausstattung der Wohnungen.[126] Sofern sie nur in diese Linie paßten, wurden unterschiedliche Stilelemente nach Laune des Bauherrn und Einfallsreichtum des Architekten gemischt: Erker, Türmchen mit Zinnen, Terrassen tauchen neben antiken Säulen, tempelähnlichen Vorbauten und Fachwerkwänden auf.[127] Es war kein Wunder, daß gerade aus diesen Kreisen die nachdrücklich vorgetragene Forderung stammte, »freiere« Bauformen zuzulassen bzw. diese nicht durch starre örtliche Bauvorschriften zu verhindern. Gerade die freie Gestaltung, die nicht mehr nur einem einzigen Stil folgte, galt – ganz entsprechend der herrschenden bürgerlich-liberalen Gesellschaftsauffassung – als Ausdruck eines organisch gewachsenen, harmonischen Zusammenlebens.

Auch die Innenausstattung der Wohnungen und die Dekoration einzelner Räume waren von einem Stilgemisch geprägt, das schon in der Sammelbezeichnung »altdeutsch« seine nostalgische Wurzel, das Schwärmen für eine angeblich ehemals »heile« Welt der Vorzeit, verriet: Behaglichkeit, Gemütlichkeit und eine »anheimelnde« Atmosphäre sollten die Räume auszeichnen, in denen die Familie miteinander lebte; Festlichkeit, Stabilität und soliden Wohlstand hatte der für Repräsentationszwecke hergerichtete Salon widerzuspiegeln. Abgesehen vom äußeren Erscheinungsbild des Hauses besaß dieser Salon die wichtige Funktion, die Bühne zu sein, auf der sich die großbürgerliche Familie einer weitgehend homogen gehaltenen Öffentlichkeit vorstellte. Hier fanden die mit großem Aufwand vorbereiteten gesellschaftlichen Ereignisse statt.[128] Die »Insider« dieses Lebensstils definierten sich dabei durch eine Fülle genormter Formen der Repräsentation und des Umgangs miteinander sowie durch vielfältige Prestigesymbole, die so selbstverständlich wie möglich zur Schau gestellt wurden.[129] Das normalerweise abgeschottete familiäre Innenleben mußte bei solchen Anlässen pauschal als unbedingt harmonisch erscheinen; die »vorgeführten« Familienmitglieder hatten durch die Art ihres Auftretens die Bedeutung und den gesellschaftlichen Erfolg des Hausherrn noch zusätzlich zu unterstreichen.

Die große Breitenwirkung dieser in Zusammenhang mit der Villa und dem großbürgerlichen Familienstil zur Schau gestellten idealtypischen »bürgerlichen Behausung« ergibt sich daraus, daß die meisten anderen großstädtischen Wohnformen »im Grunde nur eine Reduktion der an ihr manifest gewordenen Idealvorstellungen« waren[130], wobei sich die Prinzipien solcher »Behausung«

dank ihrer starken Ausstrahlungskraft sehr schnell auch in den Mittel- und Kleinstädten durchsetzten. Der Hinweis auf die »Reduktion« bezieht sich gemäß dem Standort in der sozialen Hierarchie sowohl auf die Art der Fassadengestaltung der Wohnhäuser, sogar noch mancher Mietskasernen, als auch auf die Dichte der Bebauung in den unterschiedlichen Wohnvierteln, die vertikale Ordnung in den Mietshäusern und die jeweilige Wohnungsgröße in Relation zur Zahl der Bewohner (s. Tab. 12). An der horizontalen Gliederung der Wohnungen selbst noch des Kleinbürgertums und der gehobenen Arbeiterschaft läßt sich jedoch die Wirksamkeit der Dialektik von Außenbild und Innenleben der Familie ablesen: Innerhalb der Wohnung lag der Raum zum Vorzeigen, oft das hellste und geräumigste Zimmer, nach vorn zur Straße; die übrigen Räume gruppierten sich dahinter bis zur unansehnlichen Hinterfront. Auf die Ausstaffierung des »Salons« bzw. der »guten Stube« wurde oft weit über den tatsächlichen finanziellen Spielraum der Familie hinaus Wert gelegt; entsprechend karg mußte dann die Ausstattung der nach hinten liegenden eigentlichen Wohnräume erfolgen. Die schon in den bürgerlichen Mittelschicht-, erst recht aber in den Unterschichtenwohnungen ohnehin vorhandene Enge vergrößerte sich dadurch, daß aus Statusgründen ein nur selten benutzter Repräsentationsraum ausgesondert wurde, noch zusätzlich. Einige zeitgenössische Beobachter haben diese »besonders in den Großstädten gepflegte Unsitte« heftig kritisiert[131], ohne jedoch zugleich den Normierungsdruck zu sehen, der offenbar von jenem bürgerlichen Wohn- und Familienideal ausging und in der Arbeiterschaft »die Sehnsucht nach bürgerlicher Reputation« weckte, für die die »gute Stube« dann ein Ausdruck war:

»Der Arbeiter, der eine Zweizimmerwohnung mit knapper Not bezahlen kann, wohnt trotzdem in der Regel nur in der Küche. In einer Stube stehen die Betten und wenn der Raum dazu nicht ausreicht, vielleicht auch noch eins in der Küche. Die beste Stube wird von der Hausfrau wie ein Heiligtum verschlossen gehalten. Die darin stehenden plüschbezogenen Polstermöbel sind mit Überzügen von Kattun bedeckt, der etwa vorhandene Teppich bis an den daraufstehenden Tisch zurückgerollt, die Uhr ist nicht aufgezogen, und betritt man zufällig ein solches Zimmer, so weht einem, trotz der vielleicht gar nicht geschmacklosen Einrichtung, doch eine Unwirklichkeit, eine Kälte entgegen, daß man gerne sofort umkehrt. Eine solche ›gute Stube‹ kostet den Arbeiter mehr als ein Drittel bis zur Hälfte der aufgewendeten Wohnungsmiete, aber irgendwelchen Nutzen hat er davon nicht.«[132]

Noch krasser hatte bereits 1884 der Schriftsteller und Feuilletonist Julius Stinde diesen »dummen Luxus« charakterisiert: »Die Familie murkst in den Hinterzimmern herum, um nach vorn heraus ein Möbelmagazin zu haben, das nur des Scheuerns und Reinemachens wegen da ist.«[133]

Die allgemein starke Fixierung auf das Ideal der intimen Kernfamilie erklärt auch, warum davon abweichende Wohn- und Familienformen höchst skeptisch und als Anzeichen für den Verfall gesellschaftlicher Ordnung beurteilt wurden. Der Blick fiel dabei in erster Linie auf die »halboffene Familienstruktur« der Unterschichten.[134] Ein Großteil der Arbeiterwohnungen war so überfüllt, daß an eine Nachahmung bürgerlicher Wohnformen, selbst in noch so reduzierter Weise, gar nicht zu denken war (s. Tab. 12.2). Das Zusammenpferchen der meist kinderreichen Familien in nur wenige, dürftig ausgestattete und verwohnte Räume, die oft noch mit Schlafgängern geteilt wurden, aber auch das dichte Zusammenleben in den Mietskasernen mit anderen Familien, mit denen man sich den Abtritt, die Wasserstelle, den Flur und manchmal auch die Küche teilen mußte, ließ von vornherein einen in sich geschlossenen familiären Innenraum nicht entstehen. Die Öffnung nach außen war deshalb ein unumgänglicher Zwang, aus der Not geboren, der aber für die Betroffenen auch einige positive Aspekte haben konnte. Die Nähe bot neben den vielfältigen psychischen Belastungen auch die Chance solidarischer Hilfe im Notfall, und die Aufnahme von Schlafgängern oder Untermietern bedeutete eine gewisse materielle Flexibilität: Manche kinderreiche Familie konnte sich erst durch die Vermietung eines oder mehrerer Betten, manchmal im Schichtwechsel, oder eines Zimmers an Schlafgänger eine größere Wohnung erlauben; in Krisenzeiten, wenn z. B. der Vater als Familienernährer durch Arbeitslosigkeit oder Krankheit ausfiel, wenn kleine Kinder die Mutter an den Haushalt fesselten, wenn eine Witwe eine Reihe von Kindern zu versorgen hatte usw., halfen solche Mieteinnahmen über die ärgsten Bedrückungen hinweg, zumal die Ehefrau meist auch gegen Entgelt für die Beköstigung und Herrichtung der Wäsche der Untermieter sorgte.[135] Zahlen aus den Jahren um 1890/1900 belegen, daß in bis zu 20 % der großstädtischen Haushalte Schlafgänger oder Untermieter zu finden waren und daß zwei Drittel bis drei Viertel aller Schlafgänger in Familien mit mehreren Kindern lebten.[136] Der bis zum Ersten Weltkrieg rückläufige Trend zeigt jedoch, daß sich die Arbeiterfamilien lediglich aus finanziellen Zwängen »zur Aufnahme Familienfremder verstanden« und auch sie »die Privatheit des Familienlebens als Norm anstrebten«.[137]

Das Schlafgängerwesen vor allem in den Städten mit expandierender Industrie war also durchaus eine Massenerscheinung und bedeutete zugleich für die neu in die Stadt zuziehenden jungen und ledigen Arbeiter die Möglichkeit, erste menschliche Kontakte zu finden und die großstädtische wie industrielle Lebensumwelt mit einem gewissen persönlichen Rückhalt kennenzulernen, zumal die Vermittlung der Schlafstelle oft am Arbeitsplatz des Familienvaters erfolgte.[138] Während den Unternehmern großer Betriebe, z. B. der Bergwerke im Ruhrgebiet, diese Selbstregulierung der Unterbringung der von ihnen benötigten Arbeiter nicht unlieb war, weil sie ihnen eigene Aufwendungen wie z. B. den Bau von sog. »Menagen« ersparte, sah der überwiegende Teil der bürgerlichen Öffentlichkeit, vor allem sozialreformerische und kirchliche Kreise, in der moralisch-sittlichen Seite des Schlafgängerwesens eine Gefahr für die ihrer Meinung nach zentrale systemstabilisierende Institution, die Familie. Urteile wie die, daß es in den Arbeiterwohnungen der Industriestädte »eine derartige Fülle von Verwahrlosung, moralischer und sittlicher Versumpftheit (gebe), daß sich jeder unbefangene Leser mit Schaudern fragen muß, wie es möglich ist, daß diese himmelschreienden Zustände in einem (der) kulturell fortgeschrittensten Gebiete herrschen können«, waren keine Seltenheit.[139] Versuche, durch Polizeiverordnungen die schlimmsten Erscheinungen zu verhindern und die Aufnahme von Schlafgängern im Falle »sittlicher Unzuverlässigkeit« zu unterbinden, hatten wenig Erfolg, zumal den Behörden bewußt war, daß ein schärferes Durchgreifen die Mißstände des Wohnungsmarktes noch erheblich verschärft hätte.

Die erschreckten Blicke der bürgerlichen Sozialreformer richteten sich vor allem auch auf die aus dem engen Zusammenleben mit fremden Erwachsenen resultierende sittliche Verrohung und Verwilderung der Kinder und Jugendlichen, der offenbar weder Schule noch Kirche Einhalt gebieten konnten.[140] In der Tat war die Situation der Kinder in den Unterschichtfamilien der großstädtischen Arbeiterquartiere besonders problematisch, obwohl die von den bürgerlichen Sittenwächtern angeführten Argumente nur einzelne Symptome nannten. Von einer aktiven Fürsorge und Sozialisation konnte schon ab dem Säuglingsalter meist nicht gesprochen werden. Die oft ungewollten Kinder waren zusätzliche Esser und vergrößerten die Lebenshaltungsprobleme der Familie erheblich. Die Arbeiter, die eine längere großstädtische Erfahrung besaßen, begannen sich daher analog zum Verhalten der Mittel- und Oberschichten der industriellen Bevölkerungsweise anzupassen und um eine Geburtenregelung zu bemühen, die ihnen auch durch die Produkte einer schnell expandierenden »Schutzmittelindustrie« ermöglicht wurde. »Namentlich bei der städtischen Bevölkerung in Deutschland« sei, urteilte einer der führenden Sozialhygieniker vor dem Ersten Weltkrieg, »die allgemeine Verbreitung des Irrigators (Scheidenspülapparat, J. R.) eine der wichtigsten Ursachen des Geburtenrückgangs«.[141] Hinzu kam in wachsendem Maße der Gummikondom.

Allerdings waren in den Familien der vom Land in die jungen Industrieagglomerationen zugewanderten Arbeiter aufgrund ihrer verzögerten Übernahme der industriellen Bevölkerungsweise hohe Kinderzahlen noch die Norm. Entsprechend war hier die Säuglingssterblichkeit (s. Tab. 11.2) besonders hoch; sie lag in Preußen in den Familien ungelernter Arbeiter um 1900 bei durchschnittlich 22 bis 23 %, bei Dienstboten und Gesinde gar über 30 %[142], wobei die Tatsache des »Sommergipfels« der Säuglingssterblichkeit ein Hinweis darauf ist, daß vor allem unzureichende Ernährung, die zu Verdauungsstörungen führte, und »Schmutzkrankheiten« die Haupttodesursache waren.[143] Wenn die Mütter berufstätig waren, wurden die kleinsten Kinder der Obhut älterer Geschwister, Verwandter oder sogenannter »Ziehmütter«, die älteren Kinder dagegen der »Straße« überlassen, sofern sie nicht durch irgendwelche Hilfstätigkeiten zum Familieneinkommen beitragen mußten.

Statt der in einem relativ festgefügten Umfeld stattfindenden, auf Harmonie wie persönlichen Zuspruch ausgerichteten und wohlorganisierten bürgerlichen Kindererziehung verlief die Sozialisation bei den meisten Unterschichtenkindern eher willkürlich und offen. Ihre Kindheit war im Vergleich zu der der bürgerlichen Kinder sehr kurz, zudem von häufigem Wohnungswechsel und familiären Krisen bestimmt. Sie spielte sich zwar im offenen Raum ab, der aber selber wieder durch eine bedrückende Enge gekennzeichnet war.[144] Die innerfamiliäre Kommunikation beschränkte sich unter solchen Bedingungen auf ein Minimum und war zudem noch häufig durch Überreiztheit, Erschöpfung und unzureichende Versorgung belastet.

Nicht so sehr in der »halboffenen Familienstruktur« allgemein, sondern gerade in solchen Sozialisationsverhältnissen des Nachwuchses sahen die staatlichen Behörden, städtischen Verwaltungen, Kirchenführungen und bürgerlichen Sozialreformer eine Gefährdung des bestehenden Gesellschaftssystems mit einer bedrohlichen Langzeitwirkung und versuchten jeweils auf ihre Weise steuernd einzugreifen. Dabei kam besonders die Schule als Instrument zur Festigung der aus den Fugen geratenen Ordnung und zur Vermittlung der staatserhaltenden Werte in den Blick. Die Charakteristika des Schulwesens im Kaiserreich – klassenspezifische Segmentierung und entsprechende Kanalisierung der Bildungs- und Aufstiegschancen – sind inzwischen intensiv untersucht worden.[145] Ein Ergebnis der Forschung besteht darin, daß der Stadt-Land-Gegensatz im Bereich des Schulwesens zu Beginn der Hochindustrialisierung bis in die achtziger Jahre hinein extrem groß war und dann durch den gezielten Ausbau der mehrklassigen Volksschule formal allmählich eine gewisse Angleichung erfolgte: Immer mehr Schüler erhielten zunächst in den Städten, dann auch auf dem Lande eine geregelte Schulausbildung in einem sich immer stärker konturierenden, hierarchisch gestuften Schulsystem.[146] Urbanisierung als qualitativer Prozeß, der sich zunehmend auch auf die Verhältnisse auf dem Land auswirkte, wurde insofern sicherlich auch durch den Ausbau und die Durchorganisierung des Schulsystems gefördert. Während jedoch die bürgerlichen Schul- und Sozialreformer das Lehrangebot so ausgestaltet sehen wollten, daß in der Schule gerade auch dem Kind aus der Unterschichtenfamilie die Grundlage für seine persönliche Tüchtigkeit und die Entstehung eines individuellen Leistungs- und Aufstiegswillens geschaffen wurde, um so eine Angleichung der Klassen und Stände zu erreichen[147], war das Denken der staatlichen Bürokratie sehr stark von dem Ziel beherrscht, mit Hilfe des Unterrichts – besonders in den Volksschulen – die gefährlichen Lehren der Sozialdemokratie einzudämmen und vaterlandstreue Untertanen zu erziehen.[148] Da aber Einrichtung und Ausstattung der Volksschulen weithin Gemeindeangelegenheit waren, klafften Wunschbild und Realität gerade dort, wo nach Meinung der Schulbehörden die Erziehung der Kinder zu Gottesfurcht, Gehorsam und Fleiß am nötigsten war, nämlich in den Arbeitervierteln und in den jungen Industriestädten, am krassesten auseinander.[149]

Gerade das Beispiel des städtischen Schulwesens verweist auf ein

aussagekräftiges Indiz für die schon mehrfach erwähnte »Gleichzeitigkeit des Ungleichzeitigen« bei der Ausbreitung der Urbanisierung; es war deshalb kein Zufall, daß von diesem Bereich im
letzten Jahrzehnt vor dem Ersten Weltkrieg die Reflexion über die
krassen Ungerechtigkeiten und das Ungleichgewicht, welche das
Zusammenspiel von Stadtentwicklung, kommunalem Steuersy-
stem und Investitionsspielraum der öffentlichen Hand je nach
Städtetyp mit sich gebracht hatte, ihren Ausgang nahm. Tatsächlich liefert die Unterschiedlichkeit der Belastung mit Volksschulkosten von Stadt zu Stadt ein gutes Maß für die Breite des Spek-
trums an Lebensqualität, die das deutsche Städtewesen um 1900
auszeichnete, wobei die Extrempositionen durch die jungen Industriestädte auf der einen und die sog. »Rentnerstädte« auf der and-
ren Seite markiert wurden (s. Tab. 8) [150] Zwischen diesen Polen
lassen sich alle übrigen Städte einordnen.

4. Die städtische Finanzsituation vor dem
Ersten Weltkrieg

Der positive Gesamteindruck, den das deutsche Städtewesen –
trotz der sich ausbreitenden Zivilisationskritik im Bildungsbürgertum – bei vielen Beobachtern am Ende des 19. Jahrhunderts hinterließ und den vor allem die führenden Kommunalpolitiker der
großen Städte immer wieder herauszustreichen bestrebt waren, beruhte sehr stark auf dem bemerkenswerten finanziellen Spielraum,
den der Staat den Städten gewährte, der aber – und das zeigte sich
im Zusammenhang mit der Debatte über die Volksschulkosten
sehr deutlich – zugleich zu großen Ungleichgewichten innerhalb
des Städtesystems geführt hatte. Trotz aller Differenzen im einzelnen hatte sich in der zweiten Hälfte des 19. Jahrhunderts in allen
deutschen Staaten als Regel durchgesetzt, daß die Gemeinden sowohl eigene Steuern als auch Zuschläge zu den Staatssteuern erheben konnten. Der Theorie nach sollte nach der Reichsgründung
grundsätzlich das Reich seine Einkünfte, abgesehen von den Ma-
trikularbeiträgen der Einzelstaaten, aus Zöllen und indirekten
Steuern erhalten, während die Staaten in erster Linie auf die Personalsteuern (Einkommen- bzw. Klassensteuern) und die Gemeinden auf die Realsteuern (Grund-, Gebäude- und Gewerbesteuern)
verwiesen waren. [151] Eine Umsetzung dieses Prinzips in die Praxis

erfolgte jedoch nur in wenigen Fällen. Im Gegenteil: Um ihre eigenen Einkünfte durch den Zugriff auch auf die Realsteuern erhöhen zu können, drängten die staatlichen Finanzverwaltungen die Gemeinden, die Zuschlagsmöglichkeit zur Staatseinkommensteuer, die eigentlich nur als Ultima ratio gedacht war, verstärkt zur Deckung ihres Haushalts zu benutzen. Das kam wiederum den Wünschen der in den meisten Stadtparlamenten weit überproportional vertretenen Hausbesitzer und den Gewerbetreibenden entgegen, konnten sie doch durch die höhere Belastung aller Einkommensbezieher mit Steuern für kommunale Zwecke eine sonst notwendig gewordene stärkere steuerliche Heranziehung ihrer Grundstücke, Gebäude und Gewerbebetriebe vermeiden.[152] Diese Politik führte schon in den siebziger Jahren zu einer Überbeanspruchung der Einkommensteuer und zu einer erheblichen Finanznot in den Städten, die aufgrund ihrer Bevölkerungsstruktur nur relativ niedrige Einkünfte auf diesem Wege erzielen konnten. In manchen reinen Industriestädten mit großer Arbeiterbevölkerung stiegen die Kommunalzuschläge zur Staatseinkommensteuer auf bis zu 600 % an, wobei nur die höchst mangelhafte Steuerveranlagung diese extreme Belastung noch erträglich machte.[153] Lediglich im Königreich Sachsen kam es Mitte der siebziger Jahre zu einer Steuerreform, welche die Finanznot besonders betroffener Städte milderte.[154] In Preußen dagegen scheiterten zwischen 1876 und 1884 fünf Versuche von liberaler Seite, die Buntscheckigkeit und die Ungerechtigkeiten des Steuersystems zu beheben; lediglich ein Kommunalsteuernotgesetz kam als Provisorium 1885 zustande. Die benachteiligten Städte wurden auf eine geplante Reform des gesamten staatlichen Steuersystems vertröstet, die jedoch vor 1890 infolge des Gegensatzes zwischen Bismarck und den Liberalen nicht mehr durchgeführt wurde.[155]

Das Ergebnis der Entwicklung war, daß 1891 in Preußen, wo der Trend am deutlichsten zutage trat, in den Städten mit über 10000 Einwohnern rund 76 % der Steuereinnahmen durch die Zuschläge zur Staatseinkommensteuer eingingen, nur 18 % durch die Realsteuern, der Rest durch die sonstigen Ortssteuern wie die Bier- und Hundesteuer (s. Tab. 10). Ein weiterer hiermit zusammenhängender Trend bestand in der wachsenden Verschuldung der Städte. Da die Kommunalsteuern und sonstigen Einnahmen mit dem schnell wachsenden Finanzbedarf nicht Schritt hielten, griffen die Städte zunehmend zum Mittel der Aufnahme langfristiger Kommunalanleihen, meist in Form von »Inhaberschuldverschreibungen«. Die Zeit von der Reichsgründung bis zum Ersten Weltkrieg galt aus der Rückschau der zwanziger Jahre geradezu als »Epoche der liberalen Schuldenwirtschaft«, entfielen doch von den fast 29 Milliarden Mark Schulden der öffentlichen Hand 1914 7,5 Milliarden, also rund ein Viertel, auf kommunale Schulden, 5 Milliarden auf die Schulden des Reiches und 16,3 Milliarden Mark auf alle Einzelstaaten.[156] Die Großstädte, die solide Sicherheiten zu bieten hatten, gingen selbständig an den Kapitalmarkt, während die anderen Städte und die Landkreise ihre Anleihen vorwiegend von den Reichsversicherungsanstalten, von den Fonds der Berufsgenossenschaften, von Hypothekenbanken usw. erhielten.[157] Die Verschuldung aller deutschen Städte mit über 10 000 Einwohnern vervierfachte sich von 1881 bis 1901 von etwa 770 Millionen Mark auf 3,1 Milliarden Mark und stieg allein in den folgenden sechs Jahren um weitere 70 % auf fast 5,3 Milliarden Mark im Jahr 1907, wobei sich aber die Verschuldung pro Kopf der Bevölkerung von Stadt zu Stadt sehr unterschiedlich gestaltete: Sie lag 1907/08 z. B. in Gelsenkirchen bei 114,10 Mark, in Duisburg bei 232,77, in Barmen bei 358,20 und in Düsseldorf bei 431,49 Mark.[158] Verwendet wurden die Anleihen zu etwa 90 % für »werbende Zwecke«, d. h. für den Ausbau der städtischen Infrastruktur und öffentlichen Betriebe, für öffentliche Großbauten und sonstige Anlagen, die im Rahmen des ordentlichen Haushalts nicht zu finanzieren waren.[159] Die von Stadt zu Stadt unterschiedlichen Verschuldungsmöglichkeiten korrespondierten also mit der Weite oder Enge des jeweiligen Spielraums zum Ausbau der kommunalen Leistungsverwaltung und Daseinsvorsorgeeinrichtungen (s. Tab. 9) wie auch zur urbanen Ausgestaltung des Stadtbildes. Das »Schuldenmachen« war zwar umstritten, und Kritiker forderten statt dessen die Städte auf, ihre Großprojekte durch die vorherige Anlage von »Rücklagenfonds« zu finanzieren, doch setzte sich mit der wachsenden wirtschaftlichen Betätigung der Städte die Verschuldung besonders seit Mitte der neunziger Jahre als selbstverständliches Finanzierungsmittel immer mehr durch.[160]

Die Zeit des »Neuen Kurses« nach Bismarcks Sturz zu Beginn der neunziger Jahre brachte nicht nur neue Impulse für die Sozialpolitik, die mit dem Namen des Handelsministers v. Berlepsch verknüpft sind, sondern in Preußen auch zwei für die Kommunalpolitik wichtige Neuerungen, von denen die eine das Stadt-Land-

Verhältnis, die andere das kommunale Finanzwesen betraf. Die Herrfurthsche Landgemeindeordnung des Jahres 1891 für die sieben östlichen Provinzen Preußens befriedigte zwar auch jetzt keineswegs die schon vor mehr als zwanzig Jahren vorgetragenen Forderungen der Liberalen, definierte aber immerhin endlich auch die Landgemeinden als »öffentliche Körperschaften«.[161] Das den preußischen Städten zuletzt in den fünfziger Jahren bestätigte Selbstverwaltungsrecht wurde hiermit formell auch den nichtstädtischen Gemeinden zugebilligt, obwohl der Effekt dieser Regelung in der Praxis gering blieb und sich die bezeichnende kritische Einschätzung Bismarcks, die Sozialdemokratie werde »jetzt die Dörfer umschleiche(n) wie der Fuchs den Hühnerstall, um ein Loch zum Einbrechen zu suchen«[162], als völlig überzogen erwies: Die Bestimmungen über die Gemeinderatswahlen waren so abgefaßt, daß man mit ihrer Hilfe die Herrschaftsverhältnisse auf dem Lande allenfalls geringfügig verändern konnte.[163] Dennoch vollzog diese Landgemeindeordnung einen weiteren Schritt auf dem Wege zur rechtlichen Annäherung des städtischen Bürgers und des ländlichen Gemeindemitglieds, mithin zur allmählichen Durchsetzung des Prinzips der Einwohnergemeinde, obwohl in fast allen deutschen Staaten auch weiterhin getrennte Städte- und Gemeindeordnungen die Regel blieben.[164] Die immer noch ausstehende gründliche Reform und Vereinheitlichung der Städteordnungen kamen auch in den neunziger Jahren einer Verwirklichung nicht näher. Bis 1918 blieb in Preußen der in den fünfziger Jahren geschaffene und durch das Hinzukommen neuer Landesteile in den sechziger Jahren noch unüberschaubarer gewordene Rechtszustand mit kleinen Änderungen erhalten. Lediglich Hessen-Nassau erhielt 1897 eine neue Städteordnung, welche die dort herrschende starke Rechtszersplitterung beseitigte. Zu Beginn der Weimarer Republik existierten aufgrund des deutschen Partikularismus und infolge der ausgebliebenen Reformen insgesamt 25 Städteordnungen, von denen allein neun in Preußen zu finden waren.[165]

Von herausragender Bedeutung für das deutsche Städtewesen, zunächst in Preußen, dann aber wegen ihrer Vorbildwirkung auch in den anderen deutschen Bundesstaaten, war die sog. Miquelsche Steuerreform, benannt nach dem preußischen Finanzminister und vormaligen Oberbürgermeister von Osnabrück und Frankfurt am Main.[166] Sie gilt als »die beste Leistung und der einzige große, unbestrittene Erfolg des Neuen Kurses«.[167] Der erste Schritt Miquels war 1891 die Schaffung einer einheitlichen, progressiven, im Höchstfall bis zu 4 % des Einkommens betragenden Staatseinkommensteuer auf der Grundlage der Selbsteinschätzung der Steuerpflichtigen nach neuen und eindeutigeren Veranlagungsvorschriften. Das erklärte Ziel der – für unsere heutigen Begriffe äußerst maßvollen – Progression war die steuerliche Entlastung der unteren Einkommen und die stärkere Heranziehung des Reichtums; hier fand Miquel sogar die Zustimmung der Sozialdemokraten. Ähnliche Absichten verfolgten eine Novelle zum Erbschaftssteuergesetz (ebenfalls 1891) und die Einführung einer personenbezogenen Vermögenssteuer, der sog. »Ergänzungssteuer« (1893). Die aufgrund dieser Neuregelungen eingehenden Mehreinnahmen des Staates dienten Miquel als Äquivalent für die den Gemeinden zu ihrer Verfügung überlassenen Realsteuern.

Das Kommunalabgabengesetz vom 14. Juli 1893 regelte dann den gesamten Bereich der Gemeindefinanzen neu und einheitlich für den ganzen Staat, indem es klare Richtlinien zur Gestaltung und Ausführung des kommunalen Steuerplans erließ. Zwar blieb den Gemeinden die Möglichkeit der Zuschläge zur Staatseinkommensteuer erhalten, jedoch sollte dieser Weg zur Deckung des Haushalts als letzter beschritten werden. An erster Stelle waren das Gemeindevermögen, die Gebühren und die Einkünfte aus Gemeindebetrieben heranzuziehen, anschließend die Luxussteuern und sonstigen indirekten Steuern. Der dann noch verbleibende Deckungsrest sollte halbiert werden, wobei die eine Hälfte durch die den Gemeinden vollständig überlassenen Realsteuern, die andere durch die Zuschläge zur Staatseinkommensteuer aufzubringen war. Von dieser Regel durfte nur mit Genehmigung der Aufsichtsbehörden abgewichen werden. Als Berechnungsgrundlage der Grund- und Gebäudesteuer diente der Reinertrag, der Miet- oder Pachtwert oder der sog. »gemeine« Wert, der mit 4 ‰ zu versteuern war. Die Gewerbesteuer hatte sich entweder nach dem Erlös des letzten Jahres, nach dem Anlage- bzw. Betriebskapital, nach der Zahl der Beschäftigten oder nach der Größe und dem Mietwert der benutzten Räume zu richten. Voraussetzung zur Erhebung dieser Steuern war ein zu genehmigendes Ortsstatut, damit »feste und gleichmäßige Grundlagen« die Ausgangsbasis der Besteuerung waren. Aus dem jährlich den Aufsichtsbehörden vorzulegenden Steuerplan mußte außerdem hervorgehen, welche Steuern für welchen Zweck verwendet werden sollten. Beispielsweise durften Gemeindeinvestitionen, die zu einer Wertsteigerung von Grundstücken führten, nicht durch die Einkommensteuerzuschläge bestritten werden, sondern nur durch die Realsteuereinkünfte.

Gemessen an der vorangegangenen Situation bedeutete die Miquelsche Steuerreform eine erhebliche Modernisierung des Steuersystems und eine Klärung der Zuständigkeit zwischen Staat und Gemeinden. Innerhalb des gesetzten Rahmens konnten vor allem die Großstädte, die ihre Steuerpläne nur dem zuständigen Regierungspräsidenten vorzulegen hatten, frei schalten und walten. Jede Festsetzung eines Einkommensteuerzuschlags, der über 100 % liegen sollte, war aber genehmigungspflichtig. In dieser Bestimmung zeigte sich die erklärte Absicht, extreme Zuschläge wie in den Jahrzehnten zuvor zu unterbinden. Wenigstens ansatzweise brachte die Reform auch den Übergang vom traditionellen Äquivalenzprinzip zur Besteuerung nach der Leistungsfähigkeit – in erster Linie bei den persönlichen Steuern, die der Staat erhob.[168] Dagegen legte Miquel ausdrücklich Wert darauf, daß in der Gemeinde beide Prinzipien zugleich berücksichtigt wurden: die persönliche Leistungsfähigkeit, deren eventuelle Schmälerung z. B. durch Schuldzinsen zu berücksichtigen war, und die durch die Realsteuern zu leistende Aufrechnung des Nutzens, den ein Grund-, Gebäude- und Gewerbebetriebsbesitzer durch die Gemeinde, ihre Infrastruktur, ihre materiellen und sonstigen Vorleistungen hatte.

Das Kommunalabgabengesetz trat am 1. April 1895 in Kraft. Wie die Entwicklung schon im ersten Steuerjahr nach der Finanzreform zeigte, bewirkten die neuen Bestimmungen tatsächlich deutliche Veränderungen in der Struktur der Gemeindefinanzen.[169] Zum einen stieg die Gesamtsumme des Kommunalsteuerertrags in Preußen von 170,3 Millionen Mark im letzten Jahr vor der Reform auf 189,0 Millionen Mark im Steuerjahr 1895/96 und auf 263,6 Millionen Mark im Steuerjahr 1899/1900. Zum anderen verschoben sich die Relationen zwischen den Steuertypen durchaus in der von Miquel gewünschten Richtung, aber erstens nicht in dem erhofften Ausmaß und zweitens – wie die Trends in den folgenden Jahrzehnten zeigen sollten – mit rückläufiger Tendenz: Der Anteil der Realsteuern erhöhte sich zwar von 15 % im Jahr 1894 auf 40 % 1895; ihr Ertrag stieg dabei von 27,8 Millionen auf 83,1 Millionen Mark, während die Einkünfte aus den Zuschlägen zur Staatseinkommensteuer von 142,5 auf 105,9 Millionen Mark bzw. ihr Anteil von

79 % auf 50 % zurückgingen. 1914 war jedoch bereits wieder eine Relation von 37 % zu 56 %, 1918 unter dem Einfluß des Krieges sogar von 28 % zu 65 % erreicht. Zwar stiegen bis zum Kriegsausbruch die Zuschläge zur Staatseinkommensteuer nicht mehr auf solch extreme Werte wie vor der Reform an, jedoch kamen im Steuerjahr 1913/14 von den 108 preußischen Stadtkreisen nur noch sechs mit einem 100prozentigen und weitere 15 mit einem bis zu 150prozentigen Zuschlag zur Staatseinkommensteuer aus. 35 Städte erhoben zwischen 150 und 200 % und 52 200 % und mehr, wobei Gleiwitz mit 255 % und Königshütte mit 260 % an der Spitze lagen (s. Tab. 10).[170] Zur letztgenannten Gruppe gehörten bis auf wenige Ausnahmen alle Industriestädte des rheinisch-westfälischen Industriegebiets und Oberschlesiens. Hier sank der Anteil des Einkommensteueraufkommens am gesamten Steuerertrag von vornherein selten unter 60 %[171], da aufgrund der Bevölkerungsstruktur die Zuschläge zur Staatseinkommensteuer die mit Abstand wichtigste Variable zur Ausgleichung des Haushalts blieben und die Regel galt, daß die Einkommensteuer zusätzlich belastet werden durfte, wenn die Realsteuern eine bestimmte obere Grenze erreicht hatten.[172] Die durch die Steuerreform gewährte größere finanzielle Selbständigkeit kam daher nur einem Teil der Städte zugute und endete bei einem anderen Teil an den aus der örtlichen sozialen und wirtschaftlichen Struktur erwachsenden Zwängen. Ein interkommunaler Lastenausgleich war in dem Gesetzeswerk von 1893 nicht vorgesehen. Dem inzwischen zum altpreußischen Bürokraten gewordenen Nationalliberalen Miquel fehlte aufgrund seiner Osnabrücker und Frankfurter Oberbürgermeistererfahrung offenbar die Einsicht in die Notwendigkeit einer solchen Regelung[173], denn beide gehörten nicht zu jenen »armen« Städten, die sich nach 1900 mit ihren Finanznöten öffentlich Gehör zu verschaffen suchten.

Den Anlaß zu diesem Versuch stellten, wie bereits erwähnt, die Belastungen der »jungen« Industriestädte mit Volksschulkosten dar, außerdem die Probleme, die sich aus einer sich zuspitzenden »Krise des Kommunalkredits« ergaben.[174] Als die staatlichen Aufsichtsbehörden nach 1900 überall im Reich verstärkt dazu übergingen, die Städte mit dem Hinweis auf den steigenden Finanzbedarf der Einzelstaaten und des Reiches zu mehr Sparsamkeit zu zwingen und der Kreditmarkt vor allem durch die Nachfrage des Reiches immer enger wurde, kam es 1912 zu einer solidarischen Ak-

tion von zunächst 63 Gemeinden des rheinisch-westfälischen Industriegebiets unter der Führung der Stadt Herne.[175] Kernpunkt des Forderungenkatalogs war das Postulat einer Verzehnfachung des jährlichen Staatszuschusses zur Volksschulunterhaltung, die bisher in Preußen bei 2 bis 5 % gelegen hatte. Auf diese Weise solle, lautete die Begründung, ein gewisser Ausgleich zwischen »reichen« und »armen« Gemeinden geschaffen werden. Andere Gemeinden wie z. B. neun schleswig-holsteinische Städte schlossen sich der Initiative an, und der Westfälische Städtetag verlangte schließlich die eindeutige Festschreibung, daß die Unterhaltung der Volksschulen zu den Aufgaben des Staates gehöre, im Staatsinteresse liege und der Staat daher auch die finanziellen Konsequenzen übernehmen müsse. Ohne eine gründliche Reform der finanziellen Zuständigkeiten, ohne einen wirksamen Lastenausgleich sei ein Rückschlag des bisher glänzenden Aufschwungs im Schulwesen unabwendbar, was mit Blick auf die Heranbildung der Jugend für den Staat wie für die Gemeinden »ein Gegenstand ernster Sorge« sein müsse. Auch die großen westdeutschen Unternehmerverbände, selbst der rheinisch-westfälische Haus- und Grundbesitzerverein schlossen sich der Kampagne mit dem Argument an, die drückenden Volksschulkosten hätten zu einer Überbeanspruchung der Realsteuern geführt, wodurch besonders die Konkurrenzfähigkeit der Industrie ernsthaft in Frage gestellt werde.
Ein Vergleich verschiedener Bevölkerungs- und Finanzstrukturdaten aus »jungen« Industriestädten und reichen »Rentnerstädten« verdeutlicht die tatsächlich sehr beträchtlichen Unterschiede zwischen diesen beiden Extremen. Die Behauptung, die Qualität der Volksschulbildung eines Bürgers im Kaiserreich sei entscheidend auch davon abhängig gewesen, in welcher Stadt er zur Schule gegangen war, ist leicht zu stützen. Es zeigt sich nämlich, daß die schon in vieler Hinsicht benachteiligten Bewohner der »jungen« Industriestädte offenbar eine unter erheblich dürftigeren Bedingungen stehende Ausbildung als diejenigen andrer Städte genossen, wodurch sich die bestehenden sozialen Unterschiede noch verstärkt haben dürften. Wenn z. B. eine Stadt wie Herne die durchschnittliche Schülerzahl je Volksschulklasse nur auf den Stand hätte bringen wollen, wie er zum gleichen Zeitpunkt schon in der »alten« Industriestadt Elberfeld erreicht war, hätte sie insgesamt 42 neue Klassen einrichten und 66 neue Lehrer einstellen müssen (s. Tab. 8).[176]

Deutlich wird also, wenn man nicht nur die Extrempositionen vergleicht, sondern auch Daten aus älteren Industriestädten mit hinzuzieht, daß selbst zwischen den Industriestädten erhebliche Unterschiede bestanden und daß in den Gemeinden, die ihren Ausbau in der ersten Industrialisierungswelle zu Beginn der Frühindustrialisierungsperiode erlebt hatten wie Elberfeld und Barmen, verschiedene extreme Mißstände inzwischen wenigstens teilweise überwunden werden konnten. Ein Indiz dafür ist auch die Säuglingssterblichkeit: Im Jahre 1911 war Barmen von allen Industriestädten des Reiches die Stadt mit der niedrigsten Säuglingssterblichkeit (11,2 % der Lebendgeborenen), während die Ziffer in Herne, Gelsenkirchen, Essen aber auch in Berlin, München und Düsseldorf bei etwa 17 % lag und in Königshütte sogar 23 % erreichte.[177]

Insgesamt ergibt sich aus einem Vergleich der Haushaltsstrukturen unterschiedlicher Städtetypen, daß der ordentliche Etat in den »jungen« Industriestädten vor dem Ersten Weltkrieg fast zu 50 % von den Volksschulunterhaltungskosten und den Aufwendungen für den Tiefbau aufgezehrt wurde. Diese waren eine Folge des teuren Straßen- und Kanalisationsausbaus, den die Anlage schnell expandierender Arbeiterviertel und Industrieansiedlungen außerhalb des alten Ortskerns mit sich brachte und der von den »Verursachern« nur in ungenügendem Maße mitfinanziert wurde.[178] Aus den statistischen Angaben geht weiterhin hervor, daß die »jungen« Industriestädte auch bei der Aufnahme von Anleihen nicht mit der allgemeinen Entwicklung Schritt halten konnten, da ihre Garantien, die als Kriterien zur Bewilligung von Anleihen bei den Aufsichtsbehörden eine wichtige Rolle spielten, nur gering waren (s. Tab. 8). Zudem läßt sich nachweisen, daß die vergleichsweise niedrigen Anleihesummen zu drei Vierteln für dringende, aber nicht mehr aus dem ordentlichen Haushalt zu finanzierende Aufgaben wie z. B. den Schulbau benötigt wurden. »Werbende Zwecke« hatten hier nur einen geringen Anteil, während schon in den »alten« Industriestädten und erst recht in den Hauptstädten und Handelszentren das Verhältnis umgekehrt war (s. Tab. 9).

Die von Herne ausgehende Initiative der Gruppe der »armen« Städte ließ zwar in der Folgezeit in den zuständigen Ministerien erste Pläne zu einem staatlich gelenkten Lastenausgleich entstehen, jedoch beendete der Ausbruch des Ersten Weltkriegs alle derartigen Bestrebungen. Die Stellungnahme der Städte zu einer solchen

Lösung fiel aber nicht einmütig aus; so gab es frühzeitig bereits erhebliche Bedenken gegen eine vom Staat ausgehende Regelung, denn diese hätte zugleich einen größeren Einfluß auf das kommunale Schulwesen bedeutet, das von den Städten ausdrücklich als Teil ihrer Selbstverwaltungskompetenz betrachtet und verteidigt wurde.[179] Sie setzten den staatlichen Plänen den Plan eines kommunalen Zweckverbandes gegenüber, der intern einen Finanzausgleich herbeiführen sollte. Zwar seien die Städte, wurde immer wieder betont, »zur Übernahme von Geschäften für allgemein staatliche Zwecke und zu Vorableistungen zugunsten der Gesamtheit«[180] bereit, jedoch müßten erstens die anfallenden Kosten erstattet und zweitens die notwendigen Spielräume zur selbständigen Lösung der Probleme gewährleistet werden. Diese Überlegungen blieben aber ohne praktisches Ergebnis, wie auch die Versuche, eine »Deutsche Städtebank« bzw. eine »Geldvermittlungsstelle deutscher Großstädte« zur Lösung der Kommunalkreditprobleme zu gründen, nicht aus dem Stadium erster Entwürfe hinauskamen.[181]

5. Kommunale Bürokratie, Leistungsverwaltung und Sozialpolitik

Themen wie die genannten beherrschten seit den neunziger Jahren die Beratungen in den verschiedenen regionalen Städtetagen und seit seiner Gründung im Jahre 1905 auch die Tagesordnung des wichtigsten kommunalen Spitzenverbandes, des Deutschen Städtetages.[182] Durch eine gezielte Öffentlichkeitsarbeit und vielfältige Aktionen sowie in Petitionen an die Landtage, den Reichstag und den Bundesrat machten diese Verbände auf die Probleme der Städte aufmerksam und unterbreiteten Lösungsvorschläge, auch wenn die Resonanz auf das Vorgehen Hernes im Jahre 1911 zeigt, daß sich bestimmte Städte durch die Städtetage offenbar nicht in jeder Problemlage ausreichend vertreten und deshalb zu eigenständigen Aktionen herausgefordert fühlten. Die Entstehung von Städtetagen reicht bis in die frühen sechziger Jahre zurück, als sich seit 1863 ein Städtetag schlesischer Städte regelmäßig zu treffen begann. Ihm folgten kurze Zeit später nach verschiedenen Vorläufen ein Sächsischer und 1866 ein Hannoverscher Städtetag. Weitere Provinzial- und Landeszusammenschlüsse von Städten und Gemeinden in anderen Regionen Deutschlands traten hinzu, ehe es 1896 auch in den beiden größten deutschen Staaten Preußen und Bayern zur Gründung mehr oder weniger lockerer Dachverbände und schließlich 1905 auf Initiativen aus dem Preußischen Städtetag und nach einem ersten gesamtdeutschen Treffen von offiziellen Delegierten der Städte aus Anlaß einer Städteausstellung 1903 in Dresden zur Konstituierung eines Reichsverbandes mit Sitz in Berlin kam. Mitglied dieses Deutschen Städtetages konnte jede Stadt werden, die mindestens 25 000 Einwohner zählte; 144 von etwas mehr als 150 in Frage kommenden Städte traten dem neuen Verband sofort bei, außerdem verschiedene regionale Städtevereinigungen, so daß er seit seiner Entstehung eine recht machtvolle Interessenvertretung war.[183]

Hinter den ersten Gründungen von Städtetagen hatte – neben dem erwachenden Selbstbewußtsein der Kommunalbeamtenschaft – zunächst das Bedürfnis nach Erfahrungsaustausch über die mit der beschleunigten Verstädterung unübersehbar gewordenen wirtschaftlichen, sozialen und verfassungsrechtlichen Probleme gestanden. Es sei nur natürlich, schrieb 1882 der Sozialreformer Victor Böhmert, »daß die Gemeindebehörden, um ihren wachsenden Aufgaben zu genügen, einer vielseitigen Prüfung neuer Ideen und des Austausches der Ansichten und Erfahrungen mit den zu gleicher Arbeit berufenen Männern« bedürften.[184] Städte- und Gemeindetage seien die »Pflanz- und Pflegestätten für solchen Austausch«, sie wurden zunächst als ein »notwendiges Correlat der communalen Selbstverwaltung« angesehen.[185] Allerdings zeigten die folgenden Jahrzehnte, daß zugleich auch ein wachsender Solidarisierungstrend der Städte gegenüber der staatlichen Bürokratie die weitere Entwicklung bestimmte. Die Gründung des Allgemeinen Preußischen Städtetages im Jahre 1896 wurde darum von staatlicher Seite mit entsprechend großem Argwohn beobachtet, weil man hier »das Gespenst communaler Autokratie« und einen Nährboden eines immer weiter ausgreifenden »Drang(es) nach freier Selbstbestimmung der Städte« zu sehen glaubte.[186] Dem Vorwurf städtischer »Selbstüberhebung« setzten die Städtevertreter den Vorwurf mangelnder Kenntnis der städtischen Probleme in den Ministerien entgegen. Trotz der ihnen verbrieften Selbstverwaltungsmöglichkeiten und der durch die verschiedenen Steuerreformen der neunziger Jahre gewährten weitgehenden Finanzautonomie war das Verhältnis zwischen Staat und Städten gespannt, was immer wieder besonders im Zusammenhang mit dem »oftmals extensiv und politisch gehandhabten Bestätigungsrecht des Staates zur Wahl der Magistratsmitglieder«, besonders der Oberbürgermeister, zum Ausdruck kam.[187]

Die Städtetage, besonders die großen kommunalen Spitzenverbände waren jedoch gegen Ende des 19. Jahrhunderts nicht nur Ausdruck jener Solidarisierung einer unteren, aber partiell eigenständigen Verwaltungsebene zur Abwehr der Eingriffe höherer Verwaltungsebenen in ihre Kompetenz, sondern lassen sich auch als Bühne einer spezifischen bürgerlichen Elite des Kaiserreichs interpretieren, die einerseits zwar als Teil der Beamtenschaft fest in den Staat eingebunden war, sich andrerseits jedoch zugleich als Verteidigerin eines selbstbewußten städtischen Bürgertums gegenüber den Gängelungs- und Nivellierungsversuchen eines autoritären Staates verstand. Insofern können die Städteorganisationen wenigstens z. T. auch, ähnlich wie die meisten anderen Interessenverbände der Zeit[188], als Ausdruck des Selbstbehauptungswillens im Bürgertum gesehen werden. Sie entsprangen im Grunde aus einer Weiterentwicklung der oben erwähnten »Komplementärfunktion« der Gemeinden zum Staat.[189]

Da sich die Herausbildung dieser Elite, bestehend in erster Linie aus den Oberbürgermeistern und den führenden Magistratsmitgliedern, Stadträten und Beigeordneten, im wesentlichen in den sechziger und frühen siebziger Jahren vollzogen hatte, war und blieb sie auch nach Bismarcks antiliberalem Schwenk 1878 eine Domäne des Nationalliberalismus.[190] Die höheren Staatsämter dagegen wurden meist politisch (frei-)konservativ orientierten Männern übertragen, so daß die Berufung eines Nationalliberalen wie Miquel zum Minister zu Beginn des »Neuen Kurses« als besondere politische Geste zu beurteilen ist. Die erwähnte Spannung zwischen den Verwaltungsebenen besaß folglich auch eine parteipolitische Dimension, denn da den verdienstvollen nationalliberalen Parlamentariern nur in Ausnahmefällen im Kaiserreich der Aufstieg in der staatlichen Beamtenhierarchie möglich war, wurde ihnen statt dessen im Posten des Oberbürgermeisters »ein recht selbständiges, anspruchsvolles, dem Ansehen und Einkommen nach stattliches Verwaltungsamt geboten«.[191] Auf diese Weise kam es z. B. zur Bildung einer eigenen, wenn auch kleinen nationalliberalen Oberbürgermeistergruppe im preußischen Herrenhaus; vor allem aber besaßen die meisten großstädtischen Verwaltungsspitzen gute Verbindungsdrähte zu den liberalen Fraktionen im Reichstag und in den Landtagen.

Die Gruppe der Oberbürgermeister[192] erlebte den Urbanisierungsprozeß in besonderem Maße als Herausforderung und verstand den planerischen Eingriff in den ablaufenden Wandel wie die verwaltungsmäßige Lenkung der Entwicklung als schöpferische Tat.[193] War der Freiherr vom Stein in seiner Nassauer Denkschrift aus dem Jahre 1808 noch davon ausgegangen, daß ein solches Amt ortsansässige »geachtete, rechtliche, einsichtsvolle und geschäftskundige Männer« übernehmen sollten[194], war diese anfänglich beachtete Regel mit dem Rückzug der alten Honoratiorenfamilien aus der Kommunalpolitik mehr und mehr aufgegeben worden. Zudem drängten auch die Staatsbehörden, die sich in Preußen wie in Bayern, Baden und anderen Bundesstaaten das Recht der Bestätigung der führenden städtischen Beamten vorbehalten hatten, angesichts der wachsenden Aufgaben der Gemeindeverwaltung darauf, einen juristisch gebildeten, mit der Befähigung zum Richteramt versehenen und in Verwaltungsangelegenheiten versierten Mann zu wählen. Entsprechend setzte sich bis zum Ende des 19. Jahrhunderts für das Oberbürgermeisteramt das Sozialprofil des »juristisch geschulten, häufig promovierten, auswärtigen Beamten von gehobener bürgerlicher Herkunft mit dem Charakter des Reserveoffiziers« durch.[195]

Auch wenn die Oberbürgermeister zumeist – allerdings mit bezeichnenden Ausnahmen wie z. B. lange Zeit in Münster – keine Einheimischen waren, mußte ihnen doch daran gelegen sein, möglichst rasch nach ihrem Dienstantritt in eine engere Verbindung zu den lokalen Machteliten zu treten, die ihrerseits versuchten, den neuen Amtsinhaber für sich zu gewinnen, um ihren Einfluß auf die Kommunalpolitik, wenn schon nicht mehr wie im älteren Honoratiorenregiment direkt, so doch wenigstens indirekt weiter ausüben zu können. Der übliche Weg zur Anknüpfung solcher Verbindungen – neben der durchaus nicht seltenen Einheirat des Oberbürgermeisters in das örtliche Wirtschaftsbürgertum oder der standesgemäßen Verheiratung von Töchtern und Söhnen in der lokalen Oberschicht – war der Beitritt zur jeweiligen exklusiven Honoratiorenvereinigung am Ort. Diese meist traditionsreichen Bürgergesellschaften, die es nahezu in allen größeren Städten gab, behielten dadurch ihre Funktion eines Kommunikationszentrums, wo die Hauptlinien der Kommunalpolitik bereits vorstrukturiert wurden. Allerdings konnte der Oberbürgermeister nur dann zu einer mächtigen Autoritätsfigur werden, wenn er sich von diesen Kreisen nicht völlig vereinnahmen ließ, sondern auch den Kontakt zu den anderen politischen oder weltanschaulichen Gruppen fand und auf diese Weise versuchte, sich als Repräsentant der gesamten städtischen Gesellschaft, zumindest der im Stadtparlament vertretenen, zu empfehlen. Da er zugleich auch Chef eines seit den siebziger Jahren ständig vergrößerten und differenzierter gewordenen Verwaltungsapparats sowie der ranghöchste und als solcher offiziell bestätigte Vertreter des Staates in der jeweiligen Gemeinde war, konnte er mit einiger Geschicklichkeit und Flexibilität alle drei Bereiche, die er vertrat, gegeneinander ausspielen und so seine Machtposition ausbauen – das gelang ihm um so nachdrücklicher, je größer die von ihm geleitete Stadt war, denn in den mittelgroßen und erst recht in den kleineren Städten war die Möglichkeit, sich gegenüber den vorgesetzten Staatsbehörden (Regierungspräsidium, Landratsamt), den örtlichen Eliten und politischen Strömungen eine weitgehende Unabhängigkeit zu erhalten, selbstverständlich nicht in dem gleichen Maße gegeben wie in den großen Haupt- und Handelsstädten einerseits und den inzwischen in einen Zustand der Konsolidierung eingetretenen Industriemetropolen andrerseits.

Eine solche chancenreiche Stellung in einer Großstadt, die es einer Reihe von »großen« Oberbürgermeistern erlaubte, ihre Stadt geradezu wie »kleine Könige« zu regieren, konnten die kommunalen Spitzenpolitiker dazu benutzen, sich das Image eines über den Parteien und sozialen Schichten stehenden, vermeintlich unpolitischen Verwaltungsfachmanns zu verschaffen, der nur das Wohl der Allgemeinheit vor Augen hatte. Durch eine geschickte Auswahl der ihnen zur Seite stehenden Beigeordneten und Ressortleiter schufen sie sich vor allem gegenüber den Stadtverordnetenversammlungen einen »brain trust«, dessen Argumente und Planungsvorlagen meist schwer zu widerlegen waren. Mit einer solchen Rückendeckung vermochten sie es durchaus nicht selten, den in den Stadtparlamenten massiv vorgetragenen Partikularinteressen der örtlichen Unternehmerschaft und Haus- und Grundbesitzerkreise entgegenzutreten und die Belange der in Preußen z. B. durch das Dreiklassenwahlrecht unterrepräsentierten Schichten wenigstens teilweise zu vertreten.[196] Zusammen mit ihren beamteten Mitarbeitern und sonstigen Fachleuten leiteten sie in einer

Reihe von Bereichen endlich auf breiterer Front die praktische Umsetzung der von bürgerlichen Sozialreformern seit Jahrzehnten mit bisher nur mäßigem Erfolg geforderten Verbesserungen der großstädtischen Lebensverhältnisse ein.[197] Daß hierbei die erwähnten unterschiedlichen Strukturbedingungen von Stadt zu Stadt den jeweiligen Gestaltungsspielraum bestimmten, ist ebenso selbstverständlich wie die Tatsache, daß es von der persönlichen Qualifikation der Spitzenbeamten und ihrer Handlungsbereitschaft abhing, in welchem der vielen anstehenden Problembereiche sie sich besonders engagierten.

Zur Charakterisierung der solcherart sich wandelnden Leistungsbereitschaft bei den städtischen Spitzenfunktionären und der damit verbundenen Ausdehnung der kommunalen Daseinsvorsorge seit den siebziger Jahren (s. Tab. 9.1), besonders aber gegen Ende des Jahrhunderts, hat sich der Begriff »Munizipalsozialismus« eingebürgert.[198] Er bezeichnet das lokale Pendant zum sog. »Staatssozialismus«, den – ausgehend von Gedanken Karl Rodbertus' – vor allem der »Kathedersozialist« Adolph Wagner vertreten hat. Der Staat – so Wagner – höre immer mehr auf, einseitig nur Rechtsstaat zu sein und dehne »seine Leistungen auf dem Gebiete des *Kultur- und Wohlfahrtszwecks* . . . beständig mehr aus«[199], wobei Wagner diesen Trend sowohl auf der allgemeinen Ebene der Staatsführung als auch auf der lokalen der Kommunen zu beobachten glaubte. Der – gerade auch wirtschaftlich – erfolgreiche Ausbau der »Städtetechnik«, die Konsolidierung und Ausdifferenzierung des kommunalen Berufsbeamtentums und die im ganzen ungebrochene und durch die Lehre Gneists neu mit Sinn versehene traditionelle Vorstellung von der genossenschaftlichen Basis der kommunalen Selbstverwaltung waren für die Übernahme bzw. »recht reibungslose Rezeption des Begriffs Munizipalsozialismus in Deutschland« ausschlaggebend.[200] Im Gegensatz zu England, wo seit den frühen achtziger Jahren das Konzept des Munizipalsozialismus von der »Fabian Society« geradezu als Hebel für eine sozialistisch-reformistische Umgestaltung der gesamten Gesellschaft propagiert wurde, fehlte in Deutschland jedoch eine solche »sozialistische« Zuspitzung weitgehend. Sie hätte auch dem Denken der vorwiegend nationalliberal, freisinnig oder freikonservativ eingestellten Kommunalbeamtenschaft nicht entsprochen. Statt dessen bezeichnete hier der – oft eher polemisch gemeinte – Begriff die sich immer weiter verstärkenden Bestrebungen der städtischen Verwaltungen, möglichst alle noch privat betriebenen städtischen Monopolbetriebe in kommunale Hand zu übernehmen, damit den gesamten Bereich der Versorgung und des öffentlichen Verkehrs zentral zu lenken und darüber hinaus eine große Zahl neuer Einrichtungen mit gesundheitspolitischen, sozialen und kulturellen Zielen zu schaffen, um auf diese Weise die städtischen Einwohner mit einem sich ständig ausweitenden System öffentlicher Leistungen bedienen zu können. Die Daseinsvorsorge, die zunächst – wie das Beispiel des Elberfelder Systems gezeigt hat – recht eng im Bereich der Unterschichtenfürsorge moderne Formen angenommen hatte und gleichzeitig von der entstehenden »Städtetechnik« ausgegangen war, wurde mehr und mehr ausgedehnt und umfaßte schließlich die Gesamtheit aller »öffentlichen Gemeindeanstalten«, die dem »öffentlichen Interesse« dienten.[201] Eine genaue Definition, was unter dem »öffentlichen Interesse« zu verstehen sein sollte, läßt sich jedoch nicht finden; die Offenheit des Begriffs war zugleich Ausdruck des Handlungsspielraums, der mit ihm gegeben war: Elemente der älteren »Gemeinwohl«-Vorstellung verschmolzen hier jedenfalls mit auf Systemstabilisierung ausgerichteten Reformzielen und polizeirechtlichen Motiven.[202] Die umfassende Verbesserung der städtischen Lebensqualität sowohl für die Unterschichten als auch gerade für die Mittel- und Oberschichten war dabei durchaus eine der wichtigsten Stoßrichtungen zur Ausweitung des Daseinsvorsorge-Konzepts.

Das ehemals von einer geschlossenen Bürgergemeinde ausgehende Selbstverwaltungsprinzip blieb von diesen Veränderungen nicht unberührt. An die Stelle der besonders von Gneist betonten Vorstellung, nach der das ehrenamtliche Engagement des städtischen Bürgers der Kern der Selbstverwaltung sein sollte, trat nun vor allem in den Großstädten das Selbstbewußtsein der führenden Funktionäre in der Kommunalbürokratie mit seiner »munizipalsozialistischen« Ausrichtung. Ihr Tätigkeitsfeld war nicht mehr die Bürgergemeinde, sondern die in sich differenzierte Einwohnergemeinde aller Stadtbewohner. Wenn sich auch in manchen Mittel- und Kleinstädten, in den »Rückzugsgebieten der älteren Gesellschaftsordnung«[203], die herkömmliche Honoratiorenselbstverwaltung noch eine Zeitlang behaupten konnte, wurde doch immer offensichtlicher, daß nur eine moderne Bürokratie die sich ausdehnende Leistungsverwaltung in den Städten auf Dauer bewältigen konnte. Aus der Einsicht in diesen Wandel und die damit verbun denen Herausforderungen entwickelte sich um die Jahrhundertwende in Ansätzen ein über Gneist deutlich hinausgehendes, neues Selbstverwaltungsideal, das – wie in den Schriften von Hugo Preuß – die Errungenschaften der großstädtischen Daseinsvorsorge ebenso wie die – zwar noch nicht realisierte, aber anzustrebende – Demokratisierung des Stadtregiments als Ansatzpunkte ansah, von denen eine »Urbanisierung« des gesamten Gesellschaftslebens ausgehen sollte.[204] Nach Preuß waren die großen Städte lediglich Inseln einer »urbanen Kultur«, die eine starke Ausstrahlungskraft auf den gesamten Staat und seine Strukturen besaß. Die durch das Dreiklassenwahlrecht in weiten Teilen des Reiches in den Stadtparlamenten festgeschriebene bürgerliche Dominanz, welche die Nationalliberalen trotz einzelner Reformvorschläge letztlich nicht angetastet sehen wollten, wurde von Preuß unter dem Eindruck neuerer Darstellungen des »Local-Government«-Systems in Großbritannien und der Ziele des englischen Munizipalsozialismus zunehmend in Frage gestellt.[205] Wenn auch eine solche Weiterentwicklung der Selbstverwaltungsidee in der festgefahrenen Situation vor dem Ersten Weltkrieg keine Realisierungschance hatte, zeigt sich an der Forderung, den Gemeinden eigene Hoheitsrechte zuzugestehen, die dann von demokratisch aus der gesamten Einwohnergemeinde gewählten Gremien wahrgenommen werden sollten, der Versuch, die machtvolle Position der Städte im Gesellschaftsgefüge des späten Kaiserreichs zu einem Ausbau des Parlamentarismus »von unten« zu nutzen und dazu auch die sozialistische Arbeiterbewegung als Bundesgenossen zu gewinnen.

Erheblich erfolgreicher war der zweite Aspekt des Munizipalsozialismus in Deutschland, der parteipolitisch weniger verfänglich und z. T. geradezu bewußt neutral war. Die sich seit den sechziger Jahren auf breiter Front durchsetzende »Städtetechnik« verbesserte nicht nur ihr schon vorhandenes Angebot und versorgte oder entsorgte immer größere Teile der Bevölkerung, sondern schuf sich mit der Gründung von Elektrizitätswerken und in städtischer Regie betriebenen Verkehrsunternehmen auch bedeutsame neue Betätigungsfelder (s. Tab. 9.2).[206] Während sich bei den bisher ausgebauten Bereichen Gasversorgung, Kanalisation, Trinkwasserversorgung sowie den Schlacht- und Viehhöfen die Dominanz des öffentlichen Interesses am Betrieb der Anlagen gegenüber einer Überlassung an private Unternehmer relativ leicht begründen ließ, war dies in jenen neu aufgegriffenen Bereichen nicht mehr so ein-

fach. Im kommunalpolitischen Engagement für die neuen Regie-
betriebe spiegelte sich daher der erwähnte verstärkte Expansions-
drang der Kommunalbürokratie wider, der sowohl auf die Erschließung neuer Einnahmequellen als auch auf eine zentrale
Steuerung der gesamten kommunalen Energie- und Verkehrspolitik zielte. Die technischen Voraussetzungen hatte vor allem Werner v. Siemens durch die Erfindung und ständige Verbesserung der
Dynamomaschine seit den sechziger Jahren geliefert[207]; 1879
führte er zudem auf einer Industrieausstellung in Berlin die erste
elektrisch betriebene Straßenbahn vor. Waren es zunächst nur einzelne Industriebetriebe, die für den Eigenbedarf elektrische Energie erzeugten, erwachte bezeichnenderweise als erstes in zwei
»alten« Industriestädten, nämlich in Elberfeld und Barmen, der
Wunsch, eine kommunale Stromversorgung einzurichten. Die von
durchaus florierenden textilindustriellen Klein- und Mittelbetrie-
ben geprägte Wirtschaftsstruktur dieser beiden Städte bot gute
Chancen für eine breit gestreute Stromabnahme, da hier der Elek-
tromotor eine Investition war, die sich viele Betriebe leisten konnten, nicht aber die Einrichtung einer eigenen elektrischen Kraftsta-
tion.[208] Zugleich war der städtische Haushalt dieser beiden Städte
im Vergleich zu den meisten »jungen« Industriestädten aus den bereits erwähnten Gründen deutlich solider fundiert und bot insofern auch den finanziellen Spielraum zur Gründung einer kommunal betriebenen Stromversorgung. 1887 erhielt Elberfeld, ein Jahr
später die Nachbarstadt Barmen die ersten städtischen Elektrizitätswerke, die in Preußen eingerichtet wurden[209]; bis 1892 folgten
Hannover, Breslau, Kassel, Köln, Düsseldorf, Altona, Remscheid
und Frankfurt am Main. Andere Städte, besonders in Ballungsräumen wie im Ruhrgebiet, im Münchener Raum und in Oberschlesien, wählten in der Folgezeit dagegen den Weg, Mitglied in
gemischtwirtschaftlichen Verbundsystemen zu werden oder die
Stromversorgung großen Konzernen zu überlassen, wobei sie sich
aber in den Konzessionsverträgen erhebliche Mitspracherechte
und Gewinnbeteiligungen sicherten.[210]

Der Posten »öffentliche Beleuchtung« besaß übrigens beim
sprunghaft zunehmenden Stromverbrauch in den Großstädten nur
einen geringen Anteil; die technisch ständig verbesserte Gasbe-
leuchtung konnte sich noch lange Zeit behaupten.[211] Es dominierten der industriell verwendete Nutzstrom und der Verbrauch für
den seit Beginn der neunziger Jahre elektrifizierten Straßenbahn-

betrieb. Öffentliche Pferdebahnen und Pferdeomnibusse, die zunächst meist von privaten Unternehmern unterhalten wurden, waren – nach Anfängen in Berlin bereits in den vierziger Jahren – durchgängig seit den Anfangsjahren des Kaiserreichs in allen größeren Städten eingerichtet worden.[212] Die neuen großen Elektrizitätswerke ermöglichten jetzt ihre Umstellung auf die neue Energie und zugleich – zumal immer mehr Betriebe kommunalisiert wurden – die Modernisierung des gesamten Nahverkehrs. Die Leistungsfähigkeit des neuen Verkehrsmittels wurde von den führenden Kommunalbeamten recht schnell erkannt und genutzt, um mit seiner Hilfe Einfluß auf die Innenstadt- und Vorortentwicklung zu nehmen, die Pendlerströme zu beeinflussen und auf solche Weise durchaus auch, z. B. durch die Tariffestsetzung, sozial- und wirtschaftspolitische Ziele durchzusetzen.[213] Die bisher schon vorhandene Mobilität der Bevölkerung und besonders des Arbeitskräftepotentials erhöhte sich durch diese Modernisierung des Nahverkehrs und verbesserte den ohnehin schon schnellen Austausch zwischen den Vororten und den Stadtkernen. Die Eingemeindungswelle, die vor allem im Jahrzehnt nach der Jahrhundertwende ihren Höhepunkt erreichte (s. Tab. 6)[214], dürfte von dieser Entwicklung erhebliche zusätzliche Impulse erhalten haben.

Die Begriffe Munizipalsozialismus und Daseinsvorsorge bezogen sich jedoch nicht allein auf die sich erheblich ausweitende »Städtetechnik«, sondern zugleich auf die verstärkten Bemühungen der Städte um die Gesundheit ihrer Einwohner ebenso wie um den Ausbau der kulturellen und Bildungsangebote. Die Stadthygiene, die von der Verbesserung der Kanalisation und der Trinkwasserversorgung ausgegangen war und hier rasche Fortschritte gemacht hatte und weiter machte, wurde durch eine breite Palette zusätzlicher gesundheitspolitischer Maßnahmen ergänzt und geradezu zu einer große Beachtung findenden Bewegung ausgebaut: der »Sozialen Hygiene«. Viele der jetzt in Angriff genommenen Maßnahmen waren bereits seit über einem halben Jahrhundert von einzelnen bürgerlichen Sozialreformern gefordert worden[215]; nun setzte sich nach dem Erlaß der großen Versicherungsgesetze der achtziger Jahre, die zunächst ja nur dem einzelnen Arbeiter zugute kamen, die immer mehr Anhänger gewinnende Erkenntnis durch, daß »die Verallgemeinerung dieser Einrichtungen auf andere große Schichten der Bevölkerung, die nichtversicherten Männer, die Frauen und Kinder, ... des Eintretens anderer leistungsfähiger

Stellen (bedurfte und daß dies) nur die Gemeindeverwaltungen sein (konnten)«.[216]

Zwar lassen sich aufgrund der Forschungslage bisher weder die Folgen jener Versicherungsgesetze für die Arbeiterschaft noch die Ergebnisse der kommunalen Gesundheitsfürsorge für die städtische Bevölkerung genau ermessen[217], jedoch vollzog sich in den letzten zwei Jahrzehnten des 19. Jahrhunderts im Gefolge dieser »sozialen Innovationen« der Schritt in Richtung auf eine umfassende und zielbewußt vorwärtsgetriebene Medikalisierung der Bevölkerung. Die Zahl der im öffentlichen Dienst der Städte und Kassen stehenden Ärzte und des sonstigen »Gesundheitspersonals« stieg sprunghaft an; ihr Einfluß ebenfalls! Vor allem aufgrund dieser Entwicklung wuchs die Relation Ärzte/Einwohner von 35 Ärzten je 100000 Einwohner im Jahr 1885 auf 51 im Jahr 1913 bei einer gleichzeitig zweieinhalbfachen Vergrößerung des Angebots an Krankenhausbetten.[218] Spitzenreiter des Zuwachses an Medizinern waren die Zahnärzte, deren Zahl sich in diesem Zeitraum verzwanzigfachte. Allerdings sind hier – wie überhaupt bei all diesen Angaben zur Ausbreitung der Daseinsvorsorge – immer die Unterschiede von Stadt zu Stadt, von Stadt zu Land und zwischen den einzelnen Regionen des Deutschen Reiches, die weit auseinanderklaffen konnten, zu berücksichtigen. So kamen zwar 1911 auf 10000 Großstädter fast zehn Ärzte, auf 10000 Bewohner von Gemeinden unter 10000 Einwohnern dagegen weniger als drei Ärzte.[219]

Einzelne Großstädte wie Berlin und Charlottenburg, München, Karlsruhe und Düsseldorf, aber auch die wegen ihrer niedrigen Säuglingssterblichkeit bereits hervorgehobene Stadt Barmen wurden um 1900 unter dem Einfluß einiger besonders engagierter Mediziner zu Zentren sozialhygienischer Bemühungen. Diese bezogen sich – abgesehen von der allgemeinen Gesundheitsfürsorge (Kanalisation, Badeanstalten, Desinfektionseinrichtungen u. ä.) – auf den Bau von kommunalen Krankenhäusern und Sanatorien, auf die Durchführung spezieller Fürsorgemaßnahmen für werdende Mütter, Säuglinge und Kleinkinder, für Geschlechts- und Lungenkranke sowie Alkoholiker, auf den Ausbau der Schulgesundheitspflege zur Bekämpfung typischer »Schulkrankheiten« und die allgemeine gesundheitliche Überwachung der Schulkinder usw.[220]

Im Mittelpunkt der sozialhygienischen Bestrebungen, die fast ausschließlich von den Verhältnissen in den Großstädten ausgingen, stand in erster Linie die Abwendung von gesundheitlichen Gefährdungen der städtischen Unterschichten und der Industriearbeiterschaft, doch kamen hiervon ausgehend mehr und mehr auch die gesundheitlichen Verhältnisse der übrigen Gesellschaftsschichten in den Blick. Die kommunale Selbstverwaltung, die diese Form des Eingreifens und Lenkens ermöglichte, vor allem aber die munizipalsozialistisch orientierte Kommunalbürokratie realisierte in diesem Bereich, in dem sie aktiv die Lebensbedingungen der Menschen in den Städten zu beeinflussen suchte, im Grunde vorweg einen Teil späterer sozialstaatlicher Aufgaben. In der Weimarer Republik führte dies zu sehr bezeichnenden Auseinandersetzungen.

Die Soziale-Hygiene-Bewegung wurde partiell von verschiedenen weiteren bedeutenden Verbänden lebhaft unterstützt, z. B. von der »Centralstelle für Arbeiterwohlfahrtseinrichtungen«, von den kirchlichen und verschiedenen sonstigen Jugendorganisationen, vom »Zentralverein für das Wohl der arbeitenden Klassen«, vom »Centralausschuß zur Förderung der Jugend- und Volksspiele« usw. Volksheime und Volksparks, Turnhallen, Sport- und Spielplätze wurden auf Initiative solcher privater Vereinigungen mit städtischer Hilfe eingerichtet und sollten sowohl der allgemeinen Gesundheitspflege besonders des Nachwuchses als auch der »Stärkung der vaterländischen Wehrkraft« dienen.[221] Ziele wie das letztgenannte haben aber, trotz einer zunehmend sozialdarwinistischen Ausrichtung, die führenden Sozialhygieniker, die übrigens teilweise Anhänger der Sozialdemokratie waren, kaum vertreten. Sie betrachteten, so Alfred Grotjahn, ihren Tätigkeitsbereich als »eine Zone des Burgfriedens . . ., auf der die verschiedenen politischen und sozialpolitischen Faktoren gern und unbeschadet ihrer sonstigen Differenzen zu gemeinsamer Betätigung zusammenfinden« konnten.[222]

Die starke Expansion der kommunalen Leistungsverwaltung spiegelt sich in den Pro-Kopf-Ausgaben der Großstädte für Bildung, Gesundheit, Verkehr und für die städtischen Betriebe deutlich wider, wobei auch die zeitlichen Stufen des Engagements für diese Bereiche sichtbar werden (s. Tab. 9.1).[223] Wie stark an der Finanzierung dieser Ausgaben die bereits erwähnte »liberale Schuldenwirtschaft« beteiligt war, zeigt die Versechsfachung der Pro-Kopf-Aufwendungen für den Schuldendienst in den zwanzig

Jahren von 1891 bis 1911.[224] Durch dieses Engagement überflügelten die Ausgaben der Gemeinden seit etwa 1890 die der Bundesstaaten, wobei es vor allem die Personalausgaben waren, die zu Buche schlugen: Zahlenangaben aus einzelnen Städten belegen das quantitative Wuchern der Kommunalbürokratie eindrucksvoll. So stieg z. B. in Mannheim die Gesamtzahl des städtischen Personals von 48 im Jahr 1870 auf 1127 1906, während sich die Bevölkerung nur vervierfachte.[225] Die im selben Zeitraum nur noch langsam wachsende »alte« Industriestadt Barmen – ihre Bevölkerung wuchs von 1871 bis 1910 um etwas mehr als das Doppelte – beschäftigte zu Beginn des Kaiserreichs 21 Beamte in der Hauptverwaltung und vier in der Bauverwaltung, hinzu kam ein unbesoldeter Beigeordneter. Vierzig Jahre später verzeichnete der Barmer Verwaltungsbericht zwei unbesoldete und vier besoldete Beigeordnete, 338 Büro- und Kassenbeamte, 146 technische und Betriebsbeamte, außerdem 850 städtische Arbeiter.[226] Daneben gab es hier über 500 Ehrenbeamte, die vor allem in der Armenfürsorge, in Gewerbegerichten, Einigungsämtern und städtischen Kommissionen, besonders in der Schulkommission, tätig waren. Ein Überblick über die 110 größeren preußischen Städte aus dem Jahr 1908 zeigt, daß in diesem Zeitraum den rund 45 000 besoldeten Beamten und Angestellten insgesamt etwa 37 000 Ehrenbeamte zur Seite standen.[227] Sie rekrutierten sich jetzt nicht mehr nur aus dem Honoratiorenbürgertum, sondern zunehmend auch aus der Mittelschicht und gelegentlich auch bereits aus der Arbeiterschaft[228]; die soziale Basis der Selbstverwaltung verbreiterte sich also auf diese Weise allmählich. Wenn man die Selbstverwaltungsgremien der Allgemeinen Ortskrankenkassen und ähnliche Ausschüsse, die im Zuge der allgemeinen Verrechtlichung der sozialen Beziehungen eingerichtet worden waren, mitberücksichtigt, wird deutlich, daß die Urbanisierung zugleich auch erweiterte Partizipationschancen für immer mehr Menschen und eine wachsende (sozial)politische Beteiligung im lokalen Raum mit sich gebracht hat. Dadurch wurden zwar die Streitpunkte zwischen den traditionellen Eliten und den neuen Elementen im kommunalpolitischen Alltag größer; andrerseits sorgten die Institutionalisierung der Konfliktaustragung, die verbreiterte Kenntnis der politischen und sozioökonomischen Zusammenhänge und die häufigere Kommunikation zwischen den Vertretern unterschiedlicher sozialer Gruppen für eine wachsende Bereitschaft zur partiellen Zusammenarbeit und zum Kompromiß.

Auch insofern läßt sich behaupten, daß sozialstaatliche Spielregeln in den Städten vorgeformt worden sind und die qualitativen Folgen der Verstädterung ein Bündel an Regelungs- und Bewältigungsstrategien provozierten, die später auf den Staat als Ganzen übertragen wurden.

Wie sehr vor dem Ersten Weltkrieg die gesellschaftliche Dynamik von der unteren der drei Gebietskörperschaften ausging, geht auch daraus hervor, daß das Wachstum der öffentlichen Ausgaben für – so Adolph Wagner – »Leistungen auf dem Gebiete des Kultur- und Wohlfahrtszwecks« in den Gemeinden am größten war[229]: Während das durchschnittliche Wachstum der gesamten öffentlichen Ausgaben im Deutschen Reich in den letzten zwei Jahrzehnten vor dem Kriegsausbruch jährlich bei 2,6 % lag, steigerten die Gemeinden ihre Ausgaben jährlich um 4,1 %; dagegen nahmen die Reichsausgaben um 3,2 % und die der Bundesstaaten nur um 1,7 % zu.[230] Bei dem Anwachsen des Anteils der öffentlichen Ausgaben am gesamten Volkseinkommen zwischen 1891 und 1913 um 4 %-Punkte von etwa 13 % auf über 17 % (berechnet nach Preisen von 1913) hatten die Städte – und hier ohne Frage die Großstädte – einen weit überdurchschnittlichen Anteil. Das änderte sich erst nach dem Ersten Weltkrieg zugunsten der Ausgaben des Reichs, als sich infolge des vom Kriege hervorgerufenen »displacement effect« die »Anziehungskraft des größeren Etats« durchsetzte und die Spielräume der Gemeindehaushalte erheblich beschnitten wurden.[231]

6. Politische Partizipation und das Eindringen der Parteien im kommunalen Raum

Der oben konstatierten Zunahme von Berührungspunkten von immer mehr Stadtbewohnern mit den verschiedenen Selbstverwaltungsaufgaben im Rahmen ihrer Gemeinde steht die Tatsache gegenüber, daß die im engeren Sinn politische Partizipation, d. h. die gleichberechtigte Mitsprache aller städtischen Schichten und Gruppen in den Stadtparlamenten, durch die Bestimmungen des Klassenwahlrechts nur sehr verzögert erweitert wurde. Trotz gewisser Veränderungen blieb bis 1913 das Kommunalwahlrecht in den einzelnen Bundesstaaten »mit seiner Vielzahl von variablen Einschränkungen und Bevorzugungen wie Zensus, Armenrechtsparagraph, Wahlrecht von Aktiengesellschaften, Drittelung oder

Zwölftelung des Steueraufkommens, Hausbesitzerparagraph und offener Stimmabgabe« ein Instrument bürgerlicher Vorherrschaft.[232] Die Einflußmöglichkeiten der Ehrenbeamten beschränkten sich im wesentlichen auf den sozialpolitischen Bereich; hier waren ihr Engagement und ihr Sachwissen gefragt, und ihre Tätigkeit sollte dem reibungsloseren Funktionieren der als weitgehend unpolitisch verstandenen Notwendigkeiten der Gemeindeverwaltung dienen.

Die schärfste Ausprägung und die bemerkenswertesten Folgen besaß das Klassenwahlrecht in Preußen. Nach einer Vorstufe in der Rheinprovinz seit 1845 war hier 1849/50 für die Abgeordnetenhauswahlen und in den Städteordnungen und Gemeindewahlgesetzen der folgenden Jahre auch für die Wahlen zu den Stadt- und Gemeindeparlamenten das Dreiklassenwahlrecht eingeführt worden. Ein Dreiklassenwahlrecht besaß auch Baden, während in den meisten anderen deutschen Staaten ein Listenwahlrecht bestand, das aber an den Erwerb des Bürgerrechts und an Mindeststeuerleistungen gebunden war. Durch die in Preußen den Städten gewährte Möglichkeit, über die Einteilung der Wahlberechtigten in drei Klassen hinaus ebenfalls einen Mindeststeuersatz als Voraussetzung zur Ausübung des Wahlrechts, d. h. einen Zensus, durch Ortsstatut einzuführen, besaßen die führenden Bürgerkreise lange Zeit ein äußerst wirksames Instrument, unerwünschte Gruppen sowohl von der Wahl auszuschließen als auch aus den Stadtparlamenten fernzuhalten.[233] Eine solche Beschränkung durch einen Zensus bestand dagegen bei den Wahlen zum Abgeordnetenhaus nicht.

Die Begründung für dieses repressive Wahlrecht ging von dem Prinzip der »Selbständigkeit« aus: Den Personen mit nur einem geringen Einkommen und den sozial Abhängigen wurde die Fähigkeit abgesprochen, über die Belange des Gemeinwohls verantwortlich entscheiden zu können; nur der, der in nennenswerter Weise die Gemeindelasten mittrug, sollte deshalb wählen können.[234] Daß erst recht die Empfänger von Armenhilfe und auch die Frauen vom Wahlrecht ausgeschlossen waren, ist angesichts dieses Prinzips und des Weiterlebens streng patriarchalischer Auffassungen selbstverständlich. Aufgrund dieser Beschränkung blieb der Anteil der Kommunalwahlberechtigten bis Ende des 19. Jahrhunderts gering; er lag im allgemeinen bis in die sechziger Jahre unter 5 % und stieg dann allmählich bis zu 10 % der jeweiligen Stadtbevölkerung an, während zu den Abgeordnetenhauswahlen rund doppelt so viele (männliche) Wähler zugelassen waren. Von den Kommunalwählern gaben bis Anfang der neunziger Jahre zwischen 3 und 6 % ihre Stimme in der 1., 8 bis 20 % in der 2. und 70 bis 80 % in der 3. Abteilung ab[235]; jede Abteilung bestimmte ein Drittel der Stadtverordneten, von denen alle zwei Jahre ein Drittel ausschied und neu gewählt werden mußte. Aufgrund der steigenden Nominallöhne der Arbeiterschaft, vor allem aber wegen der Bestimmungen der Miquelschen Steuerreform verschoben sich jedoch die erwähnten Proportionen, so daß in den letzten zwei Jahrzehnten vor dem Ersten Weltkrieg nur noch bis zu 2 % der Wahlberechtigten in der 1. Abteilung wählen konnten; in der 2. Abteilung ging der Anteil auf 4 bis 14 % zurück, während zwischen 84 und 94 %, darunter die wahlberechtigt gewordenen Arbeiter, die Abgeordneten der 3. Abteilung wählten.[236] Zunächst hatten in einer Reihe von Städten die traditionell führenden bürgerlichen Gruppen versucht, durch eine deutliche Erhöhung des Zensus diesen Trend, der zu einem Eindringen sozialdemokratischer Abgeordneter in die Stadtparlamente führte, zu unterlaufen. In Leipzig war man sogar 1894, als im Gefolge größerer Eingemeindungen von Vororten mit starker Arbeiterbevölkerung die Gefahr drohte, daß das bisher in Sachsen übliche Listenwahlrecht zu einer sozialdemokratischen Mehrheit im Stadtrat führen würde, zum Dreiklassenwahlrecht nach preußischem Vorbild übergegangen.[237] Köln, Kiel, Krefeld, Hamburg, Altona u. a. sind Beispiele, wie mit Hilfe von Zensuserhöhungen nicht nur die meisten Arbeiter, sondern auch Teile der Angestellten- und Handwerkerschaft sowie kleine Gewerbetreibende von der kommunalen Selbstverwaltung ausgeschlossen wurden, obwohl immer häufiger, besonders in Industriestädten, sich solche Versuche auf Dauer als wenig erfolgreich herausstellten und die 3. Abteilung in immer stärkerem Maß von den Sozialdemokraten beherrscht wurde.

Da die individuelle Steuerleistung das zentrale Kriterium der Wählerklassenbildung war, kam es gelegentlich zu geradezu grotesken Konstellationen und zu solch extremen Unterschieden zwischen den Städten, daß sich dieses Wahlsystem schon aus diesem Grunde ad absurdum führte. Dennoch wurde daran, trotz einiger reformierender Modifizierungen, bis 1919 festgehalten; zu sehr sicherte sein »zweifellos . . plutokratischer Charakter« die bürgerliche Klassenherrschaft ab und bildete letztlich »für das besitzende

Bürgertum ein festes Bollwerk seiner politisch-sozialen Klasseninteressen«.[238] Aufgrund seiner Steuerkraft war z. B. in den Jahren 1886 bis 1894 in der Stadt Essen Krupp der einzige Wähler in der 1. Abteilung.[239] Dadurch, daß nach der westfälischen Städteordnung auch große Aktiengesellschaften eine Stimme hatten und ihre Steuerleistung entsprechend mitgerechnet wurde, trieben sie in einigen westfälischen Zechenorten den Steuersatz, der für das Wahlrecht zur 1. Abteilung mindestens erforderlich war, ebenfalls so in die Höhe, daß auch sie wie Krupp in Essen ein Drittel der Stadtverordneten allein bestimmen konnten. In Köln waren es die reichen Bankiers und Kaufleute, welche die Maßstäbe setzten, so daß hier z. B. im Jahre 1898 der Kölner Regierungspräsident und der Oberlandesgerichtspräsident aufgrund ihrer Steuerleistung nur in der 3. Abteilung wählen konnten.[240] Besonders kraß waren die Verhältnisse zudem in solchen Mittel- oder Kleinstädten, in denen das Wirtschaftsleben ganz von einigen wenigen Personen bestimmt wurde. So mußte ein Bürger in Düren und in Burtscheid bei Aachen, um in der 1. Abteilung wählen zu können, ebenso wie in Essen, Quedlinburg und Höchst weit über 10000 Mark Steuerleistung nachweisen; in fast reinen Arbeiterstädten wie Oberhausen und Meiderich, in denen laut rheinischer Städteordnung Unternehmen nicht wahlberechtigt waren, genügten dagegen 481 bzw. 469 Mark.[241]

Auch die Einteilung der Städte in Wahlbezirke, die trotz erheblicher Bevölkerungsverschiebungen über Jahrzehnte gleichblieb, und der berüchtigte Hausbesitzerparagraph, nach dem in jeder Abteilung der Stadtverordnetenversammlung mindestens zur Hälfte Hausbesitzer vertreten sein mußten (s. Tab. 13), wurden gezielt zur Benachteiligung der Arbeitervertreter oder anderer unerwünschter Gruppen eingesetzt.[242] Was ein Krefelder Stadtverordneter 1900 unverblümt ausführte, war auch anderswo, selbst in der Freisinnigen Volkspartei Eugen Richters, die durchgängige Verhaltensmaxime: »Die liberale Fraktion hat einfach die Pflicht, ihre Majorität nach jeder Richtung zu sichern. Ihr stehen eben zwei Parteien gegenüber. Dies wird aber auch noch auf|lange Zeit so bleiben. Und da dem so ist, so ist es unsere Pflicht und Schuldigkeit, die Wahrung unseres Besitzstandes hochzuhalten.«[243] Von den bürgerlichen Parteien war es lediglich das Zentrum, das sich als Vertreter des katholischen Mittelstandes und der katholischen Arbeiterschaft deutlicher gegen das Dreiklassenwahlrecht und seine

Folgen in den Städten wandte: Sein Abgeordneter Bachem sprach in diesem Zusammenhang von »völlig korrupten Verhältnissen, die ein Cliquenwesen sondergleichen gezüchtet, die einer kleinen Partei von Plutokraten das Heft in die Hand gegeben haben«.[244]

Gerade die verhängnisvolle Politik, welche die Lobby der Haus- und Grundbesitzer durch den Hausbesitzerparagraphen in den Stadtparlamenten betreiben konnte, war ein Stein des Anstoßes und reizte sowohl die Sozialdemokraten als auch die Beamten in den Stadtverwaltungen und Ministerien zu scharfer Kritik, zumal eine solche krasse Bevorzugung in einigen anderen deutschen Bundesstaaten (z. B. Baden, Württemberg und Bayern) nicht bestand. Die Bodenpreisverhältnisse und Spekulationsgeschäfte würfen, hieß es sogar im Entwurf zu einem preußischen Wohnungsgesetz, »ein grelles Licht darauf, zu welcher einseitigen und gefährlichen Klassenpolitik die Macht und die Vorrechte des Hausbesitzes in unseren Gemeinden ausgenutzt zu werden vermögen, und wie brennend die Frage ist, ob solchen Möglichkeiten nicht endlich ein für allemal durch eine gründliche Reform des aktiven und passiven Kommunalwahlrechts ein Ende zu machen sei«.[245] Das erwähnte Gesetz, das zur Bekämpfung der städtischen Wohnungsnot sowohl staatliche Finanzhilfen für den Kleinwohnungsbau als auch die »Erzwingung kommunaler Bodenpolitik gegen den ›Bodenwucher‹« durchsetzen sollte, kam jedoch gerade durch die wirksame Gegenagitation der sog. »Hausagrarier« nicht zustande; die Reformbestrebungen verebbten in den »Sandbänken der Interessenpolitik«.[246]

Die Ausführungen über die Struktur der Stadtverordnetenversammlungen in den Jahrzehnten vor dem Ersten Weltkrieg haben bereits gezeigt, daß im Kaiserreich die Gemeindewahlen zunehmend politisiert wurden und die Parteipolitik auch in den Städten ein erhebliches Gewicht gewann. Die Ersetzung der Honoratiorenvertreter durch Parteipolitiker machte rasche Fortschritte, so daß z. B. in den Städten Rheinland-Westfalens um 1910 allenfalls noch jeder zehnte Stadtverordnete parteilos war.[247] War es bis in die siebziger Jahre hinein, ganz im Sinne der Gneistschen Lehre, selbstverständlich gewesen, daß Mitglieder der führenden Familien das jeweilige Stadtregiment bestimmten, widmete die folgende Generation ihr Engagement neben dem eigenen Unternehmen verstärkt der Tätigkeit in Unternehmerverbänden, Handelskammern, Honoratiorenklubs und allenfalls noch in karitativen Organisationen. Aus Zeitmangel, Desinteresse, reservierter Haltung gegenüber der Parteipolitik u. ä. zog sich die bisherige kommunale Elite aus der Selbstverwaltung zurück und machte Parteifunktionären Platz, ohne jedoch gleichzeitig ihren Einfluß auf diese neuen Repräsentanten der Gemeinde aufzugeben.[248] Was Gneist noch als »die Entartung allen Gemeindelebens durch Auflösung der persönlichen Pflichtgenossenschaft«[249] bezeichnet hatte, setzte sich jetzt auf breiter Front durch: der Einzug politischer Mandatsträger, die nicht mehr die Gesamtheit der Bürger zu vertreten vorgaben, sondern erklärtermaßen nur noch einen Teil vertraten. Damit vollzog sich neben der beträchtlichen Professionalisierung der Gemeindeverwaltung dank der sprunghaften Ausweitung der Kommunalbürokratie und ihrer Machtposition ein weiterer bemerkenswerter Strukturwandel im Bereich der kommunalen Selbstverwaltung.[250] Ziele der allgemeinen Parteiprogramme begannen ebenso wie die Grundsatzkonflikte zwischen den Parteien verstärkt die Lokalpolitik zu beeinflussen. Örtliche Besonderheiten, Traditionen und Strukturvorgaben vermischten sich mit politischen Konstellationen, die in Staat und Reich vorherrschend waren, wobei das gespannte Verhältnis einerseits zwischen den Liberalen und dem Zentrum, andrerseits der bürgerlichen Parteien gegenüber der Sozialdemokratie die Debatte und die parteipolitischen Strategien in der Stadtverordnetenversammlung bestimmte.

Daß eines der Hauptziele des Bürgertums, die Zurückdrängung der SPD, auf Dauer nicht erreicht werden konnte, ist bereits erwähnt worden: Seit 1868 gab es vereinzelt sozialdemokratische Stadtverordnete in größeren Industriegemeinden und noch selbständigen Arbeitervororten. Meist waren es in den Bundesstaaten mit Listenwahlrecht Wahlbündnisse mit radikaleren, oft kleinbürgerlichen Gruppierungen, die ihnen den Einzug ins Gemeindeparlament ermöglicht hatten, so in Fürth 1869, Mannheim 1878 und Offenbach 1880.[251] In Berlin gelang dieser Sprung (mit fünf Abgeordneten) trotz des Dreiklassenwahlrechts erstmals im Jahre 1883; in München erst zehn Jahre später. Einige Städte wie Köln, Düsseldorf und Aachen konnten durch Erhöhung des Zensus einen solchen Einbruch vorerst abwehren, nicht so z. B. Elberfeld, Barmen, Hagen, Kiel. In Bielefeld, Remscheid, Solingen beherrschten die Sozialdemokraten die 3. Abteilung völlig, und in einigen süd- und mitteldeutschen Städten erreichten sie sogar die Mehrheit (z. B. Offenbach, Mülhausen im Elsaß, Jena und Gera).[252]

Lange Zeit wurde von der SPD-Führung bezweifelt, ob die aufwendige, aufreibende, zunächst jedoch praktisch ergebnislose Beteiligung an der kommunalen Selbstverwaltung nicht unsinnig und grundsätzlich ein zu weitgehendes »Sicheinlassen« auf die vom Klassengegner vorgegebenen repressiven Spielregeln war.[253] Die Beteiligung der Arbeiter an den Stadtverordnetenwahlen, die überhaupt wahlberechtigt waren, blieb daher anfangs entsprechend gering. Das änderte sich in den neunziger Jahren, ausgehend von den süddeutschen Sozialdemokraten und im Zusammenhang mit der Ausbreitung des Reformismus und Revisionismus in der Partei.[254] Um 1905 gab es immerhin schon weit über 1000 sozialdemokratische Abgeordnete in Stadt- und 3500 in Gemeindeparlamenten, wobei Sachsen und Baden mit Abstand führten; kurz vor dem Kriegsausbruch erreichte die Gesamtzahl bereits fast 12000.[255] Zwar kam es zu keiner umfassenden programmatischen Klärung über die Grundlagen einer sozialdemokratischen Kommunalpolitik; die Ideen des Munizipalsozialismus fanden jedoch immer mehr Eingang in die reformistischen Kreise der Partei und bildeten die Basis für die Alltagsarbeit in den Stadträten. Die Erfahrung, die sozialdemokratische Stadtverordnete dabei machten und die zweifellos den Reformismus weiter verstärkte, hat einer von ihnen 1899 auf den treffenden Nenner gebracht: »Wer als Sozialdemokrat in eine Gemeindevertretung gewählt ist, muß seine himmelstürmenden Ideale zuerst zurückstecken und sich im Gefühl einer gewissen Enttäuschung zunächst mit praktischen Dingen befassen, die vielen Genossen, allerdings mit Unrecht, als unwichtig erscheinen.«[256] Seit 1900 formierten sich die Kommunalexperten der Partei, eine systematische Schulungsarbeit begann, und die Publikationen über kommunalpolitische Aspekte nahmen deutlich zu. Beeinflußt von dem Linksliberalen Hugo Lindemann, der in mehreren Schriften die munizipalsozialistischen Ideen der englischen Fabier in Deutschland bekannt machte[257], erschien schließlich seit 1906 unter der Herausgeberschaft Albert Südekums die *Kommunale Praxis* als sozialdemokratisches Organ für die Erörterung kommunalpolitischer Probleme.

Die Erweiterung der Stadt- und Gemeindeparlamente durch Sozialdemokraten brachte in diese Gremien, auch wenn es meist nur wenige Abgeordnete waren, »ein neues, fremdes Element« hinein.[258] Richard Robert Rive, Oberbürgermeister von Halle an der Saale von 1906 bis 1933, berichtet z. B. in seinen Erinnerungen, daß er es zwar nur mit fünf sozialdemokratischen Mitgliedern des Stadtrats zu tun gehabt habe, »doch diese waren von einer so rührigen Art, daß ihre Zahl unerheblich erschien. Mit ihnen stand der Oberbürgermeister, den sie ja auch als gleichzeitigen Polizeiverwalter befehdeten, im ständigen, heftigsten Kampfe«.[259] Gewiß hielten sich ihre Erfolge in engen Grenzen, sie zwangen jedoch durch ihre Forderungen in den Lokalparlamenten, in den Kommissionen und in den Wahlkämpfen sowohl die bürgerlichen Parteien als auch die Kommunalbürokratie zu einer verstärkten Rechtfertigung ihrer Politik und auch zum Nachgeben bei einzelnen Wünschen aus der Arbeiterschaft. Die Kommunalpolitik gewann durch die Herausforderung, welche die Sozialdemokraten für die bürgerlichen Stadtverordneten bedeuteten, zumindest an größerer Transparenz und begann, das »Gießkannenprinzip« bei der Beachtung schichten- und klassenspezifischer Interessen verstärkt anzuwenden.

Vor allem der ehemalige honoratiorenbürgerliche städtische Liberalismus verlor in diesem Zusammenhang infolge seines Bestrebens, sich angesichts der Konkurrenz andrer in die Stadtparlamente drängender politischer Gruppen zu öffnen und seine soziale Basis zu erweitern, seine bisher leidlich aufrechterhaltene Geschlossenheit.[260] Immerhin konnten die Liberalen auch weiterhin in den meisten deutschen Stadtverordnetenversammlungen dominieren, obwohl der Grund dafür weniger im Erfolg dieser Strategie als vielmehr im restriktiven Wahlrecht zu suchen ist, das sie entscheidend begünstigte. Das erheblich schlechtere Abschneiden der Liberalen bei den Reichstagswahlen im Vergleich zu den Kommunalwahlen ist ein Beweis dafür und erklärt auch, weshalb viele liberale Parteigänger aus der Not eine Tugend machten und ihr Engagement in der Selbstverwaltung als Refugium und zugleich als Surrogat für ihren schwindenden Einfluß auf der oberen politischen Ebene zu verstehen begannen. Es mutet geradezu – darauf hat James J. Sheehan hingewiesen[261] – als Ironie der Geschichte an, daß die politische Kraft des Bürgertums, die im zweiten Drittel des 19. Jahrhunderts so vehement für die nationale Einheit eingetreten war, nun das wichtigste und am meisten Erfolg versprechende Betätigungsfeld in der kommunalen Selbstverwaltung fand – z. T. verbunden mit der Hoffnung, hier durch soziale Reformen und eine stärker linksliberal ausgerichtete Politik auch die Weichen für eine Wiederbelebung der liberalen Bewegung als Ganzer stellen zu können. Die Glaubwürdigkeit dieser Liberalen blieb jedoch gering, da sie in der entscheidenden Frage der Wahlrechtsreform kaum Flexibilität zeigten und in Stichwahlen immer wieder zu Wahlbündnissen mit politisch rechts stehenden Wählergruppen gezwungen waren, um ihren Kandidaten gegen die sozialdemokratische Konkurrenz zum Wahlsieg zu verhelfen.

7. Verstädterung, Urbanisierung und Anti-Urbanismus im Kaiserreich

Die vielen tiefgreifenden Strukturwandlungen in der Gesellschaft des Kaiserreichs, die in den großen Städten früh und am ausgeprägtesten zutage traten, deren Folgeerscheinungen im Alltagsleben der Stadtbewohner, die Veränderungen sowohl im Bereich der städtischen Bürokratie als auch der Selbstverwaltungskörperschaften, vor allem aber die Erosion dessen, was gemeinhin unter Bürgerschaft und Bürgergeist im herkömmlichen Sinn verstanden wurde, führten dazu, daß seit dem letzten Jahrzehnt des 19. Jahrhunderts die Stadt in vielfältiger Weise zu einem Gegenstand wissenschaftlicher Reflexion wie pseudowissenschaftlicher Kritik und zu einem Angelpunkt verschiedenartiger ideologischer Konstruktionen wurde. Die fortschreitende, immer mehr Lebensbereiche erfassende Urbanisierung gebar zugleich den Anti-Urbanismus; dem massenhaften Zuzug in die Städte folgten eine wachsende Zivilisationskritik, Großstadtfeindschaft und Stadtfluchtbewegung. Außer den Technischen Hochschulen, den Sozialhygienikern und Sozialreformern aller Art, den Planungsfachleuten und Architekten entdeckten nun auch die zeitgenössischen Künstler und Historiker, die Soziologen, Philosophen und Theologen die Stadt, wobei bei diesen Gruppen der kritische Blick bei weitem überwog. Stadtkritik war freilich nichts Neues; sie setzte bereits im 17. Jahrhundert ein und hatte schon in den fünfziger Jahren des 19. Jahrhunderts, als sich in Deutschland die Herausbildung des modernen Städtewesens gerade erst abzuzeichnen begann, in Riehl einen ihrer wortgewaltigsten Vertreter gefunden.[262] Gegen Ende des 19. Jahrhunderts erhielt die Großstadt jedoch im Zusammenhang mit der um sich greifenden Identitätskrise vor allem des Bildungsbürgertums eine spezifische und breitenwirksame Sündenbockfunktion zugewiesen.[263] Gerade diese bürgerliche Gruppe, die sich bisher als unbestrittene Hüterin des humanistischen bzw. klassischen Bildungsideals und daher als gesamtgesellschaftliche Orientierungskraft mit entsprechendem Prestige hatte verstehen können, erlebte die sozioökonomischen Wandlungen, vor allem das Entstehen neuer Eliten und Meinungsbildner und die zunehmende Bedeutung und Wertschätzung von Technik und Naturwissenschaften, als Bedrohung der eigenen Position und suchte nach umfassenden Erklärungen für ihre Lage und nach Lösungen ihrer Probleme.[264]

Eine auffällige Hinwendung großer Teile des Bildungsbürgertums zum Konservativismus, zur Idealisierung vergangener Zustände und damit auch zur Kritik an der Großstadtzivilisation, in der sich der angeblich gesamtgesellschaftliche Wert- und Formverlust am deutlichsten ausprägte, war die Folge jener bürgerlichen Krisenstimmung am »fin de siècle«. Oswald Spengler, der vermutlich populärste Deuter und am weitesten gehende Interpret dieser Erscheinung, hat mehr als zwei Jahrzehnte später gerade die Stadtentwicklung als einen Ausgangspunkt für seine Untergangsvisionen verstanden: »Bedeutet die Frühzeit die Geburt der Stadt aus dem Land, die Spätzeit den Kampf zwischen Stadt und Land, so ist Zivilisation der Sieg der Stadt, mit der sie sich vom Boden befreit und an dem sie selbst zugrunde geht.«[265] Die planlos wuchernde, krankhafte Zusammenballung von immer riesigeren Menschenmassen in gesichts- und seelenlosen Großstädten wurde im Gefolge des Krisengefühls als Beweis dafür betrachtet, daß der Kampf zwischen Stadt und Land mit der endgültigen Niederlage des Landes zu enden drohte, wenn nicht grundlegende Änderungen eintreten würden. Der sich durch die allmähliche Ausbreitung von Elementen der fortschreitenden Urbanisierung auf das Land de facto vollziehenden Nivellierung der Unterschiede trat um 1890, z. T. unter Rückgriff auf die 30 Jahre zurückliegende Großstadtkritik Riehls, eine ideologisch motivierte, dann auch politisch verwertete scharfe Schwarzweißzeichnung von Stadt und Land zur Seite. Dabei war es kein Zufall, daß sich parallel zur Ideologie vom Land als »Quelle, aus der das gesamte Volk Erfrischung und Erstarkung schöpft«[266], auch der auf Dauer bedeutsamste agrarische Interessenverband, der »Bund der Landwirte«, als Reaktion vor allem auf die industriefreundliche Handelspolitik des »Neuen Kurses« unter Reichskanzler Caprivi bildete (1893) und lautstark seine Forderungen vortrug.[267] Allerdings hatte diese Parallelität zwischen Agrarromantik bzw. Großstadtfeindschaft und agrarischer Interessenpolitik keine weitergehenden Konsequenzen, obwohl sich die Argumentation beider Bewegungen durch fließende Übergänge auszeichnete und deshalb besonders das »ländliche und dem Land verbundene Bildungsbürgertum« zu erreichen vermochte.[268] Das einflußreichste Vermittlungsmedium jener Lehre vom Wert des Landes und des Kampfes gegen die »Landflucht« war die von Heinrich Sohnrey seit 1893 herausgegebene Zeitschrift *Das Land*, in der in den Folgejahren die Wortführer des agrarischen Anti-Urbanismus ihre immer radikaler werdenden Gedanken veröffentlichten und versuchten, eine geistig-politische Wirksamkeit zu entfalten, die auf eine sog. vaterländische Erneuerung zielen sollte und durchaus nicht verkürzt als bloß ideologische Absicherung der Agitation des »Bundes der Landwirte« gesehen werden darf.

Nicht zuletzt angesichts des immer stärker empfundenen politischen und sozialen Drucks der wichtigsten gesellschaftlichen Bewegungskraft des Kaiserreichs, der vornehmlich in den Städten und Vorstädten konzentrierten Industriearbeiterschaft, wandte sich ein bemerkenswerter Teil des ehemals fortschrittsoptimistischen und liberalen Bürgertums, das Riehl in seinen frühen Schriften noch zu den »Kräften der Bewegung« gerechnet hatte, den auf »Beharrung« und Restauration drängenden Kräften zu. Hier wurden die Weichen gestellt, welche die nächsten 50 Jahre in entscheidender Weise mitbestimmen sollten, indem sie wichtige Teile der späteren nationalsozialistischen Geschichts- und Gesellschaftsdeutung bereits vorprägten[269]: Das Land, keineswegs nur vom ländlichen Bildungsbürgertum zunehmend verherrlicht als der eigentliche und ursprünglich gesunde Wurzelgrund des Volkes, schien durch die parasitäre Existenz und das krebsartige Wuchern der großen Städte in deren unausweichliche Katastrophe mit hineingezogen zu werden, wenn es sich nicht auf seine Funktion als völkischen »Urquell« besann und entsprechend durch den Staat geschützt und gefördert wurde. Das Land wiederum aber war personifiziert im Bauernstand, und auf ihn richteten sich vielerlei Erneuerungs- und Konsolidierungshoffnungen, denn mit einer zunehmenden Vernichtung des Bauernstandes werde – so einer der wichtigsten Ideologen der neuen Agrarromantik, der Münchener Statistiker Georg Hansen – »das Band zerrissen . . ., welches den Menschen mit der allnährenden Mutter Erde verknüpft«.[270] Krasser noch als Hansen hat dann der Publizist Otto Ammon die

Stadt-Land-Dichotomie zugespitzt interpretiert und die Argumente der von ihm in Anlehnung an Darwin entwickelten sozialbiologischen Verstädterungstheorie in die tagespolitischen Debatten der neunziger Jahre einzubringen versucht: »Man muß den Bauernstand erhalten, weil ohne ihn die Ideale der Menschheit im Fabrikrauch ersticken; weil ohne ihn die umstürzlerischen Bestrebungen überhitzter Köpfe keinen Widerpart mehr finden und der Staat nicht fortbestehen kann.«[271] 40 Jahre später hieß es dann, darüber noch hinausgehend und Thesen Gustav Le Bons aus seiner *Psychologie der Massen* (1895, deutsch 1908) aufgreifend, dem Lande gebühre auch deshalb die führende Rolle, da sich dort keine »Massenseele« entwickeln könne, »weil schon die Siedlungs- und Arbeitsweise eine Verhordung der Menschen ausschließt, das Bandenmäßige ausschließt, das aus dem Massengeist folgt«.[272]

Psychologische, biologische, soziologische und medizinische Erkenntnisse der Zeit wurden also gerade bei der Auseinandersetzung um die Stadt zu einem vulgärwissenschaftlichen Gesamtbild zusammengefügt, das nicht zuletzt dadurch, daß es eine statistisch belegbare und wissenschaftlich fundierte Objektivität suggerierte, so viele Anhänger im Bürgertum fand. So versuchten Sozialdarwinisten wie Ammon z. B. durch Schädelmessungen und die Analyse sonstiger somatischer Merkmale wie Haar- und Hautfarbe[273] die körperliche und psychische Degeneration der Großstädter nachzuweisen und zu belegen, daß die Wanderung in die Großstädte eine negative Auslese und Verkümmerung der Rasse bewirke und dahinsiechende Unterschichten auf der einen wie durch »Überzivilisation« degenerierte, zeugungsunfähige höhere Stände auf der anderen Seite schaffe. Die hohe städtische Kriminalität, die angeblich wachsende Jugendverwahrlosung, der allgemeine Sittenverfall – ablesbar an der Zunahme der Geschlechtskrankheiten – und die sinkende Wehrtauglichkeit der städtischen jungen Männer galten als die schlagendsten Symptome der dank der Verstädterung fortschreitenden »Leidensgeschichte der Menschheit«.[274]

Wenn auch nicht alle der seit etwa 1890 aus dem Boden schießenden antizivilisatorischen Bewegungen mit gleicher Radikalität und Konsequenz argumentierten, finden sich großstadtfeindliche, zumindest ambivalente Einstellungen gegenüber dem Großstadtleben doch in fast allen bürgerlichen Bestrebungen, die eine gesellschaftliche oder individuelle Selbsterneuerung auf ihre Fahnen geschrieben hatten. Dabei spielte als »rückwärtsgewandte Utopie«

besonders die Idee eines »Dritten Weges« zwischen Sozialismus und Kapitalismus[275] in der Diskussion über gesellschaftliche Heilungsstrategien eine bedeutsame Rolle. Siedlungsgenossenschaften sollten »nicht nur dem Einzelnen ein Leben abseits von Industrie und Großstadt, mit optimalen Möglichkeiten zu kultureller Selbständigkeit, individueller Entfaltung eines Lebens in Licht, Luft und Sonne (ermöglichen), sondern auch wirtschaftliche Autarkie, eine ökonomische Basis durch genossenschaftliches Arbeiten und Wirtschaften, sei es auf handwerklichem, gärtnerischem oder landwirtschaftlichem Gebiet«, verschaffen.[276] Das Spektrum der einschlägigen, manchmal geradezu sektiererischen Erneuerungsbewegungen reichte von den Lebensreformern, Vegetariern, Naturheilkunde- und Freikörperkulturanhängern über die Landerziehungsheim- und Jugendkulturbewegung, über die »aus grauer Städte Mauern« hinausstrebende bürgerliche Jugendbewegung der Wandervögel und Freideutschen bis hin zur Gartenstadt- und Bodenreformbewegung, zu den Anhängern der Heimatkunst- und Heimatschutzbestrebungen usw.[277] Wenn hier auch gelegentlich bis ins Abstruse gehende Vorschläge zur Heilung der kranken Gesellschaft wie auch des angeblich durch das Leben in der Stadt denaturierten Individuums vertreten wurden, darf dennoch nicht übersehen werden, daß diese Bewegungen durchaus an realen Gefährdungen der Gesellschaft durch Industrie, Technik und Verkehr ansetzten, diese der Öffentlichkeit bewußtzumachen suchten und gerade durch ihre Übertreibungen auch die seriöse wissenschaftliche Auseinandersetzung mit dem Phänomen Stadt provozierten. So formierten sich gegen Ende der neunziger Jahre in z. T. bewußter Abwehr solcher Lehren, wie sie vor allem Ammon und Hansen vertraten, mehrere Initiativen, die von der statistischen Analyse her (Robert Kuczynski), aus stadtplanerischer Sicht (Camillo Sitte), aus kommunalwissenschaftlicher Erkenntnis (Hugo Lindemann), aus allgemeinem sozialreformerischen Denken oder aufgrund nationalökonomischer Detailforschungen, wie sie die sog. »Jüngere Historische Schule« der Nationalökonomie betrieb, die Entwicklungs- und Gestaltungsmöglichkeiten der modernen Großstadt optimistischer beurteilten, ohne dabei die negativen Erscheinungen und Fehlentwicklungen zu leugnen. So wies etwa der Historiker Dietrich Schäfer, einer der Autoren in dem berühmt gewordenen Sammelband *Die Großstadt* aus dem Jahre 1903[278], auf die Kulturleistung der Stadt gerade in Richtung auf die Herausbildung des modernen Freiheitsgedankens und parlamentarischer Institutionen hin, und Karl Bücher, der bereits Ende der achtziger Jahre die Verstädterung als notwendigen und letztlich positiven Vorgang gedeutet hatte, hielt die »Schäden und Gefahren« der Großstadt für »kurierbar« und für Übergangserscheinungen.

Solche Erwartungen hegten nicht nur die Veranstalter großer Städteausstellungen vor dem Ersten Weltkrieg (z. B. 1910 in Berlin), sondern auch verschiedene Vertreter jener »Jüngeren Historischen Schule«, von denen außerdem viele zugleich Mitglieder des sozialreformerischen »Vereins für Socialpolitik« waren. Eine große Zahl wissenschaftlicher Arbeiten, besonders von Dissertationen, entstand im Zuge dieses Engagements, die vor allem die ökonomischen und sozialen Probleme der modernen Stadt untersuchten. Hier liegen die ersten Anfänge einer empirischen Sozialforschung, die nach dem Zweiten Weltkrieg wiederaufgegriffen werden sollten. Viele Details der Stadtentwicklung unter dem Einfluß der verschiedenen Modernisierungsprozesse (Industrialisierung, Mobilisierung, Bürokratisierung, soziale Frage usw.) wurden nun – zunehmend unter Hinzuziehung statistischen Materials – aufgearbeitet. Eines der wichtigsten Hilfsmittel zur Urteilsbildung über die aktuelle Lage der größeren Städte – ein bis heute noch weitgehend unausgeschöpftes Quellenwerk – stellte das seit 1890 erscheinende *Statistische Jahrbuch deutscher Städte* dar, das Jahr für Jahr eine bemerkenswerte Fülle an Daten über das demographische, wirtschaftliche, soziale und kulturelle Innenleben aller deutschen Städte mit mehr als 50000 Einwohnern publizierte.[279]

Neben all jenen biologistisch-völkischen, sozialpsychologischen, kulturkritischen und politisch-nationalen Argumentationskomplexen, neben der gleichzeitig wachsenden Auseinandersetzung mit Problemen der Verstädterung und Urbanisierung auch in der Literatur und Kunst[280] und neben der statistisch-nationalökonomischen Beschäftigung mit dem modernen Städtewesen spielte um 1900 die Stadt als spezifische Form menschlichen Zusammenlebens zusätzlich auch eine wichtige Rolle bei den Bemühungen um eine ideologische Begründung und Absicherung divergierender Staatsauffassungen. Ausgehend von den Erfahrungen mit dem Wandel des städtischen Lebensraums und der bürgerlich-kommunalen Selbstverwaltung einerseits, mit dem seine Autorität gegen alle weitergehenden Parlamentarisierungswünsche scharf betonenden Staat andrerseits, begann in den neunziger Jahren eine Neubesinnung auf die Grundlagen des Verhältnisses von Stadt und Staat.[281] Hierbei engagierten sich insbesondere die Staatsrechtler und Historiker. Gerade von letzteren erwartete man Orientierungshilfen und klärende Deutung der Gegenwartsprobleme durch Aufzeigen geschichtlicher Wurzeln wie durch Vergleich mit vergangenen Zuständen.[282] Die Beantwortung der Frage nach dem Ursprung der deutschen Stadtverfassung im Mittelalter erhielt in diesem Kontext eine aktuelle Brisanz, da sie zugleich die Begründung für eine entweder mehr organische oder mehr herrschaftliche Staatsauffassung zu liefern versprach.[283] Die Kontroverse darüber, ob der Staat der genossenschaftlich organisierten Bürgergemeinde übergeordnet war oder ob Staat und Gemeinde als organisch gewachsene soziale Einheiten wesensgleich nebeneinanderstanden, berührte insofern durchaus einen Lebensnerv der Wilhelminischen Gesellschaft, als hierdurch erneut und grundsätzlich die schon im Vormärz diskutierte Spannung zwischen Staat und Gesellschaft thematisiert und die Frage nach politischen Reformen gestellt wurde. Stadtgeschichtliche Forschungsergebnisse hatten daher in vielfältiger Weise eine weit über die bildungsbürgerlich-akademische Diskussion hinausreichende Bedeutung[284], was sich z. B. in den Kontroversen über den Strukturwandel des Handwerks sowie über das Verhältnis von Stadt- und Territorialwirtschaft, in der vor allem zwischen den »Kathedersozialisten« Adolph Wagner und Lujo Brentano ausgetragenen Debatte über Agrar- contra Industriestaat und ganz besonders in den Schriften des äußerst streitbaren Historikers Georg v. Below[285] nachweisen läßt. Stadt konstituierte sich nach v. Belows Meinung im Mittelalter nicht nur aus ihrer rechtlichen Besonderheit, sondern unter den Kriterien, die er aufgrund seiner umfangreichen Studien aufstellte, ragt zunächst die wirtschaftliche, d. h. die Marktfunktion heraus, die zugleich Wehrhaftigkeit erforderte. Das, was v. Below anderen Wissenschaftlern seiner Zeit massiv vorgeworfen hat, daß sie mit ihren Forschungen parteilich agitierten und eine »politische Tendenz« verfolgten, trat jedoch bei ihm als aktivem Mitglied der »Vaterlandspartei« und später der DNVP selbst besonders kraß hervor – vor allem dadurch, daß er die »an der mittelalterlichen Stadt entwickelte wirtschaftlich bedingte Verteidigungsbereitschaft . . . auf die Politik seiner Gegenwart« übertrug und schließlich im Ersten Weltkrieg die Stadtwirtschaft des Mittelalters mit der Kriegswirtschaft des Kaiserreichs in Verbindung brachte. Ein Fazit seiner Forschungen lautete, der moderne Staat in Deutschland habe in der mittelalterlichen Stadt sein erstes Vorbild; im allgemeinen Stadtbürgertum des Mittelalters sei die Idee des allgemeinen Staatsbürgertums der Neuzeit im Grund bereits vorgezeichnet.[286]

Über solche stärker von aktuellen Deutungsbedürfnissen bestimmten verfassungsrechtlich-historisch-nationalökonomischen Auseinandersetzungen ragten einige Bemühungen hinaus, eine umfassendere theoretische Fundierung der Stadtentwicklung bis zur Moderne und der Stadtgesellschaft im Rahmen der Gesamtgesellschaft zu erarbeiten. Die auf die okzidentale Stadt bezogene Strukturtypologie Max Webers[287] und die aus kapitalismustheoretischen Überlegungen stammenden Versuche Werner Sombarts, die Stadt als eine komplexe, mehrschichtige Einheit zu begreifen[288], sind hier ebenso zu nennen wie die Ansätze der Gesellschaftswissenschaftler Ferdinand Tönnies und Georg Simmel, die Mentalität des modernen Großstädters und die Formen seines Zusammenlebens mit grundsätzlichen Typen menschlicher Interaktion in Verbindung zu bringen.[289]

Diese kurzen Hinweise auf Argumentationszusammenhänge, in denen in Deutschland vor dem Ersten Weltkrieg die Reflexion über das moderne Städtewesen, über Verstädterung und Urbanisierung einen zentralen Stellenwert besaß, sollen belegen, in welcher Breite und wie grundsätzlich im 3. Akt der deutschen Urbanisierungsgeschichte[290] die Frage nach dem gesellschaftlichen Selbstverständnis und nach der gesamtgesellschaftlichen Weiterentwicklung mit den Problemen der (Groß-)Stadt in Verbindung gebracht wurde. Ein Maßstab für die Reife einer urbanisierten Gesellschaft ist es offenbar auch, ob und in welchem Ausmaß eine – wie auch immer inhaltlich gefüllte sowie rational oder emotional bestimmte – Auseinandersetzung über die Facetten der Urbanisierungserscheinungen und -folgen stattfindet und wer mit welchen Zielen daran teilnimmt.

IV. Aspekte der deutschen Stadtgeschichte in der Posturbanisierungsphase

Dieser Überblick über die deutsche Stadtgeschichte in der Industrialisierungsphase hat gezeigt, daß das, was mit dem Sammelbegriff Urbanisierung bezeichnet wird, ein höchst komplexer Vorgang war, dessen Antriebskräfte sich im wesentlichen jedoch aus zwei Wurzeln speisten: einerseits aus der Öffnung der bis dahin weithin abgeschlossenen und staatlich gegängelten Verfassung der Städte im Gefolge der Mobilisierungs- und Emanzipationsprozesse in den ersten Jahrzehnten des 19. Jahrhunderts, andrerseits aus der von der Industrie rasant vorwärtsgetriebenen Verstädterung. Emanzipation meint in diesem Zusammenhang nicht nur die entsprechenden Bestrebungen des Bürgertums und später des Proletariats, sondern auch eine zunehmende »Emanzipation von der Raumgebundenheit«[1], wobei der Begriff »Raum« – wie einleitend schon betont worden ist – auf erheblich mehr Räume als nur auf den geographisch identifizierbaren Raum zu beziehen ist. Seit der Mitte des 19. Jahrhunderts bemächtigte sich dann das Fabrikwesen der traditionellen Städte; zudem schuf die Industrie eine große Zahl neuer Stadtgemeinden und potenzierte zunächst einmal in einem erheblichen Ausmaß deren auch vorher schon vorhandene ökonomische Funktion. Die sich daraus ergebenden Herausforderungen provozierten ein anfangs verzögert angegangenes, dann jedoch zunehmend konsequenter entwickeltes und systematischer durchdachtes Spektrum von Antworten und Lösungen. Mit dem Übergang zur Hochindustrialisierungsphase bahnte sich schließlich jene weitere Wende an, die ein zeitgenössischer Beobachter treffend – wenn auch noch allzu zukunftsoptimistisch – bereits im Jahre 1871 folgendermaßen charakterisiert hat: In der Industrie offenbare sich eine Bewegung,

»welche sie zur Zentralisation hintreibt und, nachdem sie die Früchte derselben geerntet, sie wieder dezentralisiert sich ausbreiten und überall ihre befruchtende Wirksamkeit äußern läßt. Wie die Industrie die Gründerin der Städte, der Hauptgrund ihres Wachstums gewesen ist, so soll sie wiederum städtische Intelligenz und städtischen Bürgersinn hinaustragen in alle Lande.«[2]

Wie ambivalent und heterogen diese »Befruchtung« im einzelnen war und wie zwiespältig sie erlebt und beurteilt wurde, ist oben darzustellen versucht worden; ohne Zweifel läßt sich jedoch für diese Durchbruchphase der Urbanisierung feststellen, daß nun der traditionelle zentripetale Charakter der Stadt durch einen zentrifugalen ersetzt wurde[3] – zunächst noch nicht mit Blick auf die Binnenwanderungsströme[4], sondern vor allem auf ihre jetzt zunehmend hervortretende kulturelle Funktion für die Gesamtgesellschaft.

Der Prozeß der von der Industrie angestoßenen Verstädterung war in Deutschland bei Ausbruch des Ersten Weltkrieges de facto abgeschlossen. Zu den Standorten der industriebedingten Agglomerationen sind seither kaum noch neue hinzugekommen, nachdem auch die jungen Industrien wie Elektrotechnik, Chemie, Apparatebau, Feinmechanik usw. um 1900 noch in gewissem Umfang als »Städtegründer« gewirkt hatten.[5] Der als Maß für die Verstädterung übliche Schwellenwert, die bei 1:1 liegende Relation zwischen der Bevölkerung in Gemeinden mit über 5000 Einwohnern zur Bevölkerung in Gemeinden mit unter 5000 Einwohnern[6], war um 1910 bereits zugunsten der Städte überschritten. Zwar wuchs die Gesamtheit der Großstädte auch nach dem Ersten Weltkrieg noch, jedoch in erheblich geringerem Ausmaß als vorher, außerdem in erster Linie nur noch durch Eingemeindungen. Verschiedene Städte wie Frankfurt am Main und die alten Textilstädte Barmen, Elberfeld, Krefeld und Plauen stagnierten jedoch bereits.[7] Da gleichzeitig die Mobilität erheblich zurückging (s. Tab. 5) und die Binnenwanderung einen deutlich geringeren Umfang besaß als vor dem Krieg, war den Städten grundsätzlich die Chance zur verstärkten »inneren Konsolidierung« gegeben.[8] Allerdings bestimmten jetzt neue Belastungen ihre Stellung im Gesamtsystem des Staates, so daß eine solche Konsolidierung, von Ausnahmen abgesehen, letztlich durch vielerlei gegenläufige Trends ein nur bescheidenes Ausmaß erreichen konnte.

Auch der qualitative Transformationsprozeß des Städtewesens, die Urbanisierung, führte vor dem Ersten Weltkrieg zu einem ersten Höhe- und Abschlußpunkt. Sowohl die in den großen Städten geschaffenen Einrichtungen der kommunalen Daseinsvorsorge und Leistungsverwaltung als auch die hochentwickelte kulturelle Leitbildfunktion der Großstädte mit entsprechender Ausstrahlungs- und Prägekraft für die Gesamtgesellschaft sind hierfür Belege. Im Großstädter als »eine(r) neue(n) Spezies Mensch«[9], als einem Wesen, dessen »hervorstechender Charakterzug höchste geistige Wachheit, (dessen) Daseinsprinzip höchste Lebensintensität in Arbeit und Genuß«[10] war, personifizierte sich Urbanisierung; sein Lebensstil wurde zum allgemeinen Maßstab und wirkte bis weit ins Land und vor allem auf die jüngere ländliche Bevölkerung, obwohl man sich hier – wie bei allen Urteilen über die Wirkung der Urbanisierung – vor allzu schnellen Verallgemeinerungen hüten muß: Urbane Großstadt und Großstädter sind als Idealtypen zu verstehen. Sie ließen in der Realität eine große Zahl individueller Erscheinungsformen zu, die z. T. durchaus in Widerspruch zueinander standen.

Die Weiterentwicklung des deutschen Städtewesens in den Jahrzehnte nach dem Ersten Weltkrieg, also im 4. Akt der modernen deutschen Stadtgeschichte mit seinen vielfältigen Verwicklungen und retardierenden Effekten, läßt sich nicht mehr ohne einen gewissen Zwang unter die Oberbegriffe »industrielle Verstädterung« und »Urbanisierung« subsumieren. Mit einer Reihe neuer Begriffe ist inzwischen versucht worden, die heterogenen Trends zu benennen[11]: »Suburbanisierung« oder auch »Reurbanisierung« bezeichnet z. B. die verstärkte wechselseitige Durchdringung von Stadt und Land, wobei die sprunghafte Ausweitung der Massenverkehrs- und Kommunikationsmittel, die Ausdehnung des Pendlereinzugsbereichs, die Entdeckung und auch planmäßige Vermarktung des Freizeitwerts des Landes u. ä. zu neuen Arten der Symbiose der beiden Lebenssphären geführt haben. Der Begriff »tertiäre Verstädterung«[12] als Bezeichnung für den auf die industrielle Verstädterung folgenden Prozeß betont dagegen stärker die zunehmende Bedeutung des Dienstleistungssektors, der durchaus andere Maßstäbe für die Raumnutzung und regionale Infrastrukturplanung zu setzen begann als die Industrie.

Die meisten dieser Veränderungen in Ziel und Verlauf der Urbanisierung, die sich bis heute auswirken und inzwischen durch weitere Trends ergänzt worden sind[13], setzten bereits in den zwanziger Jahren des 20. Jahrhunderts ein, einige sogar schon im Ersten Weltkrieg. Auf sie wird im folgenden kursorisch eingegangen. Auf den ersten Blick bildete der Krieg aber die große, glänzend bestandene Bewährungsprobe für jenes in der Hochindustrialisierung eingeübte Zusammenspiel von kommunaler Selbstverwaltung, industrieller Verstädterung und ausgreifender Urbanisierung, das die Jahrzehnte seit etwa 1890 – trotz der erwähnten Unterschiede zwischen armen Arbeiter- und reichen Rentnerstädten – in der Rückschau von Kommunalpolitikern der Weimarer Republik geradezu als eine Glanzzeit des deutschen Städtewesens erscheinen ließ. Blickt man in ältere Stadtgeschichten, in die Autobiographien von Beteiligten, in städtische Rechenschaftsberichte, welche die Zeit des Ersten Weltkriegs behandeln, ist das dort gefällte Urteil eindeutig: Die deutschen Städte, besonders ihre Leistungen auf dem Gebiet der Kriegswohlfahrtspflege, haben einen entscheidenden Anteil daran gehabt, daß die »Heimatfront« so lange aufrechterhalten werden konnte. Ihr in Friedenszeiten ausgebildetes Instrumentarium der Daseinsvorsorge, ihre selbstbewußten und einsatzfreudigen Verwaltungen und ihr relativ weit gehender finanzieller Gestaltungsspielraum waren die Grundlagen für eine zwar von Stadt zu Stadt unterschiedliche, aber durchweg gelungene Bewältigung der Kriegsfolgeprobleme für die Zivilbevölkerung.[14] Zwar wurde damit nicht die Existenznot vieler »Kriegerfamilien« eliminiert und die wachsende Kriegsmüdigkeit verhindert, jedoch konnten die Verantwortlichen in den Städten mit einem gewissen Recht nach Kriegsende stolz feststellen, das deutsche Gemeinwesen habe seine »urwüchsige Kraft« glänzend bewährt und »zum Segen des Ganzen . . . als treue(r) Helfer« des Staates gewirkt.[15]

Solche vor allem in der rückblickenden Rechtfertigung der Akteure zu findende positive Beurteilung der städtischen Leistungsfähigkeit in der extremen Ausnahmesituation des Krieges übersieht jedoch, daß in der Blüte auch der Keim zum Niedergang angelegt war: Die Unterschiede zwischen solchen Städten, die von der Kriegskonjunktur begünstigt waren, und anderen, die vom Aufschwung der »Kriegsindustrie« kaum, sehr spät oder gar nicht profitierten, schufen neue Polaritäten im Städtesystem über die bereits bestehenden hinaus und führten zu einer »Rette-sich-wer-kann«-Mentalität in den Stadtverwaltungen und zu einem ausgeprägten Konkurrenzdenken zwischen den Städten. Der Staat hatte seit Beginn des Krieges den Städten eine Fülle neuer Aufgaben zugewiesen, welche von diesen nicht zuletzt aus vaterländischer Verantwortung und Begeisterung bereitwillig übernommen worden waren. Vor allem die Kriegerfamilien- und Kriegsinvalidenfürsorge entpuppte sich aber bald als besonders belastend und folgenreich, weil die schleppende Erstattung der städtischen Auslagen durch das Reich gerade in den Städten, die zu den »Notgemeinden« gehörten und sich entsprechend von der Regierung allein gelassen fühlten, zu lange nachwirkenden Ressentiments führte.

Die Verbitterung wurde noch durch die in der zweiten Kriegshälfte immer offensichtlicher werdende Handlungsunfähigkeit der für die Versorgung der Zivilbevölkerung geschaffenen Reichsbehörden gesteigert: Die verantwortlichen Kommunalbeamten bekamen wie die betroffenen Bevölkerungsteile sehr bald zu spüren, daß die Zentralstellen den von ihnen erwarteten unparteiischen Interessenausgleich und die gerechte Verteilung der knappen Nahrungsmittel nur unzureichend erbringen konnten, zumal sie offenbar immer mehr unter dem Einfluß mächtiger Interessenverbände gerieten. So wurde etwa dem Kriegsernährungsamt vorgeworfen, es tue nichts gegen das Schiebertum und den Schleichhandel und zwinge die Bauern nicht energisch genug, die von diesen angeblich in großem Umfang gehorteten Produkte dem allgemeinen Verbrauch zuzuführen.[16] Vor diesem Hintergrund nahm auch die emotionale Polarisierung zwischen Stadt und Land, die durch die zivilisationskritischen Ideologien der Vorkriegszeit bereits vorbereitet war, erheblich zu, zumal das unübersehbare »städtisch-ländliche Hungergefälle«[17] das Spannungsverhältnis zusätzlich vertiefte: Antistädtische Ressentiments der Landbevölkerung prallten auf eine z. T. geradezu von Haß geprägte antiländliche Einstellung der notleidenden Menschen in den Städten.

Daß diese strukturellen wie sozialpsychischen Spannungen nach dem Krieg beseitigt werden mußten und die junge Republik mit den durch den Krieg erheblich ausgedehnten »inneren Ungerechtigkeiten« (Erzberger) eine schwere Hypothek übernahm, die nur durch starke Initiativen und durchgreifende Innovationen abzubauen war, wußten alle Verantwortlichen in den Städten wie in den Ministerien, jedoch konnte 1919 niemand voraussehen, daß die eingeschlagenen Wege schließlich zu einer tiefen »Krise der Selbstverwaltung« führen würden – einer Krise, welche die kommunalen Gremien und Institutionen zunehmend ihrer Möglichkeiten beraubte, in die Folgeprozesse von Urbanisierung und Verstädterung weitschauend und planend einzugreifen. Zweifellos hatte die Inflation einen großen Anteil an der Schwächung der Position der Städte, ihre Auswirkungen lassen sich jedoch einerseits nicht von den vielfältigen Kriegsfolgebelastungen, andrerseits nicht von den Konsequenzen der Finanzreform des Jahres 1919 trennen.[18] Im

Grunde befanden sich die Städte nach dem Krieg von vornherein unter einem »Mehrfrontendruck«[19], dem sie nur unter großen Anstrengungen in gewissem Umfang standhalten konnten, da der »Reichszentralismus« sie einer Reihe wichtiger Instrumente beraubte, die bisher die Grundlage ihrer Politik gebildet hatten, und der »dichter werdende Staatsinterventionismus« mit detaillierten Ausführungsbestimmungen und strengen Kontrollen sie »praktisch zu Exekutivbehörden des Reiches machte«.[20]

Vor allem die Zentralisierung des Steuerwesens stellte eine starke Belastung dar, weil sie den Städten ihre finanzielle Selbstbestimmung und -verantwortung weithin nahm und sie von Finanzüberweisungen des Reiches und der Länder abhängig machte. Das erwies sich in einer Phase schnell fortschreitender Geldentwertung als besonders fatal. Die in den Städten entwickelten Selbstbehauptungspläne machten es ihren Kritikern, vor allem aus der Wirtschaft und der Ministerialbürokratie, leicht, sie in die Rolle von »Prügelknaben« zu manövrieren. Zugleich wurde die Politisierung der Stadtparlamente von jenen Kreisen, die bis 1918 aufgrund des Dreiklassenwahlrechts dominiert hatten und nun stark zurückgedrängt waren, als Grund für jene »Krise der Selbstverwaltung« hochgespielt und entsprechend angeprangert. Die Städte ihrerseits bemühten sich, die Daseinsvorsorge für ihre Bürger trotz der sich zuspitzenden Finanzlage aufrechtzuerhalten und die Wohlfahrtspflege für die unteren Schichten weiter auszubauen. Auf diese Weise versuchten sie, die Schrittmacherrolle auf dem Felde der sozialen Reform auch nach dem Kriege weiterzuspielen, gerieten damit aber in die Konkurrenz zu Ambitionen des sich als »Sozialstaat« verstehenden Reiches.[21] Da ihnen frei verfügbare reguläre Mittel weitgehend fehlten, gewann die Verschuldung außer einer fortschreitenden Kommerzialisierung der Gemeindebetriebe und der weitestmöglichen Ausschöpfung der noch verbliebenen Steuerquellen ein immer stärkeres Gewicht.[22] Einige Städte wie z. B. Köln und München gingen deshalb durchaus als Gewinner aus der Inflation hervor. Allerdings erkauften sich die Städte insgesamt ihr Überleben in der Inflationszeit auf längere Sicht mit einem weitgehenden Verlust ihrer bisherigen Integrationsfunktion auf der unteren Ebene, so daß sie trotz des engagierten Auftretens ihrer Spitzenverbände am Ende der Weimarer Republik »zwischen den meisten Stühlen saßen«. Die Überbürdung mit ständig neuen Aufgaben besonders in der Weltwirtschaftskrise führte dann zu ei-

ner zusätzlichen Zuspitzung, so daß schließlich von den National-
sozialisten die traditionelle kommunale Selbstverwaltung fast un-
widersprochen für tot erklärt werden konnte.[23]

Dieser Niedergang kann durchaus als eine Folge jenes Zentralis-
mus der Weimarer Republik interpretiert werden, der einerseits
längst überfällig war, andrerseits jedoch durch die äußeren Umstände, unter denen er in die Tat umgesetzt wurde, und die Art und
Weise, wie die kommunale Selbstverwaltung in die Polemik von
rechts gegen die Republik als Ganze mit einbezogen wurde[24], den
Städten wenig Chancen zur Selbstbehauptung ließ. Der in der
Endphase der Weimarer Republik zu beobachtenden »ausgespro-
chen städtefeindliche(n) Grundstimmung«[25] entsprach die Politik,
die eigenständige Rolle der Städte als »pluralistische(r) Sprengkör-
per im Gefüge des Staates«[26] soweit wie möglich zu reduzieren.
Zugespitzt läßt sich diese Tendenz vielleicht auch als eine fatale
Konsequenz aus der Einsicht interpretieren, daß die zur Grund-
voraussetzung der modernen Industrie-, Konsum- und Massen-
kommunikationsgesellschaft gehörende Urbanisierung von einem
bestimmten Punkt an der Großstädte als wichtiger Modernisie-
rungsinseln nicht mehr bedurfte, da Urbanität inzwischen, wenn
auch in charakteristischer Abstufung, die gesamte Gesellschaft
prägte. Pointierter ausgedrückt: »Die bürgerliche Gesellschaft ent-
stammte der Stadt, zerstörte aber im Zuge ihrer siegreichen Durchsetzung die Grundlage der wirtschaftlichen und kulturellen Auto-
nomie der Stadt. Die Städte wurden zugunsten des nationalen
Staatsapparates entmachtet; sie wurden zu bloßen ›Gemeinden‹
innerhalb des staatlichen Ganzen.«[27] Mit einer solchen These werden jedoch bereits Problemkomplexe angesprochen, die weit über
den Bereich der politischen Stellung der Städte im Staat hinausgehen, denn die Wandlung der kommunalen Selbstverwaltung war
nur eine, wenn auch die bisher am relativ intensivsten untersuchte
Facette der deutschen Stadt- und Urbanisierungsgeschichte im
frühen 20. Jahrhundert.

Ein Überblick über die Geschichte der deutschen Stadt unter dem
Blickwinkel von Verstädterung und Urbanisierung könnte an
dieser Stelle abgebrochen werden – dies nicht nur, weil beide Prozesse im ersten Drittel des 20. Jahrhunderts ihren Höhepunkt erreicht und überschritten haben[28], sondern weil die weitere Trans-
formation des deutschen Städtewesens bis zu seinem heutigen

Erscheinungsbild in der Geschichtswissenschaft – bis auf wenige Ausnahmen – bisher kein Interesse gefunden hat. Eine breitere historische Erforschung der deutschen Stadtentwicklung seit dem Ersten Weltkrieg ist erst seit kurzem in Angriff genommen worden. Allerdings braucht sie keineswegs beim Nullpunkt anzufangen, denn eine Reihe anderer mit der Stadt und dem Städtewesen befaßter Wissenschaften hat bereits eine beachtliche Zahl von Detailergebnissen und Thesen vorgelegt, die von den Historikern noch kritisch geprüft, miteinander verbunden und ergänzt werden müssen. Darüber hinausgehend steht die Stadtgeschichtsforschung vor der umfassenderen Aufgabe, in Hinsicht auf eine noch zu schreibende deutsche Gesellschaftsgeschichte des 20. Jahrhunderts die Städte als höchst bedeutsame, zugleich aber sich in ihrer gesamtgesellschaftlichen Funktion stark wandelnde soziale Subsysteme zu identifizieren und sie integrativ, d. h. im jeweiligen geschichtlichen Kontext und zugleich unter prozessualem Aspekt, zu untersuchen. Anstatt die nur punktuell vorliegenden stadtgeschichtlichen Befunde zur Stadtentwicklung der letzten sechzig Jahre unverbunden nebeneinanderzustellen, sollen deshalb abschließend einige den Stadthistoriker besonders herausfordernde Forschungsergebnisse der Städtestatistik, Stadtgeographie und -soziologie, der Kommunalwissenschaften, der Siedlungsökologie und Städtebauforschung genannt werden, um ein Frageraster anzudeuten, von dem die Stadtgeschichtsforschung in Zukunft ausgehen kann. Insofern handelt es sich im folgenden eher um Desiderata als um einen Überblick über historisch abgesicherte Ergebnisse.

Erstens: Zunächst sollen einige quantitative Anmerkungen[29] aufgeführt werden, wobei – der langfristigen Vergleichbarkeit wegen – das Gebiet der heutigen Bundesrepublik zugrunde gelegt wird: Während sich zwischen 1871 und 1925 in diesem Raum die Bevölkerung nahezu verdoppelte (+ 91,2 %) und die Zahl der Großstadtbewohner mehr als verzehnfachte (+ 1078,2 %), zugleich die Einwohnerzahl der Städte mit 50000 bis 100000 Einwohnern um 245,1 % anstieg, verlangsamte sich das Bevölkerungswachstum in der Zeitspanne von 1925 bis 1970 auf + 55,5 %. Daß nun die Phase der Vergroßstädterung der Vergangenheit angehörte, zeigt der gleichzeitig geradezu drastische Rückgang des Großstadtwachstums auf nur noch + 65,1 %; es lag – ähnlich wie das Wachstum der Städte mit 50000 bis 100000 Einwohnern (+ 73,4 %) – nur noch geringfügig über dem Durchschnitt. Dagegen waren jetzt die Städte mit 10000 bis 20000 und 20000 bis 50000 Einwohnern zu den Spitzenreitern der Entwicklung geworden (+ 159,7 % bzw. + 150,8 %). Der Anteil der Großstadt- und großen Mittelstadtbewohner an der Gesamtbevölkerung stagnierte infolgedessen nahezu (1925: 36,8 %, 1970: 39,4 %), während die Einwohnerschaft der mittelgroßen Städte (5000 bis 50000 Einwohner) rund 10%-Punkte hinzugewann (1925: 20,8 %, 1970: 30,7 %). Die Zahl der Gemeinden mit weniger als 2000 Einwohnern ging in diesem Zeitraum aufgrund von Eingemeindungen, Zusammenlegungen usw. von 24773 auf 18704 zurück; ihre Einwohnerzahl schrumpfte um 8,9 %, und ihr Anteil an der Gesamtbevölkerung, der 1925 noch knapp ein Drittel betragen hatte (31,9 %), belief sich im Jahr 1970 nur noch auf 18,7 %. Die Zunahme der Bevölkerungsdichte von 1925: 157 auf 1970: 245 Personen pro km² auf dem Gebiet der heutigen Bundesrepublik war mithin nicht eine Folge des fortgesetzten Wucherns der großen Städte und auch nicht mehr des starken Wachstums der Industrieagglomerationen, sondern beruhte in erster Linie auf der Auffüllung von Räumen, die bisher im Industrialisierungsverlauf zurückgestanden hatten.[30] So nahm die Dichte in Schleswig-Holstein, Niedersachsen und Baden-Württemberg um etwa 80 %, in Hessen um 70 % und in Bayern um knapp 65 % überdurchschnittlich zu, während das bereits dicht besiedelte Nordrhein-Westfalen nur noch eine etwas unter dem Durchschnitt liegende Verdichtung (+ 55,0 %) aufzuweisen hatte.

Der Grund für diese Verschiebungen ist nicht nur im unterschiedlich starken Flüchtlingsstrom in die einzelnen Bundesländer unmittelbar nach dem Zweiten Weltkrieg zu suchen[31], sondern – langfristig gesehen – vor allem in immer offensichtlicher werdenden wachstumshemmenden Strukturveränderungen – besonders etwa in den traditionellen industriellen Ballungsräumen Nordrhein-Westfalens wie dem Ruhrgebiet und dem Bergischen Land – sowie in einer wirtschaftlichen Konsolidierung neuer Mittelstädte in ehemals benachteiligten Regionen und von Orten im suburbanen Umland um die alten Kernstädte (s. Tab. 14).[32] Eine historisch-statistische Analyse, wie sie von Stadtgeographen für einzelne Regionen bereits ansatzweise vorgenommen worden ist[33], müßte gerade auch der Frage nachgehen, ob und in welchen Regionen sich die These vom allmählichen Übergang der »Suburbia« in ein »Interurbia«, d. h. in die einzelnen verstädterten Räume verbindende »Städtebänder«[34] (s. Abb. 3), empirisch belegen läßt.

Zweitens: Infolge der starken Bevölkerungsverschiebungen in und nach dem Zweiten Weltkrieg wurden die Grenzen zwischen Stadt und Land ständig weiter aufgeweicht, so daß sich unter dem Gesichtspunkt der Urbanisierung die heutige Struktur treffend als »abgestuftes Kontinuum urbaner Lebensformen« charakterisieren läßt[35] – diese Kennzeichnung trifft vor allem zu, wenn man von der traditionellen Stadt als einem geformten und begrenzten Gebilde ausgeht. Die zweifellos auch weiterhin noch bestehenden Unterschiede in Form und Intensität urbanen Lebens – nicht zuletzt wegen der Massenkommunikationsmittel und flächendeckenden Angebote massenhaft produzierter Konsumartikel, wegen des Ausbaus der öffentlichen Nahverkehrssysteme und des Straßenbaus sowie der gewaltigen Ausbreitung des Individualverkehrs – sind kaum noch eine Konsequenz unterschiedlicher Verdichtungsgrade menschlichen Zusammenlebens, sondern spiegeln aus anderen mentalen Wurzeln stammende gesellschaftliche »Zerklüftungen« wider. Daher haben sich jene Charakteristika verringert, welche die Kernstadt bisher anziehend gemacht hatten: Die zunehmende Steigerung urbaner Lebensqualität in suburbanen Räumen ließ die traditionelle großstädtische Sonderrolle immer mehr zurücktreten, wodurch die Instabilität der in den Kernstädten verbliebenen städtischen Gesellschaft erheblich zunahm.[36] Dazu trug bereits in der Zwischenkriegszeit der Umstand bei, daß einerseits zwar eine große Zahl von Neubauwohnungen – vorwiegend in den Vorstädten und im städtischen Umland – gebaut wurde, andrerseits aber auf die Sanierung von Altbauten wenig Wert gelegt wurde und deshalb viele Innenstadtwohnungen und -wohnviertel ständig an Attraktivität verloren.

Dieser Trend setzte sich, sofern nicht infolge der Zerstörung im Zweiten Weltkrieg neue Verhältnisse geschaffen wurden, in der Nachkriegszeit fort und verstärkte die jetzt durchweg dominierende zentrifugale Bewegung. In demselben Maße, wie die Industrie als bisher bedeutsamster »Städtefüller« an Gewicht verlor und sich die Züge einer »tertiären Zivilisation« (Fourastié) abzuzeichnen begannen, wuchs zudem noch aus anderen Gründen die Attraktivität der suburbanen Räume: Die Ausdehnung der arbeitsfreien Zeit, die Tatsache, daß der zeitliche Aufwand zur Erreichung des Arbeitsplatzes bei wachsender Wohndistanz zum Betrieb infolge der ständig verbesserten Nahverkehrsverbindungen keineswegs größer wurde, das insgesamt erheblich gestiegene Durchschnittseinkommen der Arbeitnehmer und die in diesem Zusammenhang gewachsenen Ansprüche an die allgemeine Lebensqualität ließen bei immer mehr Menschen das Kriterium der Arbeitsplatznähe hinter das der Wohn- und Freizeitqualität zurücktreten. Wie die aus all diesen Anstößen gespeiste Suburbanisierung, die gelegentlich auch überspitzt als »Stadtflucht« bezeichnet wird, im einzelnen verlaufen ist[37] und welche sozial- wie mentalitätsgeschichtlichen Folgen sie hervorgerufen hat, muß noch genauer untersucht werden, doch zeigt schon ein erster Blick, daß die schichten-, gruppen- und inzwischen auch altersspezifische Segregation deutlich zusätzliche Impulse erhielt. Daraufhin begannen zwar die Stadtplaner, bei der Planung von Neubauvierteln wegen der befürchteten negativen Konsequenzen einer sich zuspitzenden Segregation Durchmischungsabsichten zu verfolgen, doch blieben deren Erfolge offenbar eher gering.

Drittens: Die hier skizzierten Vorgänge waren bereits in den zwanziger Jahren für die sozialwissenschaftliche Stadtforschung Anlaß zu dem Versuch, die typischen Züge des posturbanen Siedlungswachstums, speziell der Suburbanisierung, durch den Entwurf von Verlaufsmodellen zu identifizieren und zu deuten. Es bildete sich damals, ausgehend vor allem von den USA, ein neuer Wissenschaftszweig heraus, der inzwischen als Human- bzw. Siedlungsökologie eine Reihe von differenzierten Vorschlägen zur Erklärung der scheinbar regellosen Zersiedlung von verstädterten Räumen, speziell des Randwachstums der traditionellen Kernstädte, vorgelegt hat.[38] Der jüngste Trend dieser Forschungsrichtung führt übrigens – als konsequente Weiterführung und zugleich planerische Umsetzung siedlungsökologischer Erkenntnisse – dazu, sogenannte Öko-Siedlungen als dezentrale Gegenmodelle zur »globalen Siedlung des Industriezeitalters«, d. h. zu den »heutigen megametropolitanen Lebens- und Siedlungsformen«, zu entwerfen.[39] Zu Beginn der ökologischen Stadtforschung wurde zunächst versucht, eine quasi-gesetzmäßige Abfolge der modernen Großstadtentwicklung von innen nach außen in Form von Ringen, Zonen oder Sektoren nachzuweisen. Eine kritische Prüfung solcher Modelle führte in der Folgezeit, besonders bei ihrer Anwendung auf das mitteleuropäische Städtesystem, zu der Notwendigkeit, vor allem das Ring- bzw. Zonenmodell zu modifizieren und von mehreren Zentren, z. B. von einem Hauptzentrum und verschiedenen Unterzentren, auszugehen[40], wobei die sich um diese Zentren lagernden Ringe zwar insgesamt von jeweils relativ sozialhomogenen Bevölkerungsgruppen bewohnt werden, die jedoch in einzelnen, sich voneinander durch kulturelle, ethnische u. ä. Besonderheiten abhebenden Quartieren und Nachbarschaften, im Extremfall in ghettoähnlichen Bezirken zusammenleben.[41] Als Gründe für diese innere Ausdifferenzierung werden nicht nur ökonomische, sondern ausdrücklich auch irrationale, in erster Linie psychologisch deutbare Zusammenhänge angegeben.[42] Der Vorzug dieser Modellmodifizierung liegt zudem darin, daß die Besetzung der Ringe oder Zonen als Prozeß verstanden werden kann, der zyklischen Charakter besitzt. Hier liegt für den Stadthistoriker der besondere Reiz solcher Modelle, da er die bisher von der Siedlungsökologie herausgestellten Hauptphasen der Konstituierung, des Wandels und der Reorganisation der Zonen infolge des Eindringens neuer sozialer Gruppen in einem erheblich umfassenderen Zusammenhang sehen kann als der z. T. von recht engen biologistischen Denkmustern ausgehende Humanökologe. Vor allem die Teilprozesse der »Invasion« und »Sukzession«, verstanden als das Einfließen von zumeist sozial und kulturell niedriger stehenden Gruppen von einer Zone in die nächste, das schließlich zu einem nahezu vollständigen Wandel der bisherigen Siedlung und Nutzung durch das Hinausdrängen oder den Rückzug der bisherigen Gruppen führt, könnten den Historiker provozieren, nach den konkreten geschichtlichen Erscheinungsformen, den Verzögerungen oder Verstärkungen, den direkten sozialökonomischen Konsequenzen wie den Spätfolgen solcher Umschichtungen zu fragen und die dabei auftretenden Konflikte und – gerade auch politisch wirksamen – Ressentiments zu analysieren. Dabei ist davon auszugehen, daß solche Probleme je nach ökonomischer Lage, mentaler »Befindlichkeit« und Vorurteilsstruktur der jeweiligen Gesellschaft höchst unterschiedlich wahrgenommen und verarbeitet werden, wie sich am Beispiel der Eingliederungsprobleme der Heimatvertriebenen nach dem Zweiten Weltkrieg auf der einen, der der »Gastarbeiter« in den letzten eineinhalb Jahrzehnten auf der anderen Seite zeigt.[43] Insgesamt handelt es sich also bei diesem Problemkomplex um die Mechanismen und Erscheinungsformen der Segregation, verstanden als ein zunächst die alten Kernstädte erfassender Prozeß, der jedoch im 20. Jahrhundert zunehmend in den suburbanen Raum übergreift und in gewissem Umfang auch interregional wirksam ist. Trotz der in jüngster Zeit unternommenen administrativen wie privaten Versuche, der Abwertung, z. T. sogar »Verslumung« vor allem der um die Zentren gelagerten »zone in transition« entgegenzuwirken, ist die in erster Linie von den Mittelschichten und den jüngeren Bevölkerungsgruppen, d. h. von in besonderer Weise dynamischen Teilen der Gesellschaft angeführte Suburbanisierungsbewegung bis heute dominant. Die in diesen Schichten vorherrschende »Stadtverdrossenheit« ist zweifellos einer der wichtigsten mentalen Gründe für die in den letzten Jahren verstärkt behauptete »Krise der Stadt«.

Viertens: Diese Problematik fügt sich in einen noch umfassenderen Kontext ein, der mit der seit den zwanziger Jahren erheblich beschleunigten und nur kurzfristig durch retardierende Einflüsse gebremsten Aufspaltung der Gesellschaft in eine Arbeits- und Freizeitgesellschaft zusammenhängt und das städtische Leben wie das Städtesystem immer stärker zu tangieren beginnt. Auch diese Aufspaltung führte zu einer klar ausgeprägten, wenn auch anders begründeten räumlichen Segregation. Zwar war die Trennung von Arbeitsplatz und Wohnung bereits seit Beginn der Industrialisierung ein zentrales Phänomen, das immer mehr Menschen die Doppelrolle einer einerseits öffentlichen und andrerseits privaten Existenz aufzwang, wobei zunächst die wachsende räumliche Entfernung der Arbeits- von der Privatsphäre als zusätzliche Belastung des ohnehin äußerst knappen und im wesentlichen der Regeneration der Arbeitskraft dienenden »Freizeit«-Budgets erlebt wurde. Mit der Verkürzung der täglichen Arbeitszeit, der Verlängerung des arbeitsfreien Wochenendes und der Ausbreitung des Urlaubs für immer mehr Arbeitnehmer erhielten jedoch schon seit Beginn des 20. Jahrhunderts, verstärkt nach dem Ersten Weltkrieg und in ganz besonderem Ausmaß in den fünfziger Jahren neben dem Arbeitsplatz und dem engeren Wohnumfeld weitere Räume als spezifische Freizeiträume eine schnell wachsende Bedeutung, in denen sich dem Individuum ganz neue Möglichkeiten der Statusdefinition und des Prestigegewinns boten.[44] Da diese Räume, abgesehen von den traditionellen Vergnügungsvierteln, nur in seltenen Fällen in den Zentren der Kernstädte lagen, statt dessen – teils zufällig, teils aber auch von privaten Unternehmern, Freizeitvereinen und Kommunalverwaltungen gezielt geplant – am Stadtrand und im immer weiteren Umland erschlossen wurden (Reitsportanlagen und Golfplätze, Wanderwegenetze, Safarigehege und Freizeitparks, Schwimmbäder, öffentliche Grillplätze usw.), erhielt diese Aufspaltung in eine Arbeits- und Freizeitwelt zugleich eine ausgeprägte räumliche Dimension.

Die Identifikation der Stadtbewohner mit ihrer Stadt geriet auf diese Weise in Gefahr, sich in dem Maße zu verringern, wie die Menschen begannen, immer mehr Anteile ihrer Freizeit nicht mehr in ihrer Stadt zu verbringen. Statt der administrativen Lenkung der Freizeitpendlerströme nach außen, um die sich als erster schon in den zwanziger Jahren der Ruhrsiedlungsverband durch die Reservierung bestimmter Umlandgebiete für Erholungszwecke und entsprechende Anlage von Nahverkehrswegen bemüht hat[45], herrscht in jüngster Zeit deshalb eher der Trend vor, durch große Stadtfeste, Stadtviertelveranstaltungen, neue Massenmärkte in Fußgängerzonen u. ä. der Verödung der Innenstädte an den Wochenenden und in der Hauptferiensaison wenigstens zeitweilig entgegenzutreten. Die gewinnbringende Erschließung des Hinterlandes nach den Maßstäben des florierenden Freizeitmarktes dürfte aber auf diese Weise nicht zu bremsen sein. Abgeschieden gelegene Orte nicht nur in den Alpen oder an der See, sondern auch im stadtnahen Mittelgebirge wuchsen, sofern sie »Freizeitwert« besaßen, in dieser Phase innerhalb kurzer Zeit zu mittelgroßen Städten mit einer differenzierten und modernen Infrastruktur heran – auch dies ein Beitrag zur Verallgemeinerung von Urbanität! Neben die alten Badeorte mit ihrem ausgesuchten Publikum ist so eine Fülle neuer Freizeitziele getreten, die je nach Saison überfüllt oder entleert sind: Der Bogen spannt sich von Orten wie Ruhpolding über Winterberg bis zum holländischen Zandvoort; aber auch die vielen Campingplätze mit Dauercampern in Wohnwagen an Flüssen und Seen im Abstand von höchstens einer Autostunde rings um die Großstädte und Ballungsräume gehören hierzu. Vielleicht ist es gerade der Freizeitbereich, der auf Dauer das herkömmliche Bild der Stadt am stärksten verändert, da ihre diesbezüglichen Angebote sich mit den Angeboten der hochspezialisierten Freizeitorte immer weniger messen können.[46] Die Urlaubs- und Freizeitartikelindustrie hat zudem durch ihre Klischees diese zentrifugale Bewegung seit den fünfziger Jahren mit großem psychologischen Geschick verstärkt: Glück, Freiheit, Ungebundenheit, Anerkennung lassen sich, will man ihren Versprechungen glauben, gerade nicht im städtischen Alltagsleben finden. Die städtefeindliche Argumentation seit Ende des 19. Jahrhunderts lebt im Grunde, wenn auch äu-

ßerst geschickt versteckt, in solchen farbig beschworenen Gegen-
bildern in der modernen Massenkonsumgesellschaft weiter.[47]

Fünftens: Die tendenzielle Funktionsentleerung der Innenstädte
und die wachsende Orientierung der Städter im suburbanen Raum
haben sich darüber hinaus auch in anderen Bereichen des täglichen
Lebens durchgesetzt. Die sich im Zuge der Verstädterung im
19. Jahrhundert ungeplant vollziehende Segregation der Stadtbevölkerung und Separation städtischer Räume hatten nach dem Ersten Weltkrieg zu dem immer mehr Architekten und Stadtplaner
erfassenden Bestreben geführt, dem »Chaos der Städte« durch um-
greifende Konzeptionen entgegenzuwirken. In diesem Zusammenhang erhob 1933 ein internationaler Architektenkongreß, be-
sucht von Fachleuten aus 23 Ländern, in der vieldiskutierten
»Charta von Athen« die geplante und gelenkte innerstädtische Separation zur Prämisse zukünftiger Stadtgestaltung: Arbeiten und
Wohnen, Verkehr und Erholung sollten in je eigenen, menschenwürdigen und harmonisch gestalteten Räumen stattfinden.[48] Für
den Städtebau, besonders für den Wiederaufbau der zerstörten
Städte und Stadtviertel in Deutschland wurde diese Zielsetzung
nach dem Zweiten Weltkrieg zur wichtigsten Richtschnur, wenn-
gleich sehr bald auch Kritik an der konsequenten Trennung der
Lebensbereiche laut wurde: Es drohe dadurch, hieß es, ein »Verlust an Urbanität«, d. h. »an Lebendigkeit und Welterfahrung«.[49]
Vor allem die Entwicklung des Stadtzentrums führte zu einer sehr
augenfälligen Separation, zumal bei seiner Gestaltung auch an die
Idee der »Neuen Stadt« vom Ende des 19. Jahrhunderts angeknüpft werden konnte. Schon damals war betont worden, in der
durch Arbeitsteilung geprägten Industriegesellschaft müßten alle
»für die menschlichen Bedürfnisse zentralen Einrichtungen der
Versorgung mit Gütern und Diensten« jeweils gut erreichbar in
den Stadtzentren angesiedelt sein.[50]

Die seit der zweiten Hälfte des 19. Jahrhunderts zu beobachtende
City-Bildung erreichte in den fünfziger und sechziger Jahren des
20. Jahrhunderts eine neue Stufe, die sich in erster Linie in einem
»Bevölkerungskrater« von ständig wachsendem Radius ausdrückte. Banken, Versicherungen, Verwaltungs- und Bürogebäude aller
Art, große Warenhäuser und Geschäfte mit Luxusartikeln traten
nun immer ausschließlicher an die Stelle der ehemals vorfindbaren
Geschäfte des alltäglichen Bedarfs, der Handwerksbetriebe und
sonstigen Produktionsstätten, der Gaststätten und noch vorhan-

denen Wohnhäuser.[51] Da gleichzeitig der Individualverkehr sprunghaft zunahm und die vielen Kraftfahrzeuge die Innenstädte vor allem in den Stoßzeiten, den »rush-hours«, in ein Chaos verwandelten, das potentielle Käufer von einem Besuch der City-Geschäfte abzuschrecken begann, gewann die Idee der »autogerechten Stadt« bei den Planern immer mehr an Boden; zugleich setzte sich die Einführung von Fußgängerzonen durch. Eine neue Welle der Innenstadtverwandlung nahm ihren Lauf: Die Errichtung großer Parkhäuser und Tiefgaragen, der Bau von Cityringstraßen und schließlich die Anlage von U-Bahnen, die selbst in mittleren Großstädten wie in Bochum dem Käufer den Entschluß zum autolosen Besuch der Innenstadt erleichtern sollten, ließen – und lassen noch heute – die Zentren der meisten deutschen Städte zu permanenten Baustellen werden. Die betont auf Attraktivitätssteigerung ausgerichteten Fußgängerzonen verstärkten den Verdrängungsprozeß des Einzelhandels – mit Ausnahme der Luxusgeschäfte – noch zusätzlich, denn die sprunghaft steigenden Boden- und Pachtpreise konnten nur noch die kapitalkräftigsten Anbieter und die großen Kaufhauskonzerne bezahlen.[52] Zudem war der Einzelhandel immer weniger in der Lage, mit den Warenpreisen und der Angebotsbreite der Warenhäuser zu konkurrieren. Daß sich auch die architektonische Gestaltung, besonders die Fassadengestaltung, in den Citystraßen und Fußgängerzonen entsprechend änderte und das Erscheinungsbild der Großstadtzentren uniformierte, sei nur am Rande erwähnt. Nicht nur in der City, auch in den sie umgebenden Vierteln, in denen meistens eine relativ überalterte Bevölkerung lebte und lebt, verschwanden infolge der City-Separation immer mehr kleine Läden, die Artikel des täglichen Bedarfs geführt hatten. Leidtragende dieser Entwicklung waren jene Personen, die darauf angewiesen waren, ihre Lebensmitteleinkäufe zu Fuß zu erledigen – besonders die älteren Menschen, »deren Aufwand an Zeit und Mühe durch die Entwicklung des Rückzugs des Einzelhandels aus der Fläche zweifellos wesentlich vergrößert wurde«.[53] Allerdings führten die vielen Anstrengungen, die Attraktivität der City zu erhöhen und ihre Erreichbarkeit zu verbessern, keineswegs zu der von den dortigen Waren- und Dienstleistungsanbietern erhofften Umsatzsicherheit. In zweifacher Weise erwuchsen ihnen in den letzten Jahren Konkurrenten an den Stadträndern und im suburbanen Raum.

Zum einen konnten sich häufig die Ortskerne der ehemals selbständigen, dann eingemeindeten Vorortgemeinden nach einer Phase des Niedergangs letztlich doch als verstädtische Unterzentren behaupten. Sie zogen durch ihr inzwischen verbessertes Waren- und Dienstleistungsangebot, z. B. durch die Einrichtung von Filialen von Ladenketten, Banken und Sparkassen, durch ihre Überschaubarkeit und günstigere Erreichbarkeit immer mehr Kunden und auch Investoren an. Ein Besuch in der Innenstadt wurde infolgedessen für viele »Städter«, wenn sie nicht in der City beschäftigt waren, immer seltener nötig. Zum anderen entstanden nach amerikanischem Vorbild auf dem Reißbrett entworfene große Einkaufszentren »auf der grünen Wiese« vor den Toren der Städte, meist an Ausfallstraßen oder in der Nähe von Autobahnausfahrten gelegen. Parkplatzprobleme gibt es hier nicht; auch größere Waren und Warenmengen lassen sich problemlos mit dem eigenen Wagen abholen. Aufgrund des billigeren Hallen- und Fertigteilbaus, der günstigeren Boden- und Pachtpreise, der unkomplizierteren Warenanlieferung u. ä. können die Artikel in den Lebensmittel-Discountgeschäften, in den großen Möbellagern, Baumärkten, Gartencentern usw. meist billiger angeboten werden als in der City. Daß hierdurch die schon in anderem Zusammenhang erwähnte zentrifugale Ausrichtung der städtischen Bevölkerung zusätzliche Impulse erhielt, liegt auf der Hand. Für den Historiker wäre es reizvoll, auch hier zu erfahren, welche mentalen, ökonomischen, kommunalpolitischen Zusammenhänge und Hintergründe diese noch nicht abgeschlossene Umorientierung im einzelnen hervorgerufen haben und wo ihre Wurzeln liegen. Die historische Analyse der sich wandelnden Bedürfnisstrukturen, die zur Erschließung neuer bedeutsamer Aktionsräume gerade auch für Investoren, Anbieter und Kunden außerhalb der traditionellen Bereiche geführt und mindestens in Teilbereichen die herkömmliche Bedeutung der »zentralen Orte« geradezu auf den Kopf gestellt haben, ist jedenfalls noch ebenso zu leisten wie die Untersuchung der Folgen, die eine solche Umorientierung etwa für die öffentlichen wie privaten Haushalte auf Dauer besitzt. Seit Anfang der siebziger Jahre wird unter den Städteplanern – ganz offensichtlich in Absetzung von den Prinzipien der »Charta von Athen« – von einer »Fehlentwicklung der Innenstadtgebiete durch Funktionsentmischung« gesprochen. Heute sucht man nach Wegen, wie die durch die Separation in den Kerngebieten gewachsenen Investitionsrisiken »durch multifunktionale und funktionsvariable Gebäudestrukturen« behoben werden können.[54]

Sechstens: Noch in einem weiteren Bereich, der den Urbanisierungsprozeß des 19. Jahrhunderts in beträchtlichem Umfang mitbestimmt hat, vollzogen sich im 4. und beim Übergang zum 5. Akt der modernen deutschen Stadtgeschichte erhebliche Wandlungen: in der städtischen Leistungsverwaltung oder – allgemeiner ausgedrückt – Daseinsvorsorge, die in besonderer Weise in der Urbanisierungsphase integrative Funktionen besessen hat. Es ist bereits darauf hingewiesen worden, daß dieses Betätigungsfeld der Städte, vor allem dort, wo es mit Hilfe kommunaler Wirtschaftsunternehmen abgedeckt wurde, in der Endphase der Weimarer Republik Anlaß für eine massive Kritik von seiten der privatwirtschaftlichen Spitzenverbände gewesen war. Sinn, Zweck und Reichweite der Leistungsverwaltung als eines wichtigen Teils der kommunalen Selbstverwaltungsaufgabe standen von nun ab immer wieder zur Debatte. So wurde in der Auseinandersetzung um die sog. »kalte Sozialisierung« den großen Städten u. a. ein angeblich die Volkswirtschaft schädigendes, den freien Wettbewerb verzerrendes »staatskapitalistisches« Verhalten vorgeworfen.[55]

Die ebenfalls bereits erwähnte »Krise der Selbstverwaltung« zu Beginn der dreißiger Jahre und die fortschreitende Aushöhlung, ja Zerstörung der selbständigen Kommunalverwaltung im »Dritten Reich«, dessen Machthaber und Ideologen die Gemeinden nur noch als »Zellen des Bewegungsstaates«[56] bestehen lassen wollten, führten dann zwar nicht zur Beendigung, aber doch zu einer schweren Beeinträchtigung der selbstverantwortlichen gemeindlichen Daseinsvorsorge: Sie wurde Schritt um Schritt zurückgedrängt, wie sich am Beispiel der kommunalen Elektrizitätswirtschaft und an der Aktivität der Nationalsozialistischen Volkswohlfahrt (NSV) sehr gut zeigen läßt.[57] Es handelt sich hierbei um einen Prozeß, »der von der Wirtschaft, den ständischen Organisationen, den staatlichen Sonderbehörden und schließlich auch den einzelnen Ressorts getragen wurde«[58] und letztlich in einem selbst von den Fachleuten nicht mehr zu entwirrenden Kompetenzenchaos endete. Wie schon im Ersten Weltkrieg stärkten jedoch die Anforderungen des Krieges, besonders die Versorgungsprobleme, wieder die Bedeutung der Gemeinden und ihre Funktion als wichtige Träger der öffentlichen Daseinsvorsorge[59] – ein Trend, der sich in der unmittelbaren Nachkriegszeit noch ausgeprägter fortsetzte. Die jetzt wieder zunehmende Eigenständigkeit der Städte und Gemeinden, deren Ausmaß sich letztlich jedoch in den traditionellen Grenzen hielt[60], drückte sich dann in der Folgezeit, ähnlich wie in der Weimarer Republik, u. a. in den Wirtschaftsunternehmen der kommunalen Leistungsverwaltung aus, deren Stellung in immer mehr Städten durch den Übergang vom Prinzip des kameralistischen »Regiebetriebs« zu dem des nach modernen betriebswirtschaftlichen Gesichtspunkten geführten »Eigenbetriebs« zusätzlich konsolidiert wurde.[61]

Damit begann jedoch zugleich eine Entwicklung, die infolge des zunehmenden Rentabilitätsdrucks, besonders aber durch ökonomische Umstrukturierung und technische Anpassungszwänge, durch neue Belastungen und Herausforderungen längerfristig zu einem beträchtlichen Funktionswandel eines großen Teils der kommunalen Wirtschaftstätigkeit führte.[62] Ohne daß schon exakte Aussagen im Detail gemacht werden könnten, bezieht sich diese Bemerkung z. B. auf die zurückgehenden oder sogar bewußt aufgegebenen Möglichkeiten, mit Hilfe der Eigenbetriebe umfassenden Einfluß auf die örtliche Arbeitsmarktsituation zu nehmen, im städtischen Raum eine wirtschaftliche Regulierungspolitik zu betreiben, durch gezielte Investitionen antizyklische Impulse zu geben und durch eine betont sozialpolitisch bestimmte Tarifgestaltung – etwa bei den Nahverkehrsmitteln – verteilungspolitisch einzugreifen. Die Richtlinienkompetenz der Stadtverordnetenversammlung oder Stadtverwaltung für die Betriebe der kommunalen Leistungsverwaltung verringerte sich zudem in dem Maße, wie diese in überörtlichen gemischtwirtschaftlichen Gesellschaften und Verbundsystemen aufgingen. Die immer kostspieligere Modernisierung der herkömmlichen Versorgungsnetze der Wasser-, Gas- und Elektrizitätsversorgung, neue Energieangebote wie Fernwärme und Erdgas, die Unrentabilität zu kleiner Eigenbetriebe (z. B. Schlachthöfe, Müllverbrennungsanlagen), die erhofften Vorteile von Nahverkehrsverbundsystemen u. ä. führten in den letzten zwei Jahrzehnten immer häufiger zum Zusammenschluß der Eigenbetriebe benachbarter Städte oder ganzer Regionen in gemischtwirtschaftlichen Unternehmen mit kommunalen wie privaten Anteilseignern.[63] Erste Unternehmen dieser Art waren bereits Ende des 19. Jahrhunderts entstanden, z. B. eins der bedeutsamsten, die Rheinisch-Westfälische Elektrizitätswerke AG (RWE) im Jahre 1897, jedoch hat die »Entörtlichung« vieler städtischer Ver- und Entsorgungsbetriebe, d. h. ihre Einbindung in überörtliche Systeme, erst in der jüngsten Vergangenheit solch rasche Fortschritte gemacht, daß sich die Frage nach ihrer Kontrollierbarkeit durch die Bürger immer drängender stellt, wenn man den ursprünglich gemeindlich-genossenschaftlichen Charakter dieser Betriebe und ihren auf alle Bürger gerichteten Daseinsvorsorgezweck nicht aufgeben will. Auch wenn in einer größeren Anzahl von Bereichen eine stärkere Entflechtung und Rückführung in einzelstädtische Regie schon aus technischen Gründen gar nicht mehr möglich und gerade bei der Versorgung von Ballungsräumen jede Kirchturmpolitik eher bürgerfeindlich als bürgernah wäre, trat doch in der oft von Bürgerinitiativen getragenen öffentlichen Forderung nach Berücksichtigung und Befriedigung neuer Bedürfnisse, vor allem gesundheitspolitischer, ökologischer und denkmalpflegerischer Art, die Problematik der Entwicklung großer und wenig flexibler Verbundsysteme zutage. Grundsätzlich zeigt sich hier, daß der Inhalt des Begriffs »Daseinsvorsorge« historisch bedingt ist: Sowohl das, was unter »Dasein« jeweils primär verstanden wurde, als auch der Kreis derer, auf den sich die »Vorsorge« in erster Linie bezog, unterlag und unterliegt geschichtlichen Wandlungen. Gesellschaftlicher Normen- und Wertewandel spielte und spielt dabei ebenso eine Rolle wie das Aufkommen neuer Bedrohungen und Belastungen des »Daseins« aller oder einzelner Gesellschaftsgruppen.

Da die Stadt – »seine« Stadt – dem Bürger in einer Reihe von Bereichen immer weniger direkte Vorsorge zu bieten vermag und in ihren Entscheidungen von den Planungsstäben überörtlicher Verbundgesellschaften abhängig ist, droht auch hier ein Verlust an Identifikation mit der Stadt. Die gestiegene Bereitschaft zu meist oppositionellen Bürgerinitiativen aller Art, die häufig keine übergreifenden Ziele, sondern nur die Abwehr von Entscheidungen anonymer und bürgerferner Verwaltungen in städtischen Teilbereichen verfolgen[64], ist ein weiteres Symptom für den Rückgang städtischer Integrationskraft und damit für wachsende innerstädtische Labilität. Anders ausgedrückt: »Der Prozeß der Dienstleistung ›Planung‹, dem ein Prozeß der Entselbständigung des Individuums entspräche, tendiert zur neuen Herrschaftsbildung des Trägers solcher Planung«, deren Objekte dann Verwaltungseinheiten sind, die mit der traditionellen Stadt kaum noch etwas zu tun haben.[65] Ob die vor wenigen Jahren eingerichteten Bezirksräte und Bezirksparlamente diesen Trend zu mildern oder gar umzukehren vermögen, ist bisher noch ebenso fraglich wie der Erfolg der von vielen Stadtverwaltungen inzwischen intensiv betriebenen Image-Werbung bei ihren eigenen Bürgern. Im Zuge der wieder verstärkt erwachten Suche nach »Heimat«[66] scheinen es jedenfalls meist nicht mehr die Städte zu sein, die der Bürger als seine »Heimat« identifiziert – zumal er oft seit den letzten Gebietsreformen und Eingemeindungen deren Grenzen nicht mehr kennt –, sondern kleinere, überschaubarere Einheiten: Stadtviertel oder einzelne Straßenzüge, früher selbständige und dann eingemeindete Ortskerne u. ä.

Es ist wohl auch kein Zufall, daß das nach einer Blüte in der Nachkriegszeit fast vergessene, stark romantisch gefärbte »Nachbarschaftskonzept« als Gegenmittel gegen die »gemeindepolitische Gleichgültigkeit« und »emotionale Verarmung« in den als chaotisch empfundenen Ballungsräumen[67] in jüngster Zeit wieder als Lösung angeboten und diskutiert wird.[68] Auf die tendenzielle Entgrenzung der Stadt im Gefolge der Urbanisierung und Suburbanisierung reagieren viele Bürger offenbar mit der Sehnsucht nach klarer Struktur, nach Überschaubarkeit und Begrenzung ihres Lebensraumes, durch die sie verlorengegangene Geborgenheit wiederzufinden hoffen. Welche Gruppen mit welchen konkreten Zielen und aus welchen Motiven im einzelnen hinter solchen Konzepten gestanden haben und heute wieder stehen, müßte allerdings noch untersucht werden.

Um abschließend noch einmal auf die Analogie zum klassischen Drama zurückzukommen: Der 5. Akt der modernen deutschen Stadtgeschichte hat offenbar erst in den letzten zehn bis fünfzehn Jahren begonnen. Sein öffentlichkeitswirksames Leitthema lautet »Krise der Stadt«. Allerdings ist man immer schon mit dem Krisenbegriff allzu schnell bei der Hand gewesen, wenn unüberschaubare Entwicklungen abliefen, deren Richtung und Ergebnisse widersprüchlich waren und keine klaren Konturen besaßen. Ob die einleuchtende Feststellung tatsächlich stimmt: »Über den Metropolitanisierungsprozeß entsteht das neue Siedlungssystem von Suburbia auf Kosten der Kernstadt«[69], wird erst die weitere Zukunft zeigen. Statt von »Krise« läßt sich allenfalls von einem starken Umformungsprozeß einer Reihe herkömmlicher Strukturen und Funktionen der im 19. Jahrhundert entstandenen modernen Stadt sprechen. Die Frage, wie auf die damit verbundenen Herausforderungen weitsichtig zu reagieren wäre, läßt sich jedenfalls nicht mehr in der einzelnen Stadt und nicht ohne eine breitangelegte, interdisziplinäre Raumordnungsforschung beantworten.

Ansätze zu einer derartigen Forschung bestehen – einschließlich entsprechender Institute – seit Jahren, eine überzeugende und konsensfähige Aussage über die zentralen Ziele einer zukünftigen Raumordnungspolitik steht jedoch vorerst noch aus.[70] Eines ist sicher, aber bisher kaum berücksichtigt: Eine Raumordnungsplanung benötigt die z. T. weit zurückreichende Analyse der historischen Prozesse, die zum Ist-Stand hinführen, sonst ist jede Planung »boden«los, und jede Suche nach Kriterien für die bewußt gewollte Erhaltung und den gezielt in Gang gesetzten Wandel greift viel zu kurz. Viele Themen, die in den vorgestellten sechs Aspekten nur angeschnitten oder noch gar nicht erwähnt worden sind, müßten unter stadt- und urbanisierungshistorischem Blickwinkel behandelt werden, z. B.

– die Entwicklung der Bevölkerungsstruktur und die Einbindung der bisherigen demographischen Erkenntnisse in sozialgeschichtliche Zusammenhänge;
– die Probleme des Wohnens und die Prinzipien von Wohnungsbau und Wohnungsbauförderung einschließlich ihrer Folgen;
– die historischen Wandlungen der traditionellen Kommunikationsgeflechte und Sozialisationsräume vor allem mit dem Blick auf die jeweils nachwachsenden Generationen und die städtischen Minderheiten (z. B. die »Gastarbeiter«);
– der durchaus wirksame »halböffentliche Raum« – d. h. die Vereine, das Klubwesen, die Interessengruppen aller Art – und seine Bedeutung für den einzelnen wie für die Allgemeinheit;
– die sich wandelnden Funktionen und Chancen der kirchlichen, kulturellen und Bildungseinrichtungen für die Stadtbewohner einschließlich ihrer historischen und aktuellen Formen der Einflußnahme auf das städtische Leben;
– die Bodenpreisentwicklung und -politik mit ihren Folgen für die Raumaneignung, Raumbeherrschung und Raumnutzung;
– die sich wandelnden Erscheinungsformen städtischer Kriminalität, überhaupt aller abweichenden Verhaltensweisen;
– die Einflüsse der neuen sozialen Bewegungen auf die kommunale Politik und die Konzeptionen der etablierten Parteien usw.

Angesichts dieser noch erheblich erweiterbaren Auflistung bietet sich hier – eher abbrechend als abschließend – eine Wiederholung der inzwischen oft zitierten, aber nach mehr als 20 Jahren noch immer im Kern zutreffenden Feststellung des großen Anregers der modernen Stadtgeschichtsforschung in Deutschland, Hans Herzfeld, an, der sich 1962 darüber gewundert hat, daß angesichts der »Fülle der historischen Aufgaben« auf dem Gebiet der modernen Stadtforschung – und man kann hinzufügen: der Urbanisierungsforschung – diese »grüne Weide anziehender Themen bisher so hartnäckig« vernachlässigt worden sei.[71] Das Wort »hartnäckig« trifft heute nicht mehr zu, wie schon ein Blick auf die Auswahlbibliographie zeigt. Daß jedoch weiterhin viele Forschungsdefizite bestehen, wird nicht erst deutlich, wenn man sich jener »grünen Weide« nähert, sondern auch schon dann, wenn man etwas über die historischen Zusammenhänge der während der letzten Jahre in der Öffentlichkeit lebhaft diskutierten aktuellen »Krise der Stadt« erfahren möchte.[72]

Abkürzungsverzeichnis

AfK	Archiv für Kulturgeschichte
AfKomm	Archiv für Kommunalwissenschaften
AfS	Archiv für Sozialgeschichte
ALR	Allgemeines Landrecht
Art.	Artikel
DIFU	Deutsches Institut für Urbanistik
Diss.	Dissertation
DZAM	Deutsches Zentralarchiv Merseburg
Gd	Geschichtsdidaktik
Geh.StA	Geheimes Staatsarchiv
GG	Geschichte u. Gesellschaft
GWU	Geschichte in Wissenschaft u. Unterricht
Habil.	Habilitationsschrift
Hb.	Handbuch
Hg.	Herausgeber
HSt	Handwörterbuch der Staatswissenschaften
HSW	Handwörterbuch der Sozialwissenschaften
HZ	Historische Zeitschrift
IMS	Informationen zur modernen Stadtgeschichte
IWK	Internationale wissenschaftliche Korrespondenz zur Geschichte der deutschen Arbeiterbewegung
Jb.	Jahrbuch
MEW	Marx-Engels-Werke
NF	Neue Folge
NWB	Neue Wissenschaftliche Bibliothek
Stat. Jb.	Statistisches Jahrbuch
VSWG	Vierteljahresschrift für Sozial- u. Wirtschaftsgeschichte
ZFG	Zeitschrift für Geschichtswissenschaft
ZSSD	Zeitschrift für Stadtgeschichte, Stadtsoziologie u. Denkmalpflege (seit 1978: Die alte Stadt)

Anmerkungen

Einleitung

1 H. Stoob, Vorwort, in: ders. Hg. Die Stadt. Gestalt u. Wandel bis zum industriellen Zeitalter, Köln 1979, IX; s. auch E. Pfeil, Großstadtforschung. Entwicklung u. gegenwärtiger Stand, Hannover 1972[2], 1 f.

2 R. Mackensen, Daseinsformen der Großstadt, Tübingen 1959, 2.

3 S. dazu: W. Hofmann, Stadtgeschichte oder Urbanisierungsgeschichte? in: IMS 1984, Heft 1, 1–4.

4 Vgl. J. Reulecke, Stadtgeschichtsschreibung zwischen Ideologie u. Kommerz. Ein Überblick, in: Geschichtsdidaktik 7. 1982, 1–18.

5 Stiftung Volkswagenwerk, Merkblatt 31, Dez. 1982, 1.

6 S. hierzu die anregenden Informationen und Überlegungen in den beiden Einleitungsbeiträgen des von H. J. Teuteberg hg. Sammelbandes: Urbanisierung im 19. u. 20. Jahrhundert, Köln 1983: ders., Historische Aspekte der Urbanisierung: Forschungsstand u. Probleme, 2–34; H. Heineberg, Geographische Aspekte der Urbanisierung: Forschungsstand u. Probleme, 35–63. Auf die Ausführungen der beiden Autoren sei ausdrücklich verwiesen.

7 Vgl. K. Litz, Theorie einer Raumgeschichte, in: Die alte Stadt 9. 1982, 52–76.

8 S. den Diskussionsbeitrag von K. Bosl in: W. Rausch Hg., Die Städte Mitteleuropas im 19. Jahrhundert, Linz 1983, 245.

9 Kritische und verteidigende Stellungnahmen zur »Alltagsgeschichte« liegen inzwischen in großer Zahl vor. Einen guten Überblick über verschiedene Positionen gibt D. Peukert, Arbeiteralltag – Mode oder Methode? in: H. Haumann Hg., Arbeiteralltag in Stadt u. Land. Neue Wege der Geschichtsschreibung, Berlin 1982, 8–39; s. auch P. Borscheid, Plädoyer für eine Geschichte des Alltäglichen, in: ders. u. H. J. Teuteberg Hg., Ehe, Liebe, Tod, Münster 1983, 1–14.

10 S. dazu H. W. Schröder Hg., Moderne Stadtgeschichte, Stuttgart 1979.

Kapitel I

1 O. Neuloh, Sozialer Wandel u. Industrialisierung im 19. Jahrhundert, in: ders. u. W. Rüegg Hg., Zur soziologischen Theorie u. Analyse des 19. Jahrhunderts, Göttingen 1971, 69.

2 Vgl. B. Schäfers, Phasen der Stadtbildung u. Verstädterung, in: ZSSD

4. 1977, 255 f.; außerdem C. Engeli, Siedlungsstruktur u. Verwaltungsgrenzen der Stadt im Verstädterungsprozeß, in: ebd., 288 ff.

3 Erlebnis des Reisenden J. M. Schwager, Bemerkungen auf einer Reise durch Westphalen, bis an u. über den Rhein, Leipzig 1804, 49 ff.

4 Vgl. Stoob Hg., Vorwort, IX.

5 J. H. Zedler, Großes Vollständiges Universal-Lexikon, Bd. 39, Leipzig 1743, 768.

6 ALR, 8. Titel, 1. Abschnitt, § 1, zit. nach W. Conze, Die preußische Reform unter Stein u. Hardenberg, Stuttgart 1966³, 45.

7 Immediatbericht der Minister Schrötter und Stein vom 9. 11. 1808, zit. ebd. 52.

8 R. Koselleck, Preußen zwischen Reform u. Revolution, Stuttgart 1975², 561.

9 Ebd., 581; s. auch W. Hofmann, Preußische Stadtverordnetenversammlungen als Repräsentativ-Organe, in: J. Reulecke Hg., Die deutsche Stadt im Industriezeitalter, Wuppertal 1980², 41.

10 Vgl. T. Nipperdey, Verein als soziale Struktur in Deutschland im späten 18. u. frühen 19. Jahrhundert, in: ders., Gesellschaft, Kultur, Theorie, Göttingen 1976, 181.

11 C. T. Welcker, Art. Städte, städtische Verfassung, in: Staats-Lexikon, 15. Bd., Altona 1843, 104–117, Zitate 105 u. 116.

12 Koselleck, 581.

13 Ebd.; vgl. auch W. Köllmann, Sozialgeschichte der Stadt Barmen im 19. Jahrhundert, Tübingen 1960, 223.

14 Welcker, 114.

15 F. Murhard, Art. Staatsverwaltung, in: Staats-Lexikon, 15. Bd., 104.

16 Vgl. dazu K. Obermann, Die Volksbewegung in Deutschland von 1844 bis 1846, in: ZfG 5. 1957, 505 f.

17 S. dazu P. Marschalck, Bevölkerungsgeschichte Deutschlands im 19. u. 20. Jahrhundert, Frankfurt 1984, 21 ff.

18 Vgl. R. Koser, König Friedrich d. Gr., Bd. 1, Stuttgart 1901, 379 f.

19 Vgl. H. Harnisch, Die kapitalistische Agrarreform, in: B. Vogel Hg., Preußische Reformen 1807–1820, Königstein 1980, 119; außerdem G. Ipsen, Die preußische Bauernbefreiung als Landesausbau, in: W. Köllmann u. P. Marschalck Hg., Bevölkerungsgeschichte, Köln 1972, 154–189, bes. 162.

20 P. Marschalck, Deutsche Überseewanderung im 19. Jahrhundert, Stuttgart 1972, 34 ff.

21 Vgl. W. Köllmann, Die Bevölkerung der Industriegroßstadt Barmen vor u. während der Industrialisierungsperiode, in: ders., Bevölkerung in der industriellen Revolution, Göttingen 1974, 186–207.

22 Vgl. ders., Aus dem Alltag der Unterschichten in der Vor- u. Frühindustrialisierung, in: J. Reulecke u. W. Weber Hg., Fabrik–Familie–Feierabend, Wuppertal 1978², 26.

23 Hierzu und zum folgenden O. Lüning, Reisebilder, in: Westphälisches Dampfboot 1. 1845, 414.

24 Zit. nach G. Huck u. J. Reulecke Hg., Reisen im Bergischen Land um 1800, Neustadt/Aisch 1978, 216f.

25 Vgl. F. Engels, Briefe aus dem Wuppertal (1839), in: MEW, Bd. 1, Berlin 1972, bes. 413.

26 Zit. nach Köllmann, Bevölkerung in der industriellen Revolution, 106.

27 Vgl. H. Schinkel, Armenpflege u. Freizügigkeit in der preußischen Gesetzgebung vom Jahre 1842, in: VSWG 50. 1963, 476.

28 Aus einer Kabinettsorder vom 18. 2. 1838, zit. ebd. 469.

29 Zit. nach B. Weisbrod, Wohltätigkeit u. »symbolische Gewalt« in der Frühindustrialisierung, in: H. Mommsen u. W. Schulze Hg., Vom Elend der Handarbeit, Stuttgart 1981, 346.

30 Vgl. dazu J. Reulecke, Sozialer Frieden durch soziale Reform, Wuppertal 1983, bes. 87ff.

31 W. Köllmann, Bevölkerungsgeschichte 1800–1970, in: Handbuch der deutschen Wirtschafts- u. Sozialgeschichte, Hg. W. Zorn, Bd. 2, Stuttgart 1976, 14.

32 Vgl. J. Reulecke, Nachzügler u. Pionier zugleich: das Bergische Land u. der Beginn der Industrialisierung in Deutschland, in: S. Pollard Hg., Region u. Industrialisierung, Göttingen 1980, 52–68.

33 Vgl. K. Czok, Die Stadt. Ihre Stellung in der deutschen Geschichte, Leipzig 1969, 90.

34 Diese gegenseitige Bedingtheit von Arbeitsplätzen im sekundären und im tertiären Sektor hat als erster Werner Sombart als »Gesetz des doppelten Stellenwertes« bezeichnet. Es besagt, daß eine neugeschaffene Stelle in der Industrie die Einrichtung einer weiteren Stelle im Dienstleistungsbereich nach sich gezogen habe. S. dazu W. Köllmann, Von der Bürgerstadt zur Regional-»Stadt«, in: Reulecke, Stadt, 25, Anm. 32; dort auch der Hinweis auf die Begrenztheit dieses »Gesetzes« mit Blick auf die Verhältnisse in einer postindustriellen Gesellschaft.

35 Vgl. W. T. Kantzow, Sozialgeschichte der deutschen Städte u. ihres Boden- und Baurechts bis 1918, Frankfurt 1980, bes. 140f.

36 D. Schwab, Art. »Eigentum«, in: Geschichtliche Grundbegriffe, Hg. O. Brunner u. a., Bd. 2, Stuttgart 1975, bes. 83ff.

37 W. Hegemann, Das steinerne Berlin. Geschichte der größten Mietskasernenstadt der Welt, Nd. Braunschweig 1979; s. auch J. F. Geist u. H. Kürvers, Das Berliner Mietshaus, 1740 bis 1862, München 1980.

38 G. Liebchen, Zu den Lebensbedingungen der unteren Schichten in Berlin im Vormärz, in: O. Büsch Hg., Untersuchungen zur Geschichte der frühen Industrialisierung vornehmlich im Wirtschaftsraum Berlin/Brandenburg, Berlin 1971, 299ff.; vgl. auch J. Wietog,

Der Wohnungsstandard der Unterschichten in Berlin, in: W. Conze u. U. Engelhardt Hg., Arbeiterexistenz im 19. Jahrhundert, Stuttgart 1981, 114–137.

39 Engeli, 291 f.; Czok, 80 f.
40 Vgl. J. J. Lee, Aspects of Urbanization and Economic Development in Germany 1815–1914, in: P. Abrams u. E. A. Wrighley Hg., Towns in Societies, Cambridge 1978, 282.
41 Vgl. H. Matzerath, Grundstrukturen städtischer Bevölkerungsentwicklung in Mitteleuropa im 19. Jahrhundert, in: W. Rausch Hg., Die Städte Mitteleuropas im 19. Jahrhundert, Linz 1983, 27 f.
42 G. Ipsen, Art. Stadt, IV, in: HSW, Bd. 9, Stuttgart 1956, 789.
43 Zit. nach F. Harkort, Schriften u. Reden zu Volksschule und Volksbildung, Hg. K.-E. Jeismann, Paderborn 1969, 83; R. Mohl, Über die Nachteile der fabrikmäßigen Industrie, in: C. Jantke u. D. Hilger Hg., Die Eigentumslosen, Freiburg 1965, 302.
44 Zit. nach K. Bergmann, Agrarromantik u. Großstadtfeindschaft, Meisenheim 1970, 38 u. 41.
45 Zit. nach Jantke u. Hilger, 392.
46 K. Quentin in: Mittheilungen des Centralvereins für das Wohl der arbeitenden Klassen, Bd. 1, 1848/49, 502, zit. nach der Faksimile-Ausgabe Hagen 1980.
47 Vgl. L. Niethammer u. F. Brüggemeier, Wie wohnten die Arbeiter im Kaiserreich? in: AfS 16. 1976, 63.
48 Hierzu und zum folgenden J. Paulsen, V. A. Huber als Sozialpolitiker, Leipzig 1931, bes. 77 ff.
49 Zit. nach Mittheilungen des Centralvereins, Bd. 2, 1850/51, 772.
50 Ebd., 961.
51 Zit. nach Paulsen, 194.

Kapitel II

1 Vgl. dazu S. Pollard, Einleitung, in: ders. Hg., 12; außerdem H. Kiesewetter, Erklärungshypothesen zur regionalen Industrialisierung in Deutschland im 19. Jahrhundert, in: VSWG 67. 1980, 305–33.
2 Geh. StA Berlin-Dahlem, Rep. 84a, Nr. 10.956, Kommissionsbericht vom 7. 5. 1853.
3 Ebd., Denkschrift des Herrenhauses vom 22. 1. 1855, 8.
4 Vgl. hierzu und zum folgenden H. Volkmann, Die Arbeiterfrage im preußischen Abgeordnetenhaus 1848–1869, Berlin 1968, 89.
5 Zit. ebd., 81.
6 Vgl. Geh. StA Berlin-Dahlem, Rep. 84a, Nr. 10.956, Drucksachen 273 u. 433.
7 Vgl. Quellen zum modernen Gemeindeverfassungsrecht in Deutschland, Bearb. C. Engeli u. W. Haus, Stuttgart 1975, 370 ff.; s. auch H.

Heffter, Die deutsche Selbstverwaltung im 19. Jahrhundert, Stuttgart 1950, 331 ff.

8 Zit. nach H. Matzerath, Von der Stadt zur Gemeinde, in: AfKomm. 13. 1974, 29.

9 Zit. nach Heffter, Selbstverwaltung, 331.

10 Quellen, 396 ff.

11 Matzerath, Von der Stadt, 35.

12 Vgl. Volkmann, 87.

13 Geh. StA Berlin-Dahlem, Rep. 84a, Nr. 10.956, Drucksache 433.

14 Ebd., Nr. 10.957, Antrag des Baron v. Senfft vom 6. 2. 1856.

15 Ebd., Nr. 10.956, Drucksache 433, 6 f.

16 Vgl. W. Köllmann, Die Anfänge der staatlichen Sozialpolitik in Preußen bis 1869, in: E. W. Böckenförde u. R. Wahl Hg., Moderne deutsche Verfassungsgeschichte, Köln 1972, 421.

17 Vgl. Marschalck, Überseewanderung, 35 f.; außerdem K. J. Bade, Vom Auswanderungsland zum Einwanderungsland?, Berlin 1983, 17 ff.

18 Köllmann, Bevölkerungsgeschichte 1800–1970, 30.

19 Matzerath, Grundstrukturen, 27.

20 Ebd., 30.

21 D. Lerner, Die Modernisierung des Lebensstils, in: W. Zapf Hg., Theorien des sozialen Wandels, Köln 1970[2], 370.

22 Vgl. neben der breiten geographischen Forschung zum Thema der »zentralen Orte« bes. M. Mitterauer, Das Problem der zentralen Orte als sozial- u. wirtschaftshistorische Forschungsaufgabe, in: VSWG 58. 1971, vor allem 463 ff.

23 Vgl. dazu Niethammer u. Brüggemeier, 106 f.

24 H. Croon, Zur Entwicklung der Städte im 19. u. 20. Jahrhundert, in: Studium Generale 16. 1963, 569 f.

25 Ebd., vgl. auch E. Pfeil, Großstadtforschung, Hannover 1972[2], 120.

26 H. Croon, Städtewandlung u. Städtebildung im Ruhrgebiet im 19. Jahrhundert, in: M. Braubach u. a. Hg., Aus Geschichte u. Landeskunde, Bonn 1960, 484–501; außerdem F. J. Brüggemeier u. L. Niethammer, Schlafgänger, Schnapskasinos u. schwerindustrielle Kolonie, in: J. Reulecke u. W. Weber Hg., Fabrik–Familie–Feierabend, Wuppertal 1978[2], bes. 138 ff.

27 Pfeil, 38 f.; P. Steinbach, Einleitung, in: W. H. Riehl, Die bürgerliche Gesellschaft, Frankfurt 1976, 23; grundsätzlich dazu Bergmann, 38 ff.

28 Vgl. W. Weber, Arbeiterwohnungsfrage u. Lösungsangebote in Deutschland 1840–1875, in: W. Kroker Bearb., II. Internationaler Kongreß für die Erhaltung technischer Denkmäler, Bochum 1978, 316–31.

29 F. J. Brüggemeier, Leben vor Ort, Ruhrbergleute u. Ruhrbergbau 1889–1919, München 1983, 52 ff.; K. Tenfelde, Sozialgeschichte der

Bergarbeiterschaft an der Ruhr im 19. Jahrhundert, Bonn-Bad Godesberg 1977, 330.

30 Hierzu und zum folgenden Niethammer, Schlafgänger, 141 ff.; außerdem ders. u. Brüggemeier, 109 ff.

31 Vgl. dazu M. Walcker, German Home Towns. Community, State and General Estate 1648–1871, Ithaca 1971, bes. 405 ff.

32 W. Köllmann, Industrialisierung, Binnenwanderung u. »Soziale Frage«, in: ders., Bevölkerung in der industriellen Revolution, bes. 115; s. grundsätzlich hierzu auch J. Knodel, Stadt u. Land im Deutschland des 19. Jahrhunderts. Eine Überprüfung der Stadt-Land-Unterschiede im demographischen Verhalten, in: Schröder Hg., 238–65.

33 S. dazu die Beiträge in G. Zang Hg., Provinzialisierung einer Region. Zur Entstehung der bürgerlichen Gesellschaft in der Provinz, Frankfurt 1978.

34 Vgl. G. Wiegelmann Hg., Kulturelle Stadt-Land-Beziehungen in der Neuzeit, Münster 1978, bes. seine Einführung.

35 Vgl. den Diskussionsbeitrag von K. Ay in: Rausch Hg., 225.

36 Zum folgenden: Handbuch des Hessischen Heimatbundes IV: Kreis Witzenhausen, Marburg 1971.

37 Angaben errechnet nach: Statistik des Deutschen Reichs, Bd. 240; Berlin 1915, 55 f.; vgl. außerdem V. Böhmert, Stadt u. Land im Königreich Sachsen 1834–1875; in: Ztschr. des Kgl. Sächs. Statist. Bureaus 22. 1876, 296–306; grundsätzlich dazu Matzerath, Grundstrukturen.

38 Vgl. J. Reulecke, Pauperismus, »social learning« u. die Anfänge der Sozialstatistik in Deutschland, in: Mommsen u. Schulze Hg., 358–72; zum folgenden auch H. Kern, Empirische Sozialforschung. Ursprünge, Ansätze, Entwicklungslinien, München 1982, 88 f.

39 G. Rümelin, Reden u. Aufsätze, Tübingen 1875; zit. nach Böhmert, 296.

40 Pfeil, 277.

41 Zit. nach W. Kantzow, Sozialgeschichte der deutschen Städte u. ihres Boden- u. Baurechts bis 1918, Frankfurt 1980, 149; s. dazu und zum folgenden auch R. Hartog, Stadterweiterungen im 19. Jahrhundert, Stuttgart 1962, 106.

42 H. Croon, Staat u. Städte in den westlichen Provinzen Preußens 1817–1875, in: G. Fehl u. J. Rodriguez-Lores Hg., Stadterweiterungen 1800–1875, Hamburg 1983, 60.

43 Vgl. K. Habermann u. a., Historische, politische u. ökonomische Bedingungen der Stadtentwicklung, Hannover 1978, 206.

44 Pfeil, 279.

45 Croon, Staat 60.

46 Der Erlaß ist abgedruckt in Fehl u. Rodriguez-Lores Hg., 375 f.

47 Kantzow, 150.

48 Vgl. Thienel, 33 f.

49 Untertitel des Buches von Hegemann. Das steinerne Berlin; s. auch M. Hecker, Die Berliner Mietskaserne, in: L. Grote Hg., Die deutsche Stadt im 19. Jahrhundert, München 1974, 273–94.

50 Vgl. J. Thienel, Verstädterung, städtische Infrastruktur u. Stadtplanung. Berlin 1850 u. 1914, in: ZSSD 4. 1977, 72; s. auch W. Hofmann, Wachsen Berlins im Industriezeitalter, in: H. Jäger, Probleme des Städtewesens im industriellen Zeitalter, Köln 1978, 159–77.

51 C. Engeli, Stadterweiterungen in Deutschland im 19. Jahrhundert, in: Rausch Hg., 55 f.

52 Kantzow, 154.

53 Vgl. außer Croon, Staat, 72, auch G. Albers, Vom Fluchtlinienplan zum Stadtentwicklungsplan, in: AfKomm 6. 1967, 192–211; Kantzow, 151.

54 Vgl. H. Böhm, Rechtsordnungen u. Bodenpreise als Faktoren städtischer Entwicklung im Deutschen Reich 1870 u. 1937, in: Teuteberg Hg., Urbanisierung, bes. 216 f.

55 Zit. nach Croon, Staat, 73.

56 K. Ruß, Luft, Licht u. Wärme in großen Städten, in: Der Arbeiterfreund 4. 1866, 335.

57 Ebd., 336.

58 F. Engels, Zur Wohnungsfrage, MEW 1, Berlin 1974, 573.

59 Ebd., 575.

60 Hierzu und zum folgenden: H. D. Brunckhorst, Kommunalisierung im 19. Jahrhundert, dargestellt am Beispiel der Gaswirtschaft in Deutschland, München 1978; vgl. auch W. R. Krabbe, Die Entfaltung der modernen Leistungsverwaltung in den deutschen Städten des späten 19. Jahrhunderts, in: Teuteberg Hg., Urbanisierung, 381 ff.; zur Entwicklung der öffentlichen Beleuchtung s. neuerdings W. Schivelbusch, Lichtblicke. Zur Geschichte der künstlichen Helligkeit im 19. Jahrhundert, München 1983.

61 Angaben nach H. Silbergleit, Preußens Städte, Berlin 1908, 237 f.

62 Vgl. dazu G. Rath, Die Hygiene der Stadt im 19. Jahrhundert, in: W. Artelt u. a. Hg., Städte-, Wohnungs- u. Kleiderhygiene des 19. Jahrhunderts in Deutschland, Stuttgart 1969, 76.

63 J. v. Simson, Water Supply and Sewerage in Berlin, London, and Paris: Developments in the 19th Century, in: Teuteberg, Hg., Urbanisierung, 432.

64 Rath, 77.

65 Ebd.

66 Vgl. dazu den Bericht Gneists in: Mittheilungen des Centralvereins für das Wohl der arbeitenden Klassen, Bd. 3, 1852, (1771)–(1792).

67 Krabbe, 379.

68 Zit. nach: Das Preußische Medizinal- und Gesundheitswesen in den Jahren 1883–1908, Berlin 1908, 87 f.

69 R. Spree, Soziale Ungleichheit vor Krankheit u. Tod, Göttingen 1981, 125.

70 Vgl. W. Hofmann, Kommunale Daseinsvorsorge, Mittelstand u. Städtebau 1871–1918, in: E. Mai u. a. Hg., Kunstpolitik u. Kunstförderung im Kaiserreich, Berlin 1982, 176 f.

71 Das Preußische Medizinal- u. Gesundheitswesen, 125; grundsätzlich dazu J. v. Simson, Die Flußverunreinigungsfrage im 19. Jahrhundert, in: VSWG 65. 1978, 370–90.

72 Rath, 78.

73 Hofmann, Daseinsvorsorge, 177; Krabbe, 376.

74 Silbergleit, 237*.

75 Spree, 124.

76 Vgl. dazu H. Goerke, Wohnhygiene im 19. Jahrhundert, in: Artelt Hg., 52–69; außerdem Krabbe, 380.

77 Zitat aus der Begründung des Gesetzes vom 24. 2. 1868; vgl. Stenogr. Berichte über die Verhandl. des Hauses der Abgeordneten, 55. Sitzung, Bd. 3, Berlin 1868/1869.

78 Dazu vor allem H. Gröttrup, Die kommunale Leistungsverwaltung, Stuttgart 1973, bes. 58–79.

79 Vgl. ebd., 33.

80 K. T. Welcker, Art. »Städte«, in: Staatslexikon, 15. Bd., 104–17; s. dazu auch 18 f.

81 Vgl. hierzu und zum folgenden den Briefwechsel zwischen R. Gneist und K. Rodbertus; DZAM Rep. 92, Nachlaß Rodbertus, B 8, bes. den Brief Gneists vom 28. 1. 1860.

82 Gröttrup, 31 u. 38.

83 Zit. nach F. L. Knemeyer, Art. Polizei, in: Geschichtliche Grundbegriffe, Bd. 4, Stuttgart 1978, 892.

84 Gröttrup, 38.

85 Heffter, 608. Ziel dieses Vorstoßes war die Stärkung des kommunalen Parlamentarismus und eine Abmilderung der strengen Bestimmungen des Dreiklassenwahlrechts.

86 Ebd., 554.

87 Zit. nach G.-C. v. Unruh, Der Kreis im 19. Jahrhundert zwischen Staat u. Gesellschaft, in: H. Croon u. a., Kommunale Selbstverwaltung im Zeitalter der Industrialisierung, Stuttgart 1971, 101.

88 Vgl. dazu Reulecke, Sozialer Frieden, bes. 259 ff.

89 S. 26.

90 Vgl. dazu zuletzt G. Berger, Die ehrenamtliche Tätigkeit in der Sozialarbeit, dargestellt am Beispiel des »Elberfelder Systems«, Frankfurt 1979; s. außerdem C. Sachße u. F. Tennstedt, Geschichte der Armenfürsorge in Deutschland, Stuttgart 1980, bes. 214 ff.

91 Der Arbeiterfreund 14. 1876, 117.

92 Dazu Heffter, 331 ff.; Volkmann, 80 ff.

93 Vgl. dazu außer Berger, 49 ff., auch F. Tennstedt, Sozialgeschichte der Sozialpolitik in Deutschland, Göttingen 1983, 95 ff.

94 B. Weisbrod, Wohltätigkeit und »symbolische Gewalt« in der Frühindustrialisierung. Städtische Armut u. Armenpolitik im Wuppertal, in: Mommsen u. Schulze Hg., 355 f.

95 § 1 der Instruktion für die Armenpfleger und Bezirksvorsteher der städtischen Armenverwaltung in Elberfeld vom 28. 12. 1852.

96 Zit. nach H. Herberts, Alles ist Kirche u. Handel . . . Wirtschaft u. Gesellschaft des Wuppertals im Vormärz u. in der Revolution 1848/49, Neustadt/Aisch 1980, 229.

97 Zahlenangaben nach A. Emminghaus, Das Armenwesen u. die Armengesetzgebung in europäischen Staaten, Berlin 1870, 721 f.

98 A. Lammers, Das Armenwesen in Elberfeld, in: ebd., 97.

99 Vgl. dazu Köllmann, Barmen, 170.

100 Vgl. C. J. Klumker, Armenwesen (Einleitung. Allgemeines), in: HSt 1. Bd., Jena 1923[4], 935 f.

101 Croon, Entwicklung der Städte, 571 ff.; s. dazu unten 135 f.

Kapitel III

1 Zahlenangaben nach: Bevölkerung u. Wirtschaft 1872–1972, Hg. Statistisches Bundesamt, Stuttgart 1972, 94.

2 Pfeil, 115.

3 S. dazu vor allem die jüngst erschienenen Sammelbände: Teuteberg Hg., Urbanisierung; Rausch Hg., Städte Mitteleuropas; A. Sutcliffe Hg., Metropolis 1890–1940, London 1984.

4 Bevölkerung u. Wirtschaft, 101 f.; grundsätzlich dazu P. Marschalck, Bevölkerungsgeschichte; s. auch G. Hohorst u. a. Hg., Sozialgeschichtliches Arbeitsbuch. Materialien zur Statistik des Kaiserreichs 1870–1914, München 1975, 36.

5 Marschalck, Tab. 3.16, 167.

6 Matzerath, Grundstrukturen, 39.

7 Ebd., 35.

8 Ebd., 27.

9 Vgl. F.-W. Henning, Die Industrialisierung in Deutschland 1800–1914, Paderborn 1973, 227.

10 Köllmann, Bevölkerung in der industriellen Revolution, 130 u. 141.

11 Vgl. ders., Versuch des Entwurfs einer historisch-soziologischen Wanderungstheorie, in: U. Engelhardt u. a. Hg., Soziale Bewegung u. politische Verfassung, Stuttgart 1976, 260–69.

12 D. Langewiesche, Wanderungsbewegungen in der Hochindustriali-

sierungsperiode. Regionale, interstädtische u. innerstädtische Mobilität in Deutschland 1880–1914, in: VSWG 64. 1977, 6.

13 Köllmann, Bevölkerung, 233.
14 D. Langewiesche, Mobilität in deutschen Mittel- u. Großstädten, in: W. Conze u. U. Engelhardt Hg., Arbeiter im Industrialisierungsprozeß, Stuttgart 1979, 73.
15 Vgl. dazu K. Tenfelde, Großstadtjugend in Deutschland vor 1914, in: VSWG 69, 1982, 206.
16 Köllmann, Bevölkerung, 114 f.
17 Vgl. Tab. 12 bei Matzerath, Grundstrukturen, 40.
18 Vgl. außer Langewiesche, Mobilität, und Tenfelde, Großstadtjugend, auch Köllmann, Bevölkerungsgeschichte 1800–1970, 21.
19 Vgl. W. D. Kamphoefner, Soziale u. demographische Strukturen der Zuwanderung in deutsche Großstädte des späten 19. Jahrhunderts, in: Teuteberg Hg., 97 f.
20 M. Rolfes, Landwirtschaft 1850–1914, in: Zorn Hg., 506 f.
21 Köllmann, Bevölkerung, 134.
22 Ders., Bevölkerungsgeschichte, 20.
23 Ebd.
24 Zum folgenden vgl. Langewiesche, Wanderungsbewegungen, und ders., Mobilität; außerdem liegen inzwischen Detailstudien über einzelne Städte vor, z. B. D. Crew, Bochum. Sozialgeschichte einer Industriestadt 1860–1914, Frankfurt 1980; J. H. Jackson, Migration and Urbanization in the Ruhr Valley 1850–1900 (Duisburg), San Diego 1980.
25 Langewiesche, Mobilität, 82 u. 93 (Tab. 12).
26 Langewiesche, Wanderungsbewegungen, 31; vgl. auch H. Reif, Soziale Lage u. Erfahrungen des alternden Fabrikarbeiters in der Schwerindustrie des westfälischen Ruhrgebiets während der Hochindustrialisierung, in: AfS 22. 1982, 1–94; außerdem Kamphoefner, 99.
27 Hierzu und zum folgenden S. M. Lipset, Soziale Mobilität u. Verstädterung, in: P. Atteslander u. B. Hamm Hg., Materialien zur Siedlungssoziologie, Köln 1974, 296 ff.
28 Vgl. D. Crew, Modernität u. soziale Mobilität in einer deutschen Industriestadt: Bochum 1880–1901, in: H. Kaelble Hg., Geschichte der sozialen Mobilität seit der industriellen Revolution, Königstein 1978, 176.
29 Vgl. W. H. Hubbard, Binnenwanderung u. berufliche Mobilität in Graz um die Mitte des 19. Jahrhunderts, in: Teuteberg Hg., 128.
30 J. H. Jackson, Wanderungen in Duisburg während der Industrialisierung 1850–1910, in: Schröder Hg., 233.
31 Tenfelde, Großstadtjugend, 200.
32 Köllmann, Bevölkerung, 241.
33 S. dazu und zum folgenden außer Tenfelde, Großstadtjugend, 203 ff.,

auch H. D. Laux, Demographische Folgen des Verstädterungsprozesses: Zur Bevölkerungsstruktur u. natürlichen Bevölkerungsentwicklung deutscher Städtetypen 1871–1914, in: Teuteberg Hg., 65–93.

34 Ebd., 77; Tenfelde, 209; Köllmann, Bevölkerung, 247ff.

35 Tenfelde, 210; s. auch Pfeil, 147f.

36 Grundsätzlich dazu R. Hartog, Stadterweiterungen im 19. Jahrhundert, Stuttgart 1962; sowie H. Matzerath, Städtewachstum u. Eingemeindungen im 19. Jahrhundert, in J. Reulecke Hg., Die deutsche Stadt im Industriezeitalter, Wuppertal 1980², 67–89; außerdem W. R. Krabbe, Eingemeindungsprobleme vor dem Ersten Weltkrieg: Motive, Widerstände und Verfahrensweise, in: Die alte Stadt 7. 1980, 368–87.

37 Matzerath, 79.

38 S. zum folgenden auch C. Engeli, Siedlungsstruktur u. Verwaltungsgrenzen der Stadt im Verstädterungsprozeß, in: ZSSD 4. 1977, 288–307, bes. 300ff., und – als Detailstudie – den Beitrag von D. Rebentisch, Industrialisierung, Bevölkerungswachstum u. Eingemeindungen. Das Beispiel Frankfurt am Main 1870–1914, in: Reulecke Hg., Stadt, 90–113.

39 Dazu D. Radicke, Öffentlicher Nahverkehr u. Stadterweiterung, in: Fehl u. Rodriguez-Lores Hg., 343–57, bes. 347; außerdem Hofmann, Wachsen Berlins, bes. 168f.

40 Radicke, 351.

41 Vgl. Engeli, Siedlungsstruktur, 301, Anm. 31.

42 Zum folgenden ebd., 300ff.; Matzerath, Städtewachstum, 81ff.

43 S. das Beispiel Frankfurts in: Rebentisch, 104ff.

44 Matzerath, Städtewachstum, 83.

45 Ebd., 86.

46 Ebd., 88.

47 Engeli, Siedlungsstruktur, 302.

48 L. Mecking, Die Entwicklung der Großstädte in Hauptländern der Industrie, Hamburg 1949, 39; zit. nach Pfeil, 122.

49 T. Kraus, Das rheinisch-westfälische Städtesystem, in: Köln u. die Rheinlande, Fs. zum 33. Geographentag, Wiesbaden 1961, 2; s. auch U. auf der Heide, Städtetypen u. Städtevergesellschaftungen im rheinisch-westfälischen Raum, Köln 1977, 229ff.

50 Matzerath, Städtewachstum, 79f.

51 So z. B. im rheinisch-westfälischen Industriegebiet; vgl. J. König, Handelskammern zwischen Kooperation u. Konzentration, Köln 1981; für den Rhein-Main-Raum s. D. Rebentisch, Regional Planning and Its Institutional Framework, in: G. E. Cherry Hg., Shaping an Urban World, London 1980, bes. 84.

52 Zum folgenden R. Schnur, Entwicklung der Rechtsgrundlagen und

der Organisation des SVR, in: Siedlungsverband Ruhrkohlenbezirk 1920–1970, Essen 1970, 10.

53 S. J. Thienel, Verstädterung, städtische Infrastruktur und Stadtplanung. Berlin zwischen 1850 u. 1914, in: ZSSD 4. 1977, bes. 83 f.; außerdem H. Matzerath, Berlin 1890–1940, in: Sutcliffe Hg., 289–318.

54 Hofmann, Wachsen Berlins, 173.

55 Zum folgenden J. Reulecke, Metropolis Ruhr? in: Die alte Stadt 8. 1981, bes. 17 f.

56 R. Schmidt, Denkschrift betreffend Grundsätze zur Aufstellung eines General-Siedelungsplanes für den Regierungsbezirk Düsseldorf (rechtsrheinisch), Essen 1912, 2.

57 Ebd., 30.

58 Pfeil, 279; s. auch D. Frick, Zur Entwicklung von Forschung u. Lehre auf dem Gebiet des Städtebaus und der Stadt- u. Regionalplanung an der Technischen Universität Berlin, in: R. Rürup Hg., Wissenschaft u. Gesellschaft. Beiträge zur Geschichte der Technischen Universität Berlin 1879–1979, Berlin 1979, 215–237; außerdem Fehl, Stadterweiterungen, Einleitung, 20; vor allem aber G. Piccinato, Städtebau in Deutschland 1871–1914: Genese einer wissenschaftlichen Disziplin, Braunschweig 1983.

59 Dazu Pfeil, 279; grundsätzlich G. Albers, Entwicklungslinien im Städtebau, Düsseldorf 1975.

60 Vgl. A. Sutcliffe, Urban Planning in Europe and North America Before 1914: International Aspects of a Prophetic Movement, in: Teuteberg Hg., 441–74.

61 R. Unwin, Grundlagen des Städtebaus, Berlin 1910; zit. nach Pfeil, 281.

62 Zit. nach Frick, 217.

63 G. Albers, Vom Fluchtlinienplan zum Stadtentwicklungsplan, in: AfKomm 6. 1967, 194; außerdem R. Breuer, Expansion der Städte, Stadtplanung u. Veränderung des Baurechts im Kaiserreich, in: Mai u. a. Hg., 231 ff., sowie H. Böhm, Rechtsordnungen u. Bodenpreise als Faktoren städtischer Entwicklung im Deutschen Reich zwischen 1870 und 1937, in: Teuteberg Hg., bes. 218.

64 Dazu Breuer, 233 f.; sowie H. Gröttrup, Die kommunale Leistungsverwaltung, Stuttgart 1973, 30 f.

65 Zit. nach Breuer, 234.

66 Albers, Fluchtlinienplan, 195; grundsätzlich zu diesem Gesetz L. Niethammer, Ein langer Marsch durch die Institutionen. Zur Vorgeschichte des preußischen Wohnungsgesetzes von 1918, in: ders. Hg., Wohnen im Wandel, Wuppertal 1979, 363–384.

67 Vgl. Böhm, Rechtsordnungen, 222.

68 Pfeil, 278; Albers, Fluchtlinienplan, 198.

69 Dazu Böhm, Rechtsordnungen, 219; Breuer, 237 f.

70 Zit. nach Breuer, 225.

71 Pfeil zitiert die entschuldigende Feststellung, die konzeptionelle Schwäche des Städtebaus sei eine Folge des ganz unerwarteten und nach neuen, nicht übersehbaren Bedingungen ablaufenden Anwachsens der Großstädte gewesen, vgl. 206 Anm. 4.

72 Dazu S. Fisch, Theodor Fischer in München 1893–1901 – der Stadtplaner auf dem Weg zum Beamten, in: Mai u. a. Hg., 245–59.

73 S. dazu L. Niethammer, Umständliche Erläuterung der seelischen Störung eines Communalbaumeisters in Preußen größtem Industriedorf oder: Die Unfähigkeit zur Stadtentwicklung, Frankfurt 1979.

74 Pfeil, 280 und 316.

75 Fisch, 251.

76 Ders., außerdem P. Breitling, Die großstädtische Entwicklung Münchens im 19. Jahrhundert, in: Jäger Hg., bes. 190 ff.

77 Hierzu und zum folgenden E. W. Kalisch, Das Erziehungshaus der deutschen Pestalozzi-Stiftung oder: Das Verhältnis der Kunst zur Pädagogik, in: Mitteilungen des Centralvereins für das Wohl der arbeitenden Klassen, Bd. 2, 1850/51, (1235) u. (1237).

78 Vgl. G. Fehl, Camillo Sitte als ›Volkserzieher‹ – Anmerkungen zum deterministischen Denken in der Stadtbaukunst des 19. Jahrhunderts, in: ders. u. J. Rodriguez-Lores Hg., Städtebau um die Jahrhundertwende, Köln 1980, 172–221.

79 Vgl. Pfeil, 316: »Der heute vielfach gebrauchte häßliche Ausdruck ›Siedlungsbrei‹ enthält die Aversion gegen das Formlose.«

80 S. dazu die verschiedenen theoretischen Annäherungen an dieses Problem in Atteslander u. Hamm Hg.

81 Pfeil, 184 ff.

82 Vgl. H. J. Schwippe, Zum Prozeß der sozialräumlichen innerstädtischen Differenzierung im Industrialisierungsprozeß des 19. Jahrhunderts, in: Teuteberg Hg., bes. 306.

83 Ebd., 245.

84 Pfeil, 259 ff. u. 343 ff.; vgl. auch E. Maste, Die Republik der Nachbarn, Gießen 1957.

85 Zit. nach Schwippe, 245 f.; vgl. zu Bruch auch J. Rodriguez-Lores, »Gerade oder räumliche Straßen?« Von den irrationalen Ursprüngen des modernen Städtebaues, in: Fehl, Stadterweiterungen, bes. 124 ff.

86 Vgl. P. Kehnen, Stadtwachstum aus der Sicht der ökologischen Theorie, in: ZSSD 2. 1975, 80–92; s. etwa die Aufsätze von B. Fritzsche, Grundstückspreise als Determinanten städtischer Strukturen, in ZSSD 4. 1977, 36–54; ders., Das Quartier als Lebensraum, in: Conze u. Engelhardt Hg., Arbeiterexistenz, 92–113; außerdem die ausführliche Studie von C. Wischermann, Wohnen in Hamburg vor dem Ersten Weltkrieg, Münster 1983.

87 S. besonders B. Hamm, Die Organisation der städtischen Umwelt.

Ein Beitrag zur sozialökologischen Theorie der Stadt, Stuttgart 1977.

88 Vgl. Fritzsche, Quartier, 98 f.

89 S. die Beschreibungen dieses Viertels in E. Geisel Hg., Im Scheunen-viertel. Bilder, Texte u. Dokumente. Berlin 1981².

90 S. das Beispiel bei Fritzsche, Quartier, 97; zum folgenden ebd.

91 Dazu Böhm, Rechtsordnungen, 228.

92 Details dazu bei Schwippe am Beispiel Berlins.

93 Fritzsche, Grundstückspreise, 54; außerdem Böhm, Rechtsordnungen, 228.

94 So der Titel eines Aufsatzes von G. Mayer in: Archiv für die Geschichte des Sozialismus u. der Arbeiterbewegung 2. 1912, 1–67.

95 Zit. nach MEW 35, 237 f.

96 Zit. nach MEW 4, 466.

97 S. dazu K. Czok, Vorstädte u. Vororte im Sog der industriellen Entwicklung im 19. Jahrhundert – Leipzig u. Prag im Vergleich, in: Rausch Hg., bes. 111 ff.; außerdem Fritzsche, Quartier.

98 Zit. nach Hofmann, Wachsen Berlins, 169; s. grundsätzlich zu diesem Problemkomplex F. Sack, Stadtgeschichte u. Kriminalsoziologie, in: P. C. Ludz Hg., Soziologie u. Sozialgeschichte, Opladen 1973, 357–85.

99 Vgl. A. Lüdtke, Arbeitsbeginn, Arbeitspausen, Arbeitsende. Skizzen zu Bedürfnisbefriedigung u. Industriearbeit im 19. u. frühen 20. Jahrhundert, in: G. Huck Hg., Sozialgeschichte der Freizeit, Wuppertal 1982, 95–122.

100 Czok, Vorstädte, 112.

101 Tenfelde, Großstadtjugend, 215.

102 S. dazu J. Reulecke, Bürgerliche Sozialreformer u. Arbeiterjugend im Kaiserreich, in: AfS 22. 1982, bes. 312 ff.

103 Aus einem Behördenbericht; zit. nach D. Blasius, Kriminalität u. Alltag, Göttingen 1978, 73.

104 S. dazu 140.

105 Das zeigt am Beispiel Berlins ausführlich Schwippe, in: Teuteberg Hg., 241–307.

106 W. Brepohl, Industrievolk im Wandel von der agraren zur industriellen Daseinsform, dargestellt am Ruhrgebiet, Tübingen 1957; s. auch M. Hommel, Entwicklung und Integration junger Industriestädte im nördlichen Ruhrgebiet, in: Jäger Hg., 108–33.

107 Brepohl, 21.

108 Ipsen, Stadt, IV, 789.

109 Brepohl, 21.

110 S. dazu Brüggemeier u. Niethammer, Schlafgänger, in: Reulecke u. W. Weber Hg., 135–75; zur gleichzeitigen Situation in Hamburg vgl. Wischermann. W. weist aber darauf hin, daß die Wohnungsnot keine »kontinuierlich die Urbanisierung begleitende Erscheinung« gewesen

sei, sondern daß man von »einem Wechselbad einander ablösender Anspannungs- und Entspannungserscheinungen« ausgehen müsse (247).

111 Brüggemeier u. Niethammer sprechen in diesem Zusammenhang von einer »defizienten Urbanisierung«, 138 ff.

112 Vgl. dazu K. Tenfelde, Die »Krawalle von Herne« im Jahre 1899, in: IWK 15. 1979, 71–104; A. Gladen, Die Streiks der Bergarbeiter im Ruhrgebiet in den Jahren 1889, 1905 u. 1912, in: J. Reulecke Hg., Arbeiterbewegung an Rhein u. Ruhr, Wuppertal 1974, 111–148, sowie Brüggemeier, Leben vor Ort, 182 ff., 202 ff. und 211 ff.

113 R. Köhne-Lindenlaub, Private Kunstförderung im Kaiserreich am Beispiel Krupp, in: Mai u. a. Hg., 55–81.

114 Vgl. hierzu und zum folgenden H. Croon, Vom Werden des Ruhrgebiets, in: W. Först Hg., Rheinisch-westfälische Rückblende, Köln 1967, 175–226.

115 Ebd., 192.

116 S. oben Anm. 111.

117 Croon, Städtewandlung, 497; außerdem Brüggemeier, Leben vor Ort, 39f.

118 Ebd.

119 Ebd., 40.

120 Croon, Städtewandlung, 498 f.

121 S. die ausführliche Bibliographie in: W. H. Hubbard, Familiengeschichte. Materialien zur deutschen Familie seit dem Ende des 18. Jahrhunderts, München 1983.

122 Dazu Köllmann, Bevölkerung in der industriellen Revolution, passim; Marschalck, Bevölkerungsgeschichte, 53 ff.

123 Vgl. K. Saul u. a. Hg., Arbeiterfamilien im Kaiserreich, Königstein 1982, bes. Kapitel II.

124 Vgl. W. Brönner, Schichtenspezifische Wohnkultur. Die bürgerliche Wohnung des Historismus, in: Mai u. a. Hg., 361–78.

125 Hierzu und zum folgenden R. Bentmann u. Michael Müller, Die Villa als Herrschaftsarchitektur, Frankfurt 1981[2], 119 ff.

126 Vgl. I. Weber-Kellermann, Die Familie, ebd. 1977[2], 160 f., sowie dies., Die deutsche Familie. Versuch einer Sozialgeschichte, ebd. 1974, 104 ff.

127 Brönner, 362; Bentmann, 121.

128 S. dazu S. Meyer, Die mühsame Arbeit des demonstrativen Müßiggangs. Über die häuslichen Pflichten der Beamtenfrauen im Kaiserreich, in: K. Hausen Hg., Frauen suchen ihre Geschichte, München 1983, 172–94.

129 Weber-Kellermann, Familie, 161.

130 Brönner, 363.

131 S. dazu Saul u. a. Hg., 128 f.

132 Zit. nach ebd., 140.

133 Zit. nach Brönner, 373.

134 Hierzu und zum folgenden Niethammer u. Brüggemeier, Wie wohnten die Arbeiter, 61–134; Brüggemeier, Leben vor Ort, bes. 62 ff.; Saul u. a. Hg., 128 u. 140 ff.

135 F. J. Brüggemeier, »Volle Kost voll«. Die Wohnungsverhältnisse der Bergleute an der Ruhr um die Jahrhundertwende, in: H. Mommsen u. U. Borsdorf Hg., Glück auf, Kameraden! Köln 1979, 151–73, bes. 166.

136 Ebd., 165; außerdem Niethammer, Arbeiter, 116.

137 Saul u. a. Hg., 128.

138 Brüggemeier, Leben vor Ort, 65.

139 Zit. ebd., 54.

140 Niethammer, Arbeiter, 123; vgl. außerdem A. Kraus, Gemeindeleben u. Industrialisierung. Das Beispiel des evangelischen Kirchenkreises Bochum, in: Reulecke Hg., Fabrik, 273–95.

141 Zit. nach A. Castell, Unterschichten im »Demographischen Übergang«. Historische Bedingungen des Wandels der ehelichen Fruchtbarkeit u. der Säuglingssterblichkeit, in: Mommsen u. Schulze Hg., 379. Zum folgenden vgl. außerdem U. Linse, Arbeiterschaft u. Geburtenentwicklung im Deutschen Kaiserreich von 1871, in: AfS 12. 1972, 205–71.

142 Vgl. R. Spree, Soziale Ungleichheit vor Krankheit und Tod, Göttingen 1981, 171 (Tab. 4); Weber-Kellermann, Deutsche Familie, 139.

143 Castell, 378.

144 Vgl. H. Rosenbaum, Formen der Familie, Frankfurt 1982, 410 u. 465.

145 Vgl. neben vielen anderen vor allem F. Meyer, Schule der Untertanen, Hamburg 1976; D. K. Müller, Sozialstruktur u. Schulsystem, Göttingen 1981; P. Lundgreen, Sozialgeschichte der deutschen Schule im Überblick, Teil I: 1770–1918, ebd. 1980.

146 Lundgreen, 99.

147 Vgl. dazu Müller, bes. 170 ff., der u. a. den Sozialreformer und Statistiker Ernst Engel zitiert: »Der Friede aber liegt in dem Ineinanderaufgehen der einzelnen Stände und Klassen oder vielmehr in der Befriedigung des Individuums, nicht in der Klasse« (171).

148 Dazu H.-U. Wehler, Das Deutsche Kaiserreich 1871–1918, Göttingen 1985[6], 124 ff.

149 Ausführlich dazu am Beispiel der Stadt Herne: J. Reulecke, Von der Dorfschule zum Schulsystem, in: ders. Hg., Fabrik, 247–71.

150 Vgl. ebd., 265 ff., den Vergleich zwischen Wiesbaden und Wilmersdorf auf der einen und Herne, Königshütte und Gelsenkirchen auf der anderen Seite.

151 Vgl. K. T. von Eheberg, Gemeindefinanzen, in: HSt, Bd. 4, Jena 1927[4], 783–845; weiterhin die Beiträge im 126. Band der Schriften des

Vereins für Socialpolitik: Gemeindefinanzen, 1. Bd., Leipzig 1908; H. Führbaum, Die Entwicklung der Gemeindesteuern in Deutschland (Preußen) bis zum Beginn des Ersten Weltkriegs, Diss. Münster 1971.

152 Heffter, 651 f.

153 Ebd., 652; O. Ziebill, Geschichte des Deutschen Städtetages, Köln 1956², 220 f.; Führbaum, 158 ff.

154 Führbaum, 70; Eheberg, 822 f.

155 Zur preußischen Entwicklung vgl. Schön, Die geschichtliche Entwicklung des Kommunal-Abgabewesens in Preußen, in: Annalen des Deutschen Reichs für Gesetzgebung, Verwaltung u. Statistik, 1895, 249–84.

156 Angaben nach J. Horatz, Kommunalfinanzen gestern u. heute, Essen 1930, 7.

157 Dazu J. Wysocki, Kommunale Investitionen u. ihre Finanzierung in Deutschland 1850–1914, in: Rausch Hg., 165–80.

158 Zahlenangaben nach Führbaum, 72 sowie O. Most, Die Gemeindefinanzstatistik in Deutschland, Leipzig 1910, 221.

159 Ebd., 219; Wysocki, 173.

160 Ebd.

161 Vgl. E. R. Huber, Deutsche Verfassungsgeschichte seit 1789, Bd. IV, Stuttgart 1969, 362 f.; K. Kitzel, Die Herrfurthsche Landgemeindeordnung, ebd. 1957.

162 Zit. nach Heffter, 717.

163 Vgl. W. Hofmann, Die Entwicklung der kommunalen Selbstverwaltung 1848–1918, in: Handbuch der kommunalen Wissenschaft u. Praxis, Bd. 1, Berlin 1981, 79.

164 Vgl. H. Matzerath, Von der Stadt zur Gemeinde, in: AfKomm 13. 1974, 31.

165 S. Quellen zum modernen Gemeindeverfassungsrecht 660; Hofmann, Entwicklung, 76.

166 Vgl. H. Herzfeld, J. v. Miquel, 2 Bde., Detmold 1938.

167 Heffter, 719; zum folgenden s. neben ebd. 719 ff., Schön, Entwicklung; Führbaum, 72 ff.; außerdem den Band »Gemeindefinanzen«, 281 ff.

168 Führbaum, 189 ff.

169 Die folgenden Zahlenangaben finden sich ebd., bes. 73 f.

170 Vgl. J. Reulecke, Zur städtischen Finanzlage in den Anfangsjahren der Weimarer Republik, in: AfKomm 21. 1982, bes. 203.

171 Gemeindefinanzen, 296 f.

172 S. M. Matthias, Die städtische Selbstverwaltung in Preußen, Berlin 1911, 229.

173 Heffter, 720 f.

174 Wysocki, 175.

175 Hierzu und zum folgenden Reulecke, Dorfschule, 263 ff.

176 Ebd., 265.

177 Stat. Jb. Deutscher Städte, 20. Jg., Breslau 1914; s. auch Spree, 49 ff.

178 S. dazu 45.

179 Ziebill, Städtetag, 130 f.

180 Zit. ebd., 221.

181 S. Wysocki, 176 f.

182 Zum folgenden Ziebill, Städtetag, 13 ff.; außerdem C. Engeli, Deutscher Städtetag 1905–1975, in: Der Städtetag 6. 1975, 273–78.

183 Ziebill, 35.

184 V. Böhmert, Die sozialen Aufgaben der Gemeinden, in: Der Arbeiterfreund 20. 1882, 169.

185 Zit. nach Ziebill, 17.

186 Ebd., 23.

187 Engeli, Städtetag, 277.

188 S. grundsätzlich dazu H. A. Winkler, Pluralismus oder Protektionismus? Wiesbaden 1972.

189 S. dazu 63.

190 Heffter, 616.

191 Ebd.

192 »Oberbürgermeister« ist der Titel für den – auf 12 Jahre gewählten – Leiter aller größeren Städte über 10000 Einwohner.

193 Hierzu und zum folgenden W. Hofmann, Zwischen Rathaus u. Reichskanzlei. Die Oberbürgermeister in der Kommunal- u. Staatspolitik des Deutschen Reiches 1890–1933, Stuttgart 1974; außerdem ders.: Oberbürgermeister u. Stadterweiterungen, in: Croon u. a., Kommunale Selbstverwaltung, 59–90, sowie ders.: Oberbürgermeister als politische Elite im wilhelminischen Reich u. in der Weimarer Republik, in: K. Schwabe Hg., Oberbürgermeister, Boppard 1981, 17–38.

194 Zit. nach Hofmann, Elite, 22.

195 Ebd.; s. dort auch Tab. 2 mit biographischen Angaben über 18 Oberbürgermeister aus dem Regierungsbezirk Düsseldorf.

196 Hofmann, Oberbürgermeister u. Stadterweiterungen, 79.

197 Vgl. z. B. den zit. Aufsatz von Böhmert, Aufgaben; außerdem K. Ruß, Luft, Licht u. Wärme in großen Städten, in: Der Arbeiterfreund 4. 1866, 326–37; M. Weigert, Die Industrie u. die großen Städte, in: ebd. 9. 1871, 393–406.

198 Dazu W. R. Krabbe, Munizipalsozialismus u. Interventionsstaat. Die Ausbreitung der städtischen Leistungsverwaltung im Kaiserreich, in: GWU 30. 1979, 265–83.

199 A. Wagner, Grundlegung der politischen Ökonomie, Bd. 2, Leipzig 1983³, 892.

200 Krabbe, Munizipalsozialismus, 266; s. auch Gröttrup, 37 f.

201 Matthias, 272 f.
202 S. Gröttrup, 82.
203 Heffter, 611.
204 Ebd., 754 f.; s. vor allem H. Preuss, Gemeinde, Staat, Reich als Gebietskörperschaften, Berlin 1889, Nd. Aalen 1964; grundsätzlich dazu P. Gilg, Die Erneuerung des demokratischen Denkens im wilhelminischen Deutschland, Wiesbaden 1965.
205 Z. B. C. Hugo (= H. Lindemann), Städteverwaltung u. Munizipal-Sozialismus in England, Stuttgart 1897; vgl. zum folgenden auch H. Preuss, Das städtische Amtsrecht in Preußen, Berlin 1902.
206 S. die Tabelle bei Krabbe, Munizipalsozialismus, 282, über den städtischen Besitz von »Regiebetrieben« im Jahre 1908.
207 W. v. Siemens, Lebenserinnerungen, Berlin 1908³, 252 ff.
208 Vgl. W. Köllmann, Barmen, 17; W. Hoth, Die Industrialisierung einer rheinischen Gewerbestadt – dargestellt am Beispiel Wuppertal, Köln 1975, 204 ff.
209 K.-H. Schmidt, Gas, Strom u. Wasser für Elberfeld-Barmen, Wuppertal 1972, 45 ff.; s. zum folgenden Silbergleit, 239*.
210 Krabbe, Munizipalsozialismus, 273; außerdem ders., Die Entfaltung der kommunalen Leistungsverwaltung in deutschen Städten des späten 19. Jahrhunderts, in: Teuteberg Hg., 383 ff.; K. Teppe, Die kommunale Energiewirtschaft der Provinzen Rheinland u. Westfalen 1900–1945, in: Düwell u. Köllmann Hg., 444–55.
211 Silbergleit, 366 ff.; s. auch Schivelbusch, Lichtblicke, 116.
212 Ebd., 323 ff.; s. auch D. Radicke, Öffentlicher Nahverkehr u. Stadterweiterung, in: Fehl, Stadterweiterungen, 347.
213 Krabbe, Munizipalsozialismus, 274.
214 Vgl. Matzerath, Städtewachstum, in: Reulecke, Hg., Stadt, 75.
215 S. etwa »Öffentliche Bade- und Wasch-Anstalten«, in: Mittheilungen des Centralvereins für das Wohl der arbeitenden Klassen, Bd. 3, Berlin 1852, (1771) ff.
216 Die gesundheitlichen Einrichtungen der Königlichen Residenzstadt Charlottenburg, Festschrift, Berlin 1911, 22; zit. nach W. Hofmann, Kommunale Daseinsvorsorge, Mittelstand u. Städtebau 1871–1918, in Mai u. a. Hg., 188.
217 S. dazu außer Spree, Ungleichheit, vor allem Tennstedt, Sozialgeschichte der Sozialpolitik.
218 G. A. Ritter, Sozialversicherung in Deutschland u. England, München 1983, 66; C. Huerkamp, Ärzte u. Professionalisierung in Deutschland, in: GG 6. 1980, 349–82.
219 Ritter, 147 f.
220 Dazu ausführlich A. zu Castell Rüdenhausen, Die Überwindung der Armenschule, in: AfS 22. 1982, 201–26.
221 Vgl. Reulecke, Sozialreformer 326.

222 Zit. nach zu Castell, Überwindung, 203.

223 Vgl. J. Bolenz, Wachstum u. Strukturwandlungen der kommunalen
     Ausgaben in Deutschland 1849–1913, Freiburg 1965, 168; außerdem
     Gröttrup, 16; s. auch den entsprechenden Vergleich zwischen Dort-
     mund und Düsseldorf bei W. Steitz, Kommunale Infrastruktur u.
     Gemeindefinanzen in der Zeit der deutschen Hochindustrialisierung,
     in: Düwell u. Köllmann Hg., Bd. 2, 412–43.

224 Gröttrup, 15.

225 Vgl. E. Sturm, Die Entwicklung des öffentlichen Dienstes in Deutsch-
     land, in: C. H. Ule Hg., Die Entwicklung des öffentlichen Dienstes,
     Köln 1961, 43; s. auch Hofmann, Entwicklung, 84 f.; J. J. Sheehan,
     Liberalism and the City in Nineteenth-Century Germany, in: Past &
     Present 51. 1971, 124 f.

226 Köllmann, Barmen, 276.

227 Hofmann, Entwicklung, 85; Silbergleit, 182 f.

228 S. das Beispiel Göttingen bei A. v. Saldern, Vom Einwohner zum
     Bürger, Berlin 1973, bes. 235 ff.

229 Wagner, Grundlegung, 892; Wagner verstand darunter »Maßre-
     geln . . ., welche die sittliche, geistige, sanitäre, physische, wirtschaft-
     liche, soziale Hebung der Massen des Volks zum Gegenstand haben«;
     zit. nach C. Schneer, Sozialstaat u. öffentliche Finanzen, Köln 1975,
     237 Anm. 374.

230 Hierzu und zum folgenden Reulecke, Finanzlage, 206 ff.

231 J. Popitz, Der Finanzausgleich, in: Hb. der Finanzwissenschaft, Bd.
     2, Tübingen 1927, 338 ff.; S. Andic u. J. Veverka, The Growth of
     Government Expenditure in Germany Since the Unification, in:
     Finanzarchiv, NF 23, 1964, 169–278.

232 Hofmann, Entwicklung, 83.

233 Vgl. O. Ziebill, Politische Parteien u. kommunale Selbstverwaltung,
     Stuttgart 1964, 11 ff.

234 Vgl. W. Hofmann, Preußische Stadtverordnetenversammlungen als
     Repräsentativorgane, in: Reulecke Hg., Stadt, 31–56, bes. 42; s. auch
     H. Croon, Das Vordringen der politischen Parteien im Bereich der
     kommunalen Selbstverwaltung, in: Croon u. a., Kommunale Selbst-
     verwaltung, 15–54, bes. 45.

235 Hofmann, Stadtverordnetenversammlungen, 49.

236 Ebd.; s. auch die Zahlenangaben bei Silbergleit, 187 f., für 1906/07.

237 Heffter, 723; Sachsen führte dann zwei Jahre später sogar ein Fünf-
     klassenwahlrecht ein; Croon, Vordringen, 33 f.

238 Heffter, 705 u. 722.

239 Hierzu und zum folgenden H. Croon, Die gesellschaftlichen Auswir-
     kungen des Gemeindewahlrechts in den Gemeinden u. Kreisen des
     Rheinlandes u. Westfalens im 19. Jahrhundert, Köln 1960, 49 f.; sowie
     ders., Vordringen, 40 ff.

240 S. auch die Hinweise auf ähnliche Verhältnisse bei den Wahlen zum Abgeordnetenhaus in Berlin bei Huber, Bd. III, Stuttgart 1970², 90 ff.

241 Angaben nach Croon, Vordringen, 41; außerdem ders., Entwicklung der Städte, 572 f.

242 Weitere Behinderungen waren die öffentlichen Stimmabgabe und die ungünstige Wahlterminfestlegung; s. v. Saldern, 137 f.

243 Zit. nach Croon, Vordringen, 49 A 48; s. auch Heffter, 722.

244 Zit. ebd.; allerdings argumentierte das Zentrum anders, wenn es selber in einer Stadt die Mehrheit besaß; s. Croon, Vordringen, 49.

245 Zit. nach Böhm, Rechtsordnungen, in: Teuteberg Hg., 217; s. auch die Zahlenangaben bei Silbergleit, 180 f., zum Anteil der Hausbesitzer in den Stadtverordnetenversammlungen.

246 S. dazu Niethammer, Marsch, 363–84, Zitate 373 u. 376.

247 Hofmann, Stadtverordnetenversammlungen, 54; Croon, Auswirkungen, 59.

248 Sheehan, 131 f.; s. auch F. Naumann, Die politische Mattigkeit der Gebildeten, in: ders., Werke, Bd. 4, Köln 1964, bes. 203 f.

249 Zit. nach Hofmann, Stadtverordnetenversammlungen, 55.

250 Sheehan, 128 f.

251 Vgl. Croon, Vordringen, 30 f.; außerdem Ziebill, Parteien.

252 Croon, ebd., 52.

253 Vgl. J. Drogmann, Grundlagen u. Anfänge sozialdemokratischer Kommunalpolitik vor u. nach dem Sozialistengesetz, in: Die demokratische Gemeinde 15. 1963, bes. 749; s. auch A. v. Saldern, Die Gemeinde in Theorie u. Praxis der deutschen Arbeiterorganisationen 1863–1920, in: IWK 12. 1976, 295–352.

254 G. A. Ritter, Staat, Arbeiterschaft u. Arbeiterbewegung in Deutschland, Bonn 1980, 75 f.

255 Vgl. v. Saldern, Einwohner, 435; dies., Gemeinde, 320; Drogmann, 998.

256 Zit. nach v. Saldern, Gemeinde, 318.

257 Vgl. V. Wünderich, Von der bürgerlichen zur proletarischen Kommunalpolitik, in: G. Zang Hg., Provinzialisierung einer Region. Zur Entstehung der bürgerlichen Gesellschaft in der Provinz, Frankfurt 1978, bes. 451.

258 Croon, Vordringen, 31.

259 R. R. Rive, Lebenserinnerungen eines deutschen Oberbürgermeisters, Stuttgart 1960, 295.

260 Hierzu und zum folgenden neben Croon, Vordringen, bes. Sheehan.

261 Ebd., 133.

262 S. zum Thema Stadtkritik neben Pfeil, 10 ff.; H. P. Bahrdt, Die moderne Großstadt. Soziologische Überlegungen zum Städtebau, Reinbek 1961, 12 ff., vor allem Bergmann, sowie A. Lees, Critics of Urban

Society in Germany, 1854–1914, in: Journal of the History of Ideas 40. 1979, 61–83; zu Riehl s. oben 32.

263 Bahrdt, 12.

264 S. dazu die Beiträge in K. Vondung Hg., Das Wilhelminische Bildungsbürgertum. Zur Sozialgeschichte seiner Ideen, Göttingen 1976; bes. den Beitrag des Hg., Zur Lage der Gebildeten in der Wilhelminischen Zeit, 20–33.

265 O. Spengler, Der Untergang des Abendlandes, München 1922, 2 Bd., II. Kap. (zit. nach Bahrdt, 13).

266 Einführung in den 1. Jg. der Zeitschrift »Das Land«, 1892/93, 3; zit. nach Bergmann, 63.

267 Dazu H. J. Puhle, Agrarische Interessenpolitik u. preußischer Konservativismus im Wilhelminischen Reich, 1893–1914, Bonn 1972².

268 Bergmann, 77; zum folgenden ebd. 63 ff.

269 Besonders ausgeprägt bei H. F. K. Günther, Die Verstädterung. Ihre Gefahren für Volk u. Staat vom Standpunkte der Lebensforschung u. der Gesellschaftswissenschaft, Leipzig, Berlin 1934.

270 G. Hansen, Die drei Bevölkerungsstufen, München 1915², 407; s. dazu auch Bergmann, 50 ff.; Lees, 65 f., sowie Pfeil, 48 ff.

271 O. Ammon, Die Bedeutung des Bauernstandes für den Staat u. die Gesellschaft, Berlin 1906², 196; s. dazu Bergmann, 56 ff.; Pfeil, 50 ff.

272 Günther, 37.

273 S. dazu Pfeil, 51; Bergmann, 57 f.

274 Ammon, 210; s. auch Bergmann, 60.

275 S. dazu J. Frecot, Die Lebensreformbewegung, in: Vondung Hg., 139.

276 Ebd., 141 f.

277 S. zu diesen Bewegungen neben einzelnen Beiträgen in dem von Vondung hg. Band (z. B. U. Linse, Die Jugendkulturbewegung, 119–37; Frecot, 138–52) vor allem W. R. Krabbe, Gesellschaftsveränderung durch Lebensreform, Göttingen 1974, sowie Bergmann, passim.

278 K. Bücher u. a., Die Großstadt, Hg. T. Petermann, Dresden 1903; s. zu diesem Band auch Pfeil, 57 f.

279 Hg. war M. Neefe, Direktor des Statist. Amts der Stadt Breslau; bis 1916 lagen 21 Bände vor (Dresden 1890–1916); der 22. Band (NF 1. Jg.) erschien dann erst wieder Leipzig 1927, hg. von Seutemann und Weigel im Auftrag des Verbandes der deutschen Städtestatistiker.

280 Zur Widerspiegelung der Verstädterung in der zeitgenössischen Kunst s. Pfeil, 17–25; in der Literatur V. Klotz, Die erzählte Stadt. Ein Sujet als Herausforderung des Romans von Lesage bis Döblin, München 1969, sowie W. Rothe, Deutsche Großstadtlyrik vom Naturalismus bis zur Gegenwart, Stuttgart 1973; zuletzt: C. Meckseper u. E. Schraut Hg., Die Stadt in der Literatur, Göttingen 1983.

281 S. einige Hinweise oben, 125, im Zusammenhang mit den Selbstverwaltungsideen von H. Preuß; grundsätzlich dazu L. Schorn-Schütte, Stadt u. Staat. Zum Zusammenhang von Gegenwartsverständnis u. historischer Erkenntnis in der Stadtgeschichtsschreibung der Jahrhundertwende, in: Die alte Stadt 10. 1983, 228–66.

282 Vgl. dazu R. vom Bruch, Wissenschaft, Politik u. öffentliche Meinung. Gelehrtenpolitik im Wilhelminischen Deutschland 1890–1914, Husum 1981, 138 ff.; Schorn-Schütte, 231.

283 Schorn-Schütte, 233.

284 Ebd., 236.

285 Dazu J. Fröchling, G. v. Below – Stadtgeschichte zwischen Wissenschaft u. Ideologie, in: ZSSD 6. 1979, 54–85.

286 Ebd., 70 u. 85.

287 Vgl. bes. M. Weber, Wirtschaft u. Gesellschaft, Tübingen 1972⁵, Kap. IX, 7. Abschnitt: Die nichtlegitime Herrschaft (Typologie der Städte).

288 Zunächst in dem Aufsatz W. Sombarts, Der Begriff der Stadt u. das Wesen der Städtebildung, in: Archiv für Sozialwissenschaft und Sozialpolitik, Bd. 25. 1907, 1–9, dann in seinem Hauptwerk, Der moderne Kapitalismus, Leipzig 1921.

289 Vgl. F. Tönnies, Gemeinschaft u. Gesellschaft. Grundbegriffe der Reinen Soziologie, Berlin 1912²; G. Simmel, Die Großstädte u. das Geistesleben, in: Bücher u. a., 185 ff.; s. zu den letzten Ausführungen auch Teuteberg Hg., 12 ff.; sowie Pfeil, passim.

290 S. Einleitung, 9.

Kapitel IV

1 O. Boustedt, zit. nach: B. Schäfers, Phasen der Stadtbildung u. Verstädterung, in: ZSSD 4. 1977, 257.

2 M. Weigert, Die Industrie u. die großen Städte, in: Der Arbeiterfreund 9. 1871, 406.

3 Vgl. dazu R. Eberstadt, Handbuch des Wohnungswesens u. der Wohnungsfrage, Jena 1910², 176.

4 S. bes. W. Köllmann, Der Prozeß der Verstädterung in Deutschland in der Hochindustrialisierungsperiode, in: ders., Bevölkerung in der industriellen Revolution, Göttingen 1974, 125–39.

5 Beispiele: Höchst, Leverkusen, Ludwigshafen und (Berlin-)Siemensstadt; zu Ludwigshafen s. die exemplarische Studie von W. v. Hippel, Stadtentwicklung u. Stadtteilbildung in einer Industrieansiedlung des 19. Jahrhunderts: Ludwigshafen a. Rh. 1853–1914; in: H. J. Teuteberg Hg., Urbanisierung im 19. u. 20. Jahrhundert, Köln 1983, 339–71. Spätere Ausnahmen stellen die nationalsozialistischen Neugründungen Wolfsburg (»Stadt des KdF-Wagens«) und Salzgitter (»Stadt der Hermann-Göring-Werke«) dar; s. dazu R. Mattausch,

Siedlungsbau u. Stadtneugründungen im deutschen Faschismus, Frankfurt 1981.

6 Vgl. Schäfers, Phasen, 261.

7 S. dazu J. Reulecke, Wirtschaft u. Bevölkerung ausgewählter Städte im Ersten Weltkrieg, in: ders. Hg., Die deutsche Stadt im Industriezeitalter, Wuppertal 1980[2], 116ff.; grundsätzlich zur Stadtentwicklung seit 1910: H. Reichl, Die Agglomeration der deutschen Großstädte (1910 bis 1925), in: Allg. Statist. Archiv 18. 1929: Zwischen 1910 und 1925 wuchs die gesamte Reichsbevölkerung um 7,9 %, die Bevölkerung aller Großstädte um 9,4 %, aller Mittelstädte um 9,99 %, aller Kleinstädte um 10,09 % (Gebietsstand 1925); gleichzeitig nahm die Gemarkungsfläche um 70 % zu (ebd. 45 ff.).

8 Köllmann, Bevölkerung, 105.

9 E. Pfeil, Großstadtforschung, Hannover 1972[2], 269.

10 J. Kuczynski, Geschichte des Alltags des deutschen Volkes, Bd. 4: 1871–1918, Köln 1982, 220.

11 S. hierzu H. Heineberg, Geographische Aspekte der Urbanisierung: Forschungsstand u. Probleme, in: Teuteberg Hg., 35–63, bes. 40f.; grundsätzlich dazu: Beiträge zum Problem der Suburbanisierung, Hannover 1975, sowie J. Friedrichs, Stadtanalyse, Reinbek 1977.

12 Vgl. Schäfers, Phasen, 261 ff.

13 Vgl. Heineberg, Aspekte, 40f., zu den Konzepten »Desurbanisierung« und »counterurbanization«.

14 Hierzu ausführlicher J. Reulecke, Städtische Finanzprobleme u. Kriegswohlfahrtspflege im Ersten Weltkrieg, in: ZSSD 2. 1975, 48–79.

15 Geleitwort des Berliner Oberbürgermeisters Wermuth zum Kriegsband des »Kommunalen Jahrbuchs«, Jena 1919, IX.

16 Vgl. Reulecke, Finanzprobleme, 73.

17 S. hierzu J. Kocka, Klassengesellschaft im Kriege, Göttingen 1978[2], bes. 101.

18 Außer J. Reulecke, Zur städtischen Finanzlage in den Anfangsjahren der Weimarer Republik, in: AfKomm 21. 1982, 199–219, s. auch: ders., Auswirkungen der Inflation auf die städtischen Finanzen, in: G. Feldman Hg. Die Nachwirkungen der Inflation auf die deutsche Geschichte 1924–1933, München 1985.

19 H. Herzfeld, Demokratie u. Selbstverwaltung in der Weimarer Epoche, Stuttgart 1957, 20.

20 Vgl. D. Rebentisch, Die Selbstverwaltung in der Weimarer Zeit, in: Handbuch der kommunalen Wissenschaft u. Praxis, Hg. G. Püttner, I, Berlin 1981, 90f.

21 Dazu ausführlich Reulecke, Auswirkungen.

22 Vgl. die Beiträge in: K.-H. Hansmeyer Hg., Kommunale Finanzpolitik in der Weimarer Republik, Stuttgart 1973; außerdem G. Ambro-

sius, Aspekte kommunaler Unternehmenspolitik in der Weimarer Republik, in: AfKomm 19. 1980, 239–61.

23 Grundsätzlich dazu H. Matzerath, Nationalsozialismus u. kommunale Selbstverwaltung, Stuttgart 1970.

24 Besonders herausragendes Beispiel dafür war die Polemik gegen die »kalte Sozialisierung«; s. K. Böhret, Aktionen gegen die »kalte Sozialisierung« 1926–1930, Berlin 1966.

25 Rebentisch, Selbstverwaltung, 98.

26 A. Köttgen, Die Krise der Selbstverwaltung, Tübingen 1931, 26.

27 H. Berndt, Identität u. Formwandel der Stadt. in: ZSSD 4. 1977, 169.

28 S. das ausführlich begründete Fazit des Aufsatzes von E. Lichtenberger »Die Stadtentwicklung in Europa in der ersten Hälfte des 20. Jahrhunderts«, in: W. Rausch Hg., Die Städte Mitteleuropas im 20. Jahrhundert, Linz 1984, 37, mit der Zwischenkriegszeit habe eine »neue . . . Stadtentwicklungsepoche« begonnen.

29 Die folgenden Berechnungen stützen sich auf Zahlenangaben in: Bevölkerung u. Wirtschaft 1872–1972, Hg. Statist. Bundesamt, Stuttgart 1972, bes. 90–94; s. auch W. Köllmann, Die Bevölkerungsentwicklung der Bundesrepublik, in: W. Conze u. M. R. Lepsius Hg., Sozialgeschichte der Bundesrepublik Deutschland, ebd. 1983, bes. 89 f.; Detailangaben in Tab. 14 des vorlieg. Bandes.

30 Ebd., 86.

31 S. dazu ausführlich S. Bethlehem, Heimatvertreibung, DDR-Flucht, Gastarbeiterzuwanderung, Stuttgart 1982.

32 Dazu A. zu Castell Rüdenhausen, Population Change and Regional Development in the Federal Republic of Germany, in: D. Eversley u. W. Köllmann Hg., Population Change and Social Planning, London 1982, 325–48, bes. 343 ff.

33 Beispiel: U. auf der Heide, Städtetypen u. Städtevergesellschaftungen im rheinisch-westfälischen Raum, Köln 1977.

34 Dazu H. Hambloch, Die moderne Stadt als zentraler Ort, in: H. Stoob, Die Stadt. Gestalt und Wandel bis zum industriellen Zeitalter, Köln 1979, bes. 247.

35 Vgl. Teuteberg Hg., 603; außerdem ausführlich Pfeil, Großstadtforschung, 171 ff.

36 E. Lichtenberger, Perspektiven der Stadtentwicklung, in: Geographischer Jahresbericht aus Österreich 40. 1981, 45 f.

37 Hierzu trug auch die lange Zeit vorherrschende »Entballungsideologie« bei, die in den Randgemeinden großer Städte zu geradezu abenteuerlichen Wachstumserwartungen und zu einer starken Umwerbung der »ersehnten Stadtflüchtlinge« führte; s. dazu Castell, Population Change, 343 f.

38 Pfeil, Großstadtforschung, passim, bes. 187 u. 315.

39 S. hierzu den Band: E. Hahn Hg., Siedlungsökologie. Ökologische

Aspekte der neue Stadt- und Siedlungspolitik, Karlsruhe 1982, Zit. VII und 12.

40 Lichtenberger, Perspektiven, 26; z. T. wurden hier Teile der »Theorie der zentralen Orte« W. Christallers auf den innerstädtischen Raum übertragen.

41 Die in den in der Innenstadt verbleibenden Bevölkerungsgruppen mit niedrigem Einkommen wie z. B. die Rentner, Gastarbeiter und Studenten bestimmen überproportional den Lebens- und Wohnstandardeffekt vor der »zone in transition« und führen zu einer besonders ausgeprägten »räumlichen Entmischung sozial nicht benachbarter Bevölkerungsschichten«, s. dazu K.-H. Dehler, Planungsprobleme bei städtischem Einwohnerrückgang, in: Zur Bedeutung rückläufiger Einwohnerzahlen für die Planung, Hg. Akademie für Raumforschung u. Landesplanung, Hannover 1978, 247–79. Vgl. als entsprechendes Untersuchungsbeispiel J. Hoffmeyer-Zlotnik, Gastarbeiter im Sanierungsgebiet. Das Beispiel Berlin-Kreuzberg, Hamburg 1977.

42 Pfeil, Großstadtforschung, 188 f.

43 Vgl. die Arbeiten von Bethlehem und Hoffmeyer-Zlotnik.

44 Dazu J. Reulecke, Arbeitszeit–Freizeit–Urlaub. Ihre Entwicklung in Deutschland seit der ersten Hälfte des 19. Jahrhunderts, in: W. Ruppert Hg., Arbeiterkultur, München 1985; vgl. auch die Behandlung dieses Problemfeldes unter stadtgeographischem Blickwinkel bei Lichtenberger, Perspektiven, bes. 25 f.

45 S. dazu: Siedlungsverband Ruhrkohlenbezirk 1920–1970, Essen 1970; außerdem J. Reulecke, Metropolis Ruhr, in: Die alte Stadt 8. 1981, 13–30.

46 Insofern vollzieht sich parallel zur Nivellierung des Städtesystems auch ein Prozeß partieller Differenzierung; vgl. B. Hofmeister, Der Stadtbegriff des 20. Jahrhunderts aus der Sicht der Geographie, in: Die alte Stadt 11. 1984, bes. 200.

47 Hier bietet es sich an, nach den inzwischen in den letzten 150 Jahren mehrfach aufgetretenen besonders ausgeprägten Wellen von Großstadtkritik zu fragen und ihre wechselnden Erscheinungsformen bei ähnlich bleibender Grundstruktur zu untersuchen. Hinweise finden sich bei Pfeil, Großstadtforschung, 10 ff.; H. P. Bahrdt, Die moderne Großstadt, Reinbek 1961, 12 ff., vor allem K. Bergmann, Agrarromantik u. Großstadtfeindschaft, Meisenheim 1970; s. dazu weiterhin A. Mitscherlich, Die Unwirtlichkeit unserer Städte. Anstiftung zum Unfrieden, Frankfurt 1965, sowie H. Lefèbvre, Die Revolution der Städte, München 1972, bes. 113 ff.

48 Pfeil, Großstadtforschung, 323 f., Lichtenberger, Stadtentwicklung, 29 f. (mit bes. Betonung der Rolle Le Corbusiers).

49 Zit. nach Pfeil, Großstadtforschung, 324.

50 Lichtenberger, Stadtentwicklung, 27.

51 Hierzu und zum folgenden vgl. den Sammelband: J. Petsch Hg, Architektur u. Städtebau im 20. Jahrhundert, 2 Teile, Berlin 1974.
52 J. C. Kirschenmann, Zum Umbau der Städte. in: ebd., 159–75.
53 Lichtenberger, Perspektiven, 30.
54 Zitate aus der Ausschreibung eines Wettbewerbs (»Integra«, 1973) des »Bundesministeriums für Raumordnung, Bauwesen und Städtebau«; zit. nach Kirschenmann, Umbau, 171; s. grundsätzlich dazu auch den Beitrag von K. Brake, Bau- u. Stadtplanung unter den Bedingungen fortschreitender Vergesellschaftung, in: Petsch Hg., 177–200.
55 Böhret; zur Entwicklung der kommunalen Leistungsverwaltung in der Weimarer Republik s. auch G. Ambrosius, Aspekte kommunaler Unternehmenspolitik.
56 Zit. nach Matzerath, Nationalsozialismus, 442.
57 S. ebd., 350ff., bes. 382f. u. 392f.
58 Ebd., 418.
59 Ebd., 455.
60 S. dazu H. Pietsch, Der Neubeginn städtischer Verwaltung im rheinisch-westfälischen Industriegebiet 1945–1948, in: K. Düwell u. W. Köllmann Hg., Rheinland-Westfalen im Industriezeitalter, III, Wuppertal 1984, 199–213, bes. 210.
61 Vgl. H. Gröttrup, Die kommunale Leistungsverwaltung, Stuttgart 1973, 182f. Grundlage war die »Eigenbetriebsverordnung« des Jahres 1938 (s. Matzerath, Nationalsozialismus, 158), die – teilweise novelliert – weiter galt.
62 Hierzu und zum folgenden verdankt der Verf. eine Fülle von Hinweisen dem 9. Symposium der »Gesellschaft für Unternehmensgeschichte«, das sich am 17./18. 1. 1985 mit dem Thema »Kommunale Unternehmen. Geschichte und Gegenwart« befaßte, vor allem dem Referat von G. Ambrosius über »Die wirtschaftliche Entwicklung von Gas-, Wasser- und Elektrizitätsunternehmen«.
63 Vgl. Gröttrup, 182ff., der diese Entwicklung optimistisch beurteilt.
64 Vgl. z. B. H. Knirsch u. F. Nickolmann, Die Chance der Bürgerinitiativen, Wuppertal 1976; dieses »Handbuch« erlebte inzwischen mehrere Auflagen.
65 W. Köllmann, Von der Bürgerstadt zur Regional-»Stadt«, in: Reulecke Hg., Deutsche Stadt, 30.
66 Dazu das Themenheft »Lokale Geschichte und politisches Handeln« der »Sozialwissenschaftlichen Informationen für Unterricht u. Studium« (SOWI), 9. 1980.
67 Pfeil, Großstadtforschung, 346f.
68 Als Beispiel: F. Kaiser, Bürger-Initiative Nachbarschaft, München 1984.
69 E. Lichtenberger, Perspektiven der Stadtgeographie, in: Berichte des 42. Deutscher Geographentags, Göttingen 1980, 105.

70 Dazu Castell, Population Change. Vor allem über diametral ent-
gegengesetzte Standpunkte der »Kommission für wirtschaftlichen und
sozialen Wandel« und der »Bundesanstalt für Landeskunde und
Raumordnung«.

71 H. Herzfeld, Aufgaben der Geschichtswissenschaft im Bereich der
Kommunalwissenschaften, in: AfKomm 1. 1962, 35.

72 Hier sei noch einmal auf den im Herbst 1983 eingerichteten For-
schungs- und Förderungsschwerpunkt der Stiftung Volkswagenwerk
»Geschichte und Zukunft europäischer Städte – Historisch-sozialwis-
senschaftliche Stadtforschung« hingewiesen, der ausdrücklich die
Verbindung zwischen den aktuellen stadtsoziologischen und -ökolo-
gischen Befunden und der historischen Analyse der Wurzeln gesellschaftlicher Probleme und Konflikte in den Städten herstellen will.

Verzeichnis der Tabellen und Abbildungen

Tabellen

Abbildungen

Tabelle 1: *Bevölkerungsdichte in ausgewählten deutschen Bundesstaaten und preuß. Provinzen 1816–1910*[a]

Bundesstaaten	Einwohner pro Quadratkilometer					
	1816	1841	1870	1871	1890	1910
Preußen gesamt	37	54	87	71	86	115
davon: Ostpreußen	23	36	47	49	53	56
Westpreußen	22	36	50	52	56	67
Posen	28	42	53	55	61	72
Pommern	21	34	45	48	51	57
Brandenburg (ohne Berlin)	27	38	50	51	64	103
Schlesien	48	71	90	92	105	130
Sachsen	47	65	83	83	102	122
Westfalen	53	69	87	88	120	204
Rheinland	69	97	132	133	175	264
(Hannover)	–	–	–	51	59	76
(Schleswig-Holstein)	–	–	–	55	65	85
(Hessen-Nassau)	–	–	–	89	106	141
Bayern	47	57	64	64	74	91
Baden	66	84	95	97	110	142
Württemberg	72	85	93	93	104	125
Sachsen	80	115	168	171	234	321
Hannover	35	45	51	–	–	–
Mecklenburg-Schwerin	23	38	42	43	44	49
Elsaß-Lothringen	–	–	–	107	111	129
Dt. Bund/Dt. Reich gesamt	45	60	75	76	92	120

[a] Quelle: Zusammengestellt aus: Sozialgeschichtliches Arbeitsbuch I (1815–1870), Hg. W. Fischer u. a., München 1982, 41, und Sozialgeschichtliches Arbeitsbuch II (1870–1914), Hg. G. Hohorst u. a., München 1975, 50.

Tabelle 2: Bevölkerungs- und Städtewachstum in Preußen/Deutschland 1816–1910[a]

	Gesamteinwohnerzahl abs. (in 1000)	davon Stadtbevölkerung rechtl./statist.[b] (in %)		davon lebten in Gemeinden mit ... Einwohnern (in %)				
				unter 2000	2000 bis 5000	5000 bis 20000	20000 bis 100000[c]	über 100000[c]
Preußen								
1816	10 320	27,9	–	–	–	4,2	4,1 (11)	1,8 (1)
1849	16 331	28,1	–	–	–	8,5	4,8 (18)	3,3 (2)
1871	24 640	32,5	37,2	62,8	12,3	11,9	7,8 (45)	5,4 (4)
1910	40 167	47,2	61,5	38,4	10,2	14,1	14,7 (155)	22,4 (33)
Dt. Reich								
1871	41 010	–	36,1	63,9	12,4	11,2	7,7 (75)	4,8 (8)
1910	64 926	–	60,0	40,0	11,2	14,1	13,4 (223)	21,3 (48)

[a] Quelle: Sozialgeschichtliches Arbeitsbuch II (s. Tabelle 1), 43; H. Matzerath, Grundstrukturen städtischer Bevölkerungsentwicklung in Mitteleuropa im 19. Jahrhundert, in: W. Rausch Hg., Die Städte Mitteleuropas im 19. Jahrhundert, Linz 1983, 27f.

[b] Während der *rechtliche* Stadtbegriff alle Orte mit Stadtrecht (auch mit weniger als 2000 Einwohnern) erfaßt, definiert der *statistische* Stadtbegriff alle Orte mit mehr als 2000 Einwohnern, unabhängig von ihrem rechtlichen Status als Stadt. Seit 1871 setzte sich in der amtlichen Statistik der letztgenannte Begriff durch.

[c] Die Zahlen in den Klammern geben die Anzahl der Städte der jeweiligen Kategorie an.

Tabelle 3: Bevölkerungsentwicklung der 48 deutschen Großstädte des Jahres 1910 im 19. Jahrhundert (in 1000 jeweiliger Gebietsstand)[a]

	um 1816/ 1819	um 1850	1870/ 1871	1910
Berlin	193	412	826	2071
Hamburg	123	175	290	931
München	54	107	169	596
Leipzig	35	63	107	679
Dresden	65	97	177	548
Köln	50	97	129	517
Breslau	75	111	208	512
Frankfurt a. M.	42	65	91	415
Düsseldorf	23	27	69	359
Nürnberg	26	54	83	333
Charlottenburg (heute Berlin-Ch.)	4	9	20	306
Hannover	15	28	88	302
Essen	5	9	52	295
Chemnitz (heute Karl-Marx-Stadt)	15	34	68	288
Stuttgart	23	47	92	286
Magdeburg	35	52	84	280
Bremen	38	53	83	247
Königsberg	61	73	112	246
Rixdorf (seit 1912 Neukölln, heute Berlin-N.)	1	3	8	237
Stettin	25	47	76	236
Duisburg	5	9	31	229
Dortmund	4	11	44	214
Kiel	7	16	32	212
Mannheim	19	24	40	194
Halle	20	34	53	181
Straßburg	55	71	84[b]	179
Schöneberg (heute Berlin-Sch.)	1	4	4	173
Altona (heute Hamburg-A.)	25	38	74	173
Danzig	53	64	89	170
Elberfeld (heute Wuppertal-E.)	22	39	71	170
Gelsenkirchen	1	3	8	170
Barmen (heute Wuppertal-B.)	19	36	74	169
Posen	24	45	56	157
Aachen	32	51	74	156
Kassel	23	36	46	153

Tabelle 3 (Forts.)

	um 1816/ 1819	um 1850	1870/ 1871	1910
Braunschweig	33	39	58	144
Bochum	2	5	21	137
Karlsruhe	17	24	37	134
Krefeld	14	36	57	129
Plauen	–	13	23	121
Mülheim a. d. Ruhr	5	11	14	113
Erfurt	18	32	44	111
Mainz	25	36	53	111
Wilmersdorf (heute Berlin-W.)	0,5	1	2	110
Wiesbaden	5	14	35	109
Saarbrücken	6	9	8	105
Augsburg	30	39	51	102
Hamborn (Stadt seit 1. 4. 1911, heute Duisburg-H.)	–	–	2	102

[a] Quelle: H. Silbergleit, Preußens Städte, Berlin 1908, 2–7; Bevölkerung und Wirtschaft 1872–1972, Hg. Stat. Bundesamt, Stuttgart 1972, 92f.; W. Köllmann, Bevölkerungsgeschichte 1800–1970, in: W. Zorn Hg., Hb. der deutschen Wirtschafts- und Sozialgeschichte, Bd. 2, Stuttgart 1976, 23; T. Nipperdey, Deutsche Geschichte 1800–1866, München 1983, 113.
[b] Zählung im Jahre 1866.

Tabelle 4: *Komponenten des städtischen Wachstums in Preußen 1875–1910 (in %[a])*

	Wachstum %	Geborenen- überschuß %	Wande- rungen %	Sonstiges[b] %
Preußen	56,0	61,8	− 5,8[c]	−
Stadt	114,5	60,7	36,1	17,8
Land	25,7	62,4	−27,5	− 9,2
Städte östl. Provinzen	66,0	42,4	15,4	8,1
Städte mittl. Provinzen	100,8	49,2	38,4	13,2
Städte westl. Provinzen[d]	169,4	93,8	40,7	34,8
Städte neuer Provinzen	114,2	60,1	40,0	14,2

[a] Prozentuales Wachstum auf das Basisjahr 1875.
[b] Zusammengesetzt aus dem Saldo der Stadtzugänge und -abgänge sowie dem der Ein- und Ausgemeindungen.
[c] Errechneter Saldo zwischen Wachstum und dem Saldo der natürlichen Bevölkerungsbewegung.
[d] Einschließlich Hohenzollern.

Quelle: Matzerath, Grundstrukturen (s. Tab. 2). 36; zugrunde gelegt ist der *rechtliche* Stadtbegriff, was die Ergebnisse z. T. etwas relativiert!

Tabelle 5: *Wanderungsumschlag in deutschen Groß- und Mittel-städten[a]*

	Alle Städte		Über 200 000 Einwohner		100 000–200 000 Einwohner		50 000–100 000 Einwohner	
Jahr	Mobili- täts- kenn- ziffer	Index	Mobili- täts- kenn- ziffer	Index	Mobili- täts- kenn- ziffer	Index	Mobili- täts- kenn- ziffer	Index
1881	239 }	100	213 }	100	233 }	100	277 }	100
1882	245		217		224		299	
1883	244	101	211	98	255	112	308	107
1884	244	101	210	98	237	104	330	116
1885	249	103	215	100	239	105	341	118
1886	251	104	216	100	254	111	329	114
1887	257	106	223	104	268	117	323	112
1888	268	111	219	102	315	138	333	116
1889	303	125	249	116	323	141	395	137

Tabelle 5 (Forts.)

Jahr	Alle Städte Mobilitätskennziffer	Index	Über 200 000 Einwohner Mobilitätskennziffer	Index	100 000 – 200 000 Einwohner Mobilitätskennziffer	Index	50 000 – 100 000 Einwohner Mobilitätskennziffer	Index
1890	292	121	245	114	325	142	394	137
1891	298	123	247	115	341	149	386	134
1892	266	109	235	109	275	120	364	126
1893	266	109	217	101	316	138	318	110
1894	283	117	253	118	343	150	263	91
1895	306	126	268	125	376	165	341	118
1896	313	129	274	127	376	165	362	126
1897	322	133	292	136	366	161	380	132
1898	310	128	279	130	371	162	340	118
1899	318	131	289	134	390	171	310	108
1900	317	131	292	136	375	164	357	124
1901	301	124	275	128	354	155	311	108
1902	278	115	256	119	309	135	335	116
1903	316	131	297	138	340	149	348	121
1904	321	133	309	144	377	165	293	102
1905	330	136	317	147	364	159	331	115
1906	327	135	329	153	356	156	328	114
1907	335	138	322	150	380	166	331	115
1908	335	139	318	148	358	157	362	126
1909	333	138	317	147	347	152	367	127
1910	339	140	321	149	365	160	368	128
1911	343	142	329	153	377	165	345	120
1912	365	151	354	165	388	170	372	129
1926/ 1934	170	70	159	74	178	78	215	75

[a] Quelle: D. Langewiesche, Wanderungsbewegungen in der Hochindustrialisierungsperiode, in: VSWG 64. 1977, 7. Die »Mobilitätskennziffer« bezeichnet das Wanderungsvolumen (= Zu- und Abwanderungsfälle) auf je 1000 der mittleren Jahresbevölkerung (ebd. 3); bis 1887 sind 13 von 44 Städten, bis zur Jahrhundertwende ansteigend auf 37 Städte berücksichtigt, 1912 dann 84 von 91 Städten.

Tabelle 6: Eingemeindungen in Deutschland 1850–1918[a]

	Städte	Flächenwachstum in km²			Bevölkerungszunahme durch Eingemeindung		
		insgesamt	Ø	max.	insgesamt	Ø	max.
1851–1860	9	68,6	8,6 [8]	24,1	74 000	9 000 [7]	29 951
1861–1870	14	33,5	2,4	9,2	63 000	5 700 [11]	14 427
1871–1880	20	95,2	4,8	11,8	70 000	3 700 [19]	32 423
1881–1890	17	243,1	14,3	101,6	287 000	16 900	80 884
(1881–1885)	(7)	(11,9)	(1,7)	(3,2)	(10 000)	(1 400)	(7 725)
(1886–1890)	(12)	(231,3)	(19,3)	(98,4)	(278 000)	(23 100)	(80 884)
1891–1900	34	413,5	12,2	57,8	705 000	21 400 [33]	323 224
1901–1910	57	966,2	17,0	62,0	1 025 000	18 000	92 246
1911 1918	28	439,4	15,7	79,7	–	–	136 857

[a] Die Auswertung bezieht sich auf 85 Städte, die 1910 über 50 000 Einwohner besaßen. 8 weitere – Dessau, Flensburg, Hamborn, Lübeck, Osnabrück, Pforzheim, Rostock, Spandau – wurden wegen Lücken im Material außer Betracht gelassen. Für die 10 Städte sind bis 1910 keine Eingemeindungen gemeldet. Die Zahlen in eckigen Klammern bezeichnen die Städte, für die Angaben vorlagen. Unbewohnte Flächen unter 0,20 km² wurden nicht berücksichtigt, ebensowenig kleine Ausgemeindungen in einem Gesamtumfang von 3,3 km². In allen Spalten sind die Eingemeindungsvorgänge für ein Jahrzehnt zusammengefaßt. Von den 17 Städten zwischen 1881 und 1890 hatten zwei im ersten wie auch im zweiten Jahrfünft Eingemeindungen zu verzeichnen.

Quelle: H. Matzerath, Städtewachstum u. Eingemeindungen im 19. Jahrhundert, in: J. Reulecke Hg., Die deutsche Stadt im Industriezeitalter, Wuppertal 1980², 75.

Tabelle 7: Altersstruktur in den Städten in der Hochindustrialisierungsphase[a]

7.1: Altersstruktur der deutschen Großstädte und der Reichsbevölkerung 1875 und 1885

Altersklassen	Von 1000 Personen gehören den linksbez. Gruppen an			
	1875		1885	
	Groß-städte	Deutsches Reich	Groß-städte	Deutsches Reich
unter 15 J.	279	347	299	354
15–20	101	95	94	95
20–25	130	83	115	85
25–30	107	76	99	76
30–35	88	} 134	85	66
35–40	71		74	61
40–60	169	187	174	183
über 60 J.	55	78	60	81

7.2: Altersstruktur der Städte nach Größenklassen im Deutschen Reich 1890

Städte	Es standen im Alter von ... Jahren in ⁰/₀₀			
	unter 15	15–40	40–60	60 u. älter
Großstädte (ü. 100 000)	292	474	177	57
Mittelstädte (20 000–100 000)	321	450	169	60
Kleinstädte (5 000–20 000)	345	417	170	68

7.3: Altersstruktur ausgewählter deutscher Groß- und Industriestädte 1905

Großstädte 1. Dez. 1905	unter 5	5–10	10–15	15–20	20–25	25–30	30–35	35–40	40–50	50–60	60 u. älter	unter 15	unter 30	15–60
Dt. Reich 1900	129	114	104	95	91	80	132		101	79	79	347	613	574
Dt. Reich 1910	120	114	107	97	86	77	139		105	76	79	341	601	580
Berlin	86	82	77	92	115	112	91	80	122	80	62	245	564	692
München	100	87	77	79	111	106	96	82	118	77	68	264	560	669
Hannover	93	94	87	104	115	100	85	72	112	74	64	274	593	662
Frankfurt a. M.	102	89	76	93	118	122	96	77	105	70	54	267	600	679
Leipzig	102	98	92	107	104	106	84	72	113	71	45	292	609	663
Hamburg	99	99	94	88	97	101	86	78	118	77	64	292	578	645
Bremen	97	100	89	98	103	106	88	69	97	72	63	286	593	651
Lübeck	114	104	99	94	91	88	69	67	106	76	82	317	590	601
Barmen	123	111	101	103	94	98	80	66	99	66	60	335	630	606
Elberfeld	119	108	103	102	92	95	80	66	104	71	61	330	619	610
Chemnitz	115	108	96	104	105	94	80	70	109	67	54	319	622	628
Düsseldorf	125	105	89	96	112	111	87	69	99	59	45	319	638	636
Köln	120	99	88	93	109	107	86	70	107	67	54	307	616	639
Beuthen	144	124	101	104	95	89	77	67	97	55	47	369	657	584
Gleiwitz	151	124	102	98	108	92	79	66	93	47	39	377	675	583
Königshütte	165	139	113	97	77	89	77	64	88	50	42	417	680	542
Essen	157	127	98	93	91	104	91	68	85	19	39	382	670	581
Dortmund	150	114	94	101	100	111	88	65	88	53	37	358	670	606
Mülheim/Ruhr	158	130	109	99	93	93	78	60	86	51	44	397	682	560
Bochum	163	122	102	101	96	104	83	60	84	52	33	387	688	580
Duisburg	161	125	102	96	92	104	86	65	88	47	36	388	680	578
Oberhausen	171	128	95	91	98	113	88	64	77	42	34	394	695	573
Gelsenkirchen	187	136	106	92	84	97	77	60	84	47	30	429	702	541

[a] Quelle: K. Tenfelde, Großstadtjugend in Deutschland vor 1914, in: VSWG 69, 1982, 198 f., 203. Da 1905 für das Dt. Reich keine Veröffentlichung der Altersklassengliederung erfolgt ist, hat der Verf. in Tab. 7.3 die Angaben aus den Reichszählungen von 1900 und 1910 hinzugefügt (ebd., Anm. 65).

Tabelle 8: Städtischer Haushalt, Einwohnerzahl und Volksschule 1911 in ausgewählten preuß. Städten

8.1: Einwohnerzahl und Volksschule 1911

| | Einwohner am 1. Dez. 1910 absolut | auf 100 männliche kamen … weibliche Personen | Schüleranteil an der Einwohnerzahl in % | | von 100 Schülern besuchten eine VS | | Zahl der Volksschüler pro Lehrer | durchschnittliche Klassenstärke | Zahl der Geborenen auf 1000 Einwohner |
			ges.	davon VS	m	w			
	1	2	3	4	5	6	7	8	9
»junge« Industriestädte:									
Gelsenkirchen	169513	92	20,3	19,5	95,1	97,2	58	58	42,5
Herne	57147	91	20,9	19,8	94,0	96,4	59	60	43,6
Königshütte[a]	72641	100	21,6	20,2	92,9	94,3	54	61	41,4
ältere Industriestädte:									
Barmen	169214	110	17,4	15,3	85,3	90,6	51	55	22,0
Elberfeld	170195	112	17,3	14,0	78,7	83,5	44	49	24,9
Krefeld	129406	112	15,7	13,3	83,0	86,8	50	52	22,5
»Rennerstädte«:									
Wiesbaden	109002	128	13,4	8,1	55,5	65,5	43	47	18,7
Wilmersdorf[b]	109716	144	10,9	6,2	51,9	63,8	37	41	16,0

8.2: Städtischer Haushalt und Volksschule 1911

	Gemeinde-steuerauf-kommen in 1000 DM	Gemeinde-steuer pro Einwohner in M	Gemeinde-schulden pro Einwohner in M	Gemeindezuschläge zur staatl. Einkommensteuer in % bei einem Jahreseinkommen von			Anteil der VS-Kosten am Gemeinde-steuerauf-kommen in M %[c]	VS-Kosten im Vergleich zur Höhe der Staats-einkommensteuer in M %[c]	VS-Kosten pro Einw. in M	VS-Kosten pro Volksschüler in M
				420/660 M	660/900 M	über 900 M				
	10	11	12	13	14	15	16	17	18	19
									M	M
»junge« Industriestädte:										
Gelsenkirchen	5 699,6	33,33	152,48	125	180	225	37,12	184,5	13,14	67,31
Herne	1 575,9	27,33	128,48	210	210	210	41,05	183,4	13,82	69,43
Königshütte[a]	1 825,0	24,97	74,06	260	260	260	45,10	283,2	13,46	67,50
ältere Industriestädte:										
Barmen	7 581,5	44,79	392,06	–	200	230	21,50	78,3	13,24	90,58
Elberfeld	8 785,6	51,64	352,28	125	150	215	18,71	66,9	14,82	107,58
Krefeld	5 194,7	40,08	363,50	190	190	190	19,82	72,8	10,34	77,87
»Rentnerstädte«:										
Wiesbaden	5 398,1	49,71	538,44	–	–	100	14,65	25,1	9,15	114,02
Wilmersdorf[b]	6 774,0	60,64	438,80	–	100	100	14,50	18,7	8,12	138,13

[a] Königshütte, poln. Chorzow: Industriestadt (Bergbau, Eisen- und Stahlindustrie) im oberschlesischen Industriegebiet zwischen Beuthen und Kattowitz.

[b] Wilmersdorf: Vorort von Berlin, 1906 kreisfreie Stadt, seit 1920 Stadtteil von Groß-Berlin.

[c] Ordentliche und außerordentliche Ausgaben, ohne Baukosten.

Quelle: J. Reulecke, Von der Dorfschule zum Schulsystem, in: ders., W. Weber Hg., Fabrik – Familie – Feierabend, Wuppertal 1978², 266f.

Tabelle 9: Städtische Daseinsvorsorge und Leistungsverwaltung
vor dem Ersten Weltkrieg

9.1: Jährliche Pro-Kopf-Ausgaben der preußischen Großstädte auf wichtigen Gebieten der Leistungsverwaltung (in Mark)

Jahr	Bildungs-wesen	Sozial- u. Gesund-heits-wesen	Verkehrs-wesen	Städtische Betriebe	Schulden-dienst
1869	4,18	4,36	4,27	2,35	2,35
1876	9,32	5,14	13,68	12,54	5,32
1883/84	9,37	6,54	7,08	14,45	4,00
1891/92	10,02	7,23	8,74	21,50	5,25
1911	21,52	18,65	19,82	22,08	31,66

9.2: Verteilung der kommunalen Gemeindebetriebe nach Ortsgrößen 1908

Ortsgröße (Einw.)	Anzahl d. Orte	davon im Besitz von Regiebetrieben (in %)			
		Wasser-werk	Gas-werk	E-Werk	Straßen-bahn	Schlacht-hof
unter 2 000	615	33,50	3,10	3,57	–	9,10
2 000– 5 000	873	46,27	20,62	17,64	–	25,54
5 000– 20 000	602	70,76	55,30	18,60	2,80	58,47
20 000– 50 000	134	91,80	83,58	46,27	20,15	75,37
50 000–100 000	44	93,18	72,72	68,18	38,63	97,72
über 100 000	41	92,68	80,49	80,49	43,90	95,12

9.3: Der Anteil der Gemeindewirtschaftsbetriebe[a] an der Gesamtschulden-
aufnahme ausgewählter Städte im deutschen Kaiserreich 1908
(in 1000 Mark/%)

Stadt	Ausgaben für GWB[b]	Städtische Schuld insgesamt	Anteil der Schulden- aufnahme für GWB-Zwecke in %
Altona	19956,9	36065,1	52,84
Berlin	160786,0	397018,0	40,50
Charlottenburg	43156,6	120835,3	35,72
Dortmund	43759,6	80445,7	54,40
Düsseldorf	82686,0	114343,6	78,32
Frankfurt	69857,7	222947,7	31,34

[a] Hier wurden folgende Betriebe erfaßt: Gas-, Wasser-, Elektrizitätswerke, Markthallen, Lagerhauswesen, Häfen, Schlacht- und Viehhöfe,
Straßen- und Kleinbahnen und kleinere gewerbliche Unternehmungen.
Die städt. Sparkassen sind nicht eingeschlossen worden, da sie als Bank-
unternehmen andere Kostenstrukturen zeigen; zudem sind die Investi-
tionsmittel anderer Natur.
[b] GWB = Gemeindewirtschaftsbetriebe.

Quellen: Tab. 9.1: J. Bolenz, Wachstum u. Strukturwandlungen der kom-
munalen Ausgaben in Deutschland 1849–1913, Freiburg 1965, 168;
Tab. 9.2: W. R. Krabbe, Munizipalsozialismus u. Interventionsstaat, in:
GWU 30. 1979, 282; Tab. 9.3: W. Steitz, Kommunale Infrastruktur u.
Gemeindefinanzen in der Zeit der deutschen Hochindustrialisierung, in:
K. Düwell u. W. Köllmann Hg., Rheinland-Westfalen im Industriezeit-
alter, Bd. 2, Wuppertal 1984, 427.

Tabelle 10: Einnahmenstruktur der preuß. Stadtkreise 1913/14
(ordentliche Einnahmen)

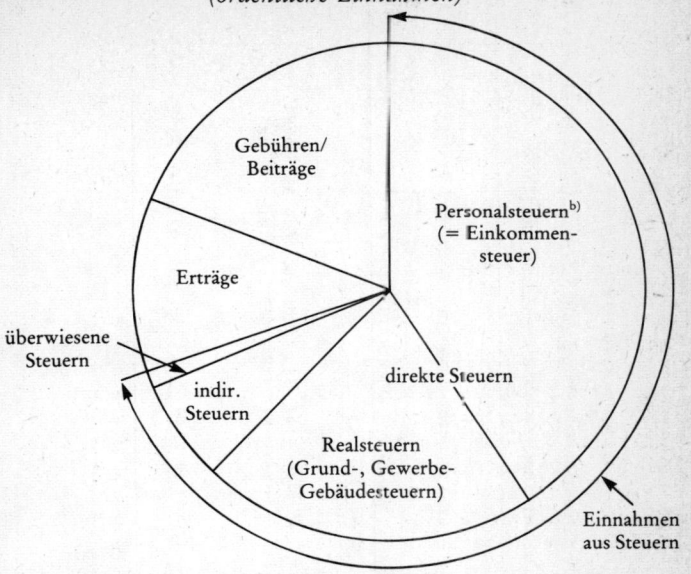

Gebühren/
Beiträge

Personalsteuern[b)]
(= Einkommen-
steuer)

Erträge

überwiesene
Steuern

indir.
Steuern

direkte Steuern

Realsteuern
(Grund-, Gewerbe-
Gebäudesteuern)

Einnahmen
aus Steuern

[a] Außerordentliche Deckungsmittel waren:
    a) Kredite, davon Anleihen 94 %
                      Hypotheken 5 %
             kurzfristige Darlehen 1 %
    b) Rücklagenentnahmen
    c) Erlöse aus Verkäufen
    d) zweckgebundene Zuweisungen

[b] Zuschläge zur Staatseinkommensteuer 1913/14 in Preußen (108 Städte)

	100 %	101 bis 150 %	151 bis 200 %	201 bis 250 %	über 250 %
Zahl der Städte	6	15	52	33	2
darunter:	Wiesbaden Wilmersd.	Düsseldorf Hannover Bonn	Essen Duisburg Aachen	Bochum Dortmund Elberfeld	Königshütte Gleiwitz

Quelle: J. Reulecke, Zur städtischen Finanzlage in den Anfangsjahren der
Weimarer Republik, in: AfKomm 21. 1982, 203

Tabelle 11: Sterblichkeitsverhältnisse in preuß. Städten im Kaiserreich

11.1: Altersspezifische Sterblichkeit[a] in 22 preuß. Großstädten[b] und im preuß. Staat insgesamt; 1876 und 1900

Von 10000 am 1. Januar Lebenden jeder Altersklasse starben im Laufe des Jahres:

	0–1	1–2	2–3	3–5	5–10	10–15	15–20	20–25	25–30	30–40	40–50	50–60	60–70	70–80	über 80	alle Altersklassen	alle Alter abzüglich 0–1
										1876							
22 preußische Großstädte	3272	920	471	265	106	33	56	75	104	153	248	360	629	1138	2288	300	187
Durchschnitt Preußen	2739	732	360	219	88	38	53	80	85	108	166	269	521	1082	2261	275	187
										1900							
22 preußische Großstädte	2938	623	218	121	52	28	38	59	85	139	243		493	1031	2189	213	137
Durchschnitt Preußen	2582	529	199	115	50	31	39	56	61	78	123	209	479	1001	2607	223	149

[a] 1876 nur Sterblichkeit der männlichen Personen.
[b] Städte, die 1900 mehr als 100000 Einwohner aufwiesen.

11.2: Säuglingssterblichkeit in Preußen nach Stadt und Land sowie nach Legitimität 1876–1914

Jahre	Von 1000 Lebendgeborenen starben im 1. Lebensjahre bei den			
	Ehelichen		Unehelichen	
	Stadt	Land	Stadt	Land
1876/80	211	183	403	312
1881/85	211	186	398	319
1886/90	210	187	395	332
1891/95	203	187	385	336
1896/1900	195	185	374	336
1901	195	183	377	334
1902	162	162	305	287
1903	183	184	342	332
1904	179	172	333	306
1905	185	188	339	350
1906	168	167	303	303
1907	154	162	281	295
1908	157	166	291	307
1909	146	160	269	288
1910	141	153	257	283
1911	174	179	298	328
1912	130	142	234	262
1913	132	146	241	272
1914	147	159	261	287

Quellen: Tab. 11.1: R. Spree, Soziale Ungleichheit vor Krankheit u. Tod, Göttingen 1981, 169; Tab. 11.2: Sozialgeschichtliches Arbeitsbuch, Bd. 2 (1870–1914), Hg. G. Hohorst u. a., München 1975, 36.

Tabelle 12: Wohndichte und Wohnungsstruktur in ausgewählten deutschen Städten

12.1: Indikatoren der Wohndichte 1890 und 1905

Stadt	Behausungs- ziffer: Bewohner je Wohngebäude		Brutto- wohndichte: Bewohner je ha mit Häusern bebaute Fläche (ha)		Bewohner je Wohnung	
	1890	1905	1890	1905	1890	1905
Berlin	55	50	745	719	4,2	3,8
Breslau	37	38	443	423	4,1	3,9
Dresden	27	26	318	277	4,2	3,7
Altona	20	20	456	366	4,2	4,1
Kiel	20	25	358	310	4,8	4,1
Magdeburg	27	33	293	274	4,3	3,9
Halle	22	25	169	262	4,4	4,3
Königsberg	30	30	377	317	4,5	4,2
Köln	14	16	305	321	4,4	4,2
Düsseldorf	18	20	235	250	–	4,5
Elberfeld	18	18	336	305	–	4,2
Barmen	18	18	340	283	–	4,2
Krefeld	15	13	312	241	–	–
Aachen	18	15	370	355	–	4,2
Wiesbaden	19	17	264	284	–	4,1
Frankfurt/M.	17	18	173	266	4,7	4,7
München	23	23	248	–	4,0	3,9

12.2: Wohnungsstruktur und Urbanisierungstyp

| | Bevölkerung | | Wohnungen mit Räumen und Küche in % aller Wohnungen | | | | Personen pro Wohnung |
	gesamt in Mio. 1910	Wachstum seit 1871 in %[a]	1	2	3	1–3	
Urbanisierte Regionen im Deutschen Reich	33,63	(181 = 0)	20,5	28,5	21,5	70,5	3,67
4 Bergbaustädte in Oberschlesien (Königshütte, Beuthen, Gleiwitz, Zabrze)	0,27	(+98)	52,0	26,5	10,5	89,0	4,41
4 Ostelbische Städte (Königsberg, Danzig, Posen, Breslau)	1,09	–72	32,5	27,0	15,5	75,5	3,75
Hauptstadtregion (Berlin und seine Vororte Charlottenburg, Neukölln, Schöneberg, Lichtenberg, Wilmersdorf, Spandau, Steglitz, Pankow)	3,17	(–40)	37,5	34,5	12,0	84,0	3,23
19 Industriestädte im Ruhrgebiet (Dortmund, Gelsenkirchen, Bochum, Essen, Düsseldorf, Duisburg, Barmen, Elberfeld, Mülheim, Krefeld, Hamborn, Oberhausen, Hagen und 6 kleinere Bergbaugemeinden)	2,61	(+57)	27,5	30,0	17,0	75,0	3,81

Tabelle 12.2 (Forts.)

| | Bevölkerung | | Wohnungen mit | | | | Personen |
	gesamt in Mio. 1910	Wachstum seit 1871 in %[a]	1	2	3	1–3	pro Wohnung
			Räumen und Küche in % aller Wohnungen				
3 Industriestädte im sächsischen Industriegebiet (Chemnitz, Plauen, Zwickau)	0,48	+ 70	21,0	26,0	24,0	71,0	3,63
6 Regionalzentren (Hannover, München, Dresden, Stuttgart, Karlsruhe, Darmstadt)	1,95	+ 5	13,5	24,5	25,0	63,0	3,76
8 mitteldeutsche Städte (Chemnitz, Plauen, Zwickau, Magdeburg, Dresden, Leipzig, Halle, Erfurt)	2,19	+ 51	9,5	28,0	31,0	68,5	3,63
7 Handelszentren (Frankfurt, Köln, Nürnberg, Leipzig, Lübeck, Bremen, Hamburg)	3,13	+ 79	9,0	26,5	33,0	68,0	3,57

[a] Die in Klammern angegebenen Daten beziehen sich nur auf jene Orte, für die Zahlen für das Jahr 1871 zur Verfügung standen. Da die übrigen gewöhnlich schneller wuchsen, ist das Gesamtwachstum höher zu veranschlagen. Die Ziffer 181 = 0 gibt das Durchschnittswachstum der im Dt. Reich in Gemeinden mit über 5000 Einwohnern lebenden Bevölkerung an.

Quellen: Tab. 12.1: H. Böhm, Rechtsordnungen u. Bodenpreise als Faktoren städtischer Entwicklung im Deutschen Reich 1870–1937, in: H. J. Teuteberg Hg., Urbanisierung im 19. u. 20. Jahrhundert, Köln, Wien 1983, 215; Tab. 12.2: L. Niethammer u. F. J. Brüggemeier, Wie wohnten die Arbeiter im Kaiserreich? in: AfS 16. 1976, 101.

Tabelle 13: Anteil der Hausbesitzer in den Stadtverordnetenver-
sammlungen 1900

Stadt	%	Stadt	%	Stadt	%
Posen	50	Berlin	67	Altona	86
Königsberg	54	Hannover	71	Duisburg	86
Stettin	59	Essen	72	Düsseldorf	86
Charlottenburg	60	Görlitz	73	Aachen	91
Magdeburg	60	Liegnitz	74	Bochum	91
Erfurt	62	Frankfurt/Oder	76	Köln	95
Danzig	63	Halle	76	Krefeld	100
Breslau	64	Spandau	79		
Potsdam	65	Dortmund	83		

Quelle: Böhm, Rechtsordnungen (s. Tab. 12.1), 217.

Tabelle 14: Entwicklung der Bevölkerung in den Stadtregionen der Bundesrepublik Deutschland 1939–1970 (in Klammern die Angaben für die Stadtregionen Frankfurt, Stuttgart und München)

	1939 in 1000	1950 in 1000	1939/50 in %	1961 in 1000	1950/61 in %	1939/61 in %	1970 in 1000	1950/70 in %	1939/70 in %
Stadtregionen insges.	22 205,4 (2 977,2)	24 201,9 (3 356,8)	9,0 (12,8)	29 527,6 (4 391,8)	22,0 (30,8)	33,0 (47,5)	31 954,8 (5 209,9)	32,0 (55,2)	43,9 (75,0)
davon									
1. Kernstädte	16 193,9 (1 977,2)	15 981,1 (1 949,6)	−1,3 (−1,4)	19 667,1 (2 521,9)	23,1 (29,4)	21,5 (27,6)	19 894,3 (2 713,7)	24,5 (38,7)	22,9 (37,3)
2. Ergänzungsgebiete	2 928,3	3 842,0	31,2	4 987,9	29,8	70,3	5 973,1	55,5	104,0
3. Verstädterungszone	2 067,8	2 934,2	41,9	3 422,5	16,6	65,5	4 399,7	50,0	112,8
4. Randzone	1 015,5	1 444,6	42,3	1 450,1	0,4	42,8	1 687,7	16,8	66,2
Umland insgesamt (2.–4.)	6 011,6 (1 000,1)	8 220,8 (1 407,2)	36,8 (40,7)	9 860,5 (1 874,9)	20,0 (33,2)	64,0 (87,5)	12 060,5 (2 496,2)	46,7 (77,4)	100,6 (149,6)

Quelle: Stat. Bundesamt, Fachserie A (Bevölkerung und Kultur), Sonderreihe Volkszählung vom 27. Mai 1970, Heft 4, Stuttgart/Mainz 1973; s. auch A. v. Castell Rüdenhausen, Population change and regional development in the Federal Republic of Germany, in: D. Eversley u. W. Köllmann Hg., Population Change and Social Planning, London 1982, 325–348, bes. 344.

Abbildung 1: Funktionalität und Zentralität im deutschen Städtesystem von 1900

1.1.: Höhere Zentren im Deutschen Reich 1895

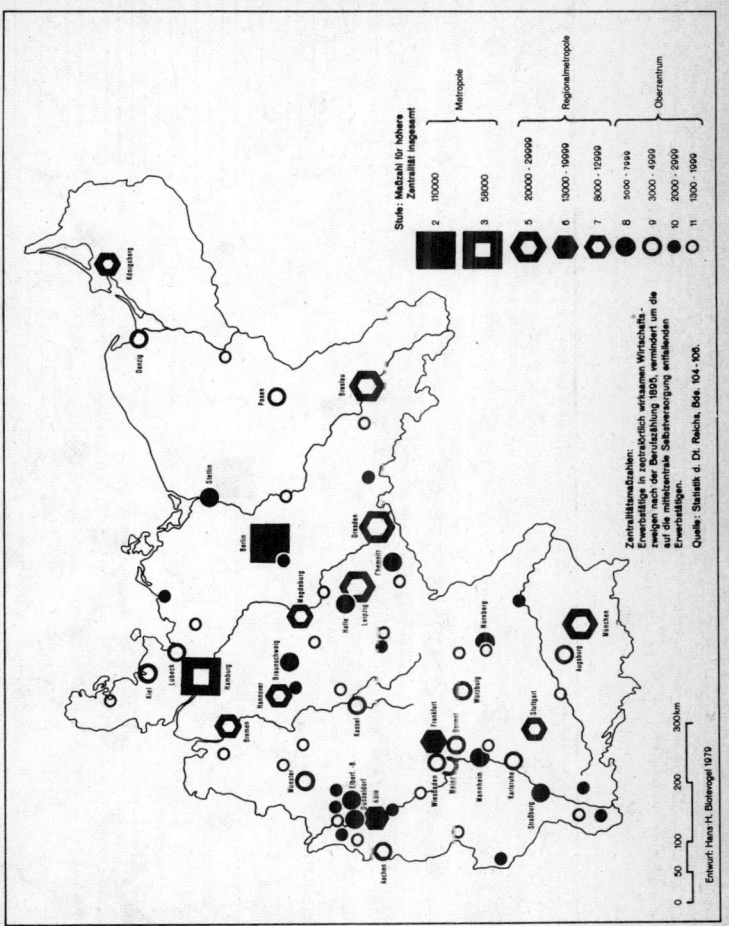

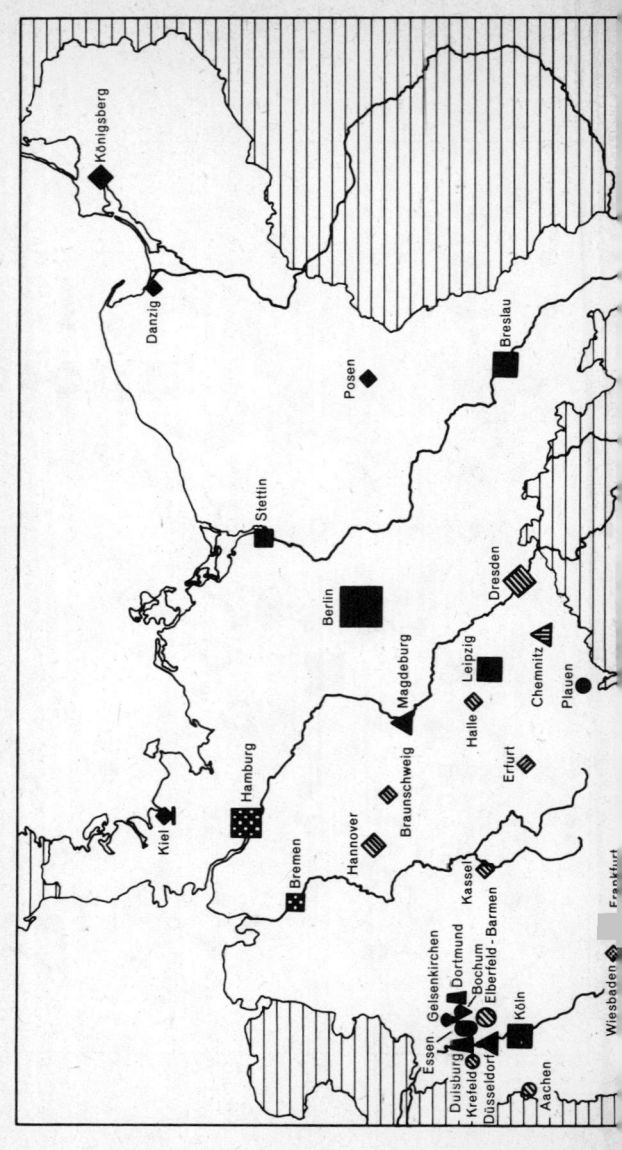

Königsberg

Danzig

Posen

Breslau

Stettin

Berlin

Dresden

Magdeburg

Leipzig

Chemnitz

Halle

Plauen

Hamburg

Erfurt

Braunschweig

Kiel

Hannover

Bremen

Kassel

Gelsenkirchen

Dortmund

Bochum

Elberfeld-Barmen

Essen

Köln

Duisburg

Krefeld

Düsseldorf

Aachen

Wiesbaden

Frankfurt

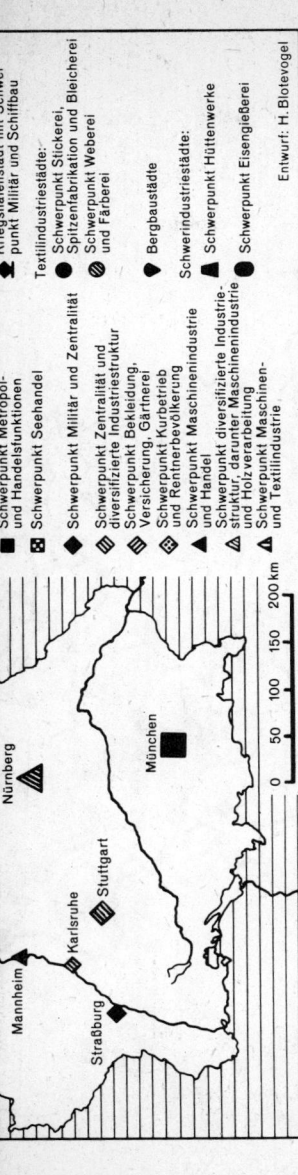

Kriegshafenstadt mit Schwer~~
punkt Militär und Schiffbau

■ Schwerpunkt Metropol-
und Handelsfunktionen

▣ Schwerpunkt Seehandel

◆ Schwerpunkt Militär und Zentralität

Textlindustriestädte:

● Schwerpunkt Stickerei,
Spitzenfabrikation und Bleicherei

◐ Schwerpunkt Weberei
und Färberei

◈ Schwerpunkt Zentralität und
diversifizierte Industriestruktur

◉ Schwerpunkt Bekleidung,
Versicherung, Gärtnerei

◈ Schwerpunkt Kurbetrieb
und Rentnerbevölkerung

● Bergbaustädte

▲ Schwerpunkt Maschinenindustrie
und Handel

△ Schwerpunkt diversifizierte Industriestruktur, darunter Maschinenindustrie
und Holzverarbeitung

Schwerindustriestädte:

▲ Schwerpunkt Hüttenwerke

△ Schwerpunkt Maschinen-
und Textilindustrie

● Schwerpunkt Eisengießerei

Entwurf: H. Blotevogel

1.2.: Funktionale Städtetypen im Deutschen Reich 1907

Quellen: Abb. 1.1. entnommen aus: H. Blotevogel, Methodische Probleme der Erfassung städtischer Funktionen u. funktio-
naler Städtetypen, in: W. Ehbrecht Hg., Voraussetzungen u. Methoden geschichtlicher Städteforschung, Köln 1979, 254;
Abb. 1.2.: ders., Kulturelle Stadtfunktionen u. Urbanisierung, in: Teuteberg Hg., Urbanisierung (s. Tab. 12.1.), 168.

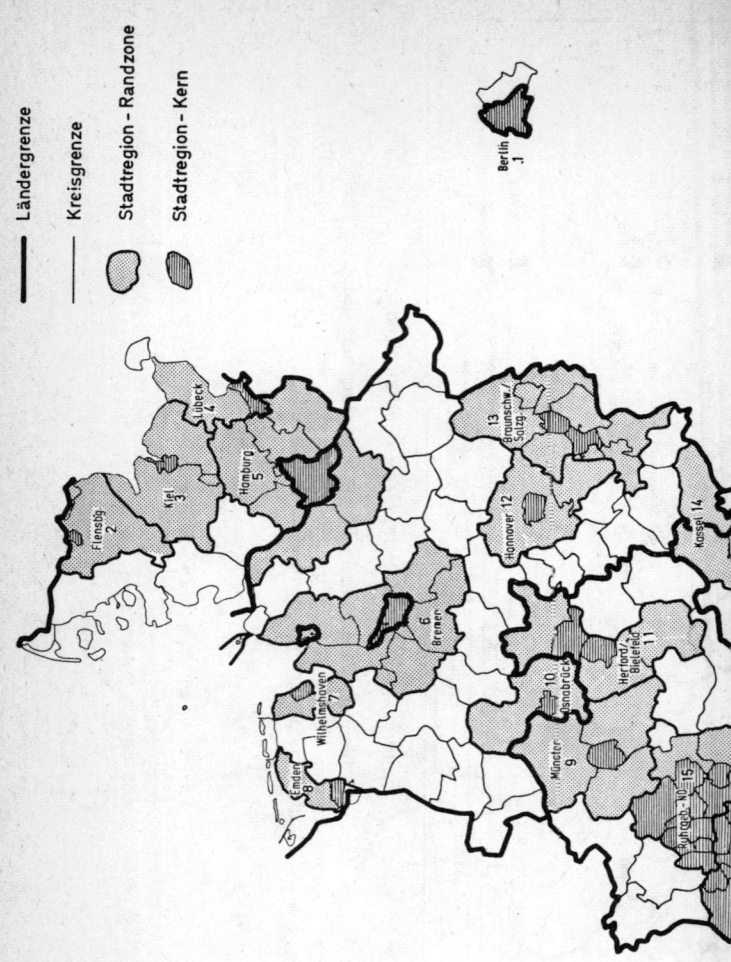

Abbildung 2: Kerne und Randzonen der Stadtregionen
in der Bundesrepublik Deutschland 1980

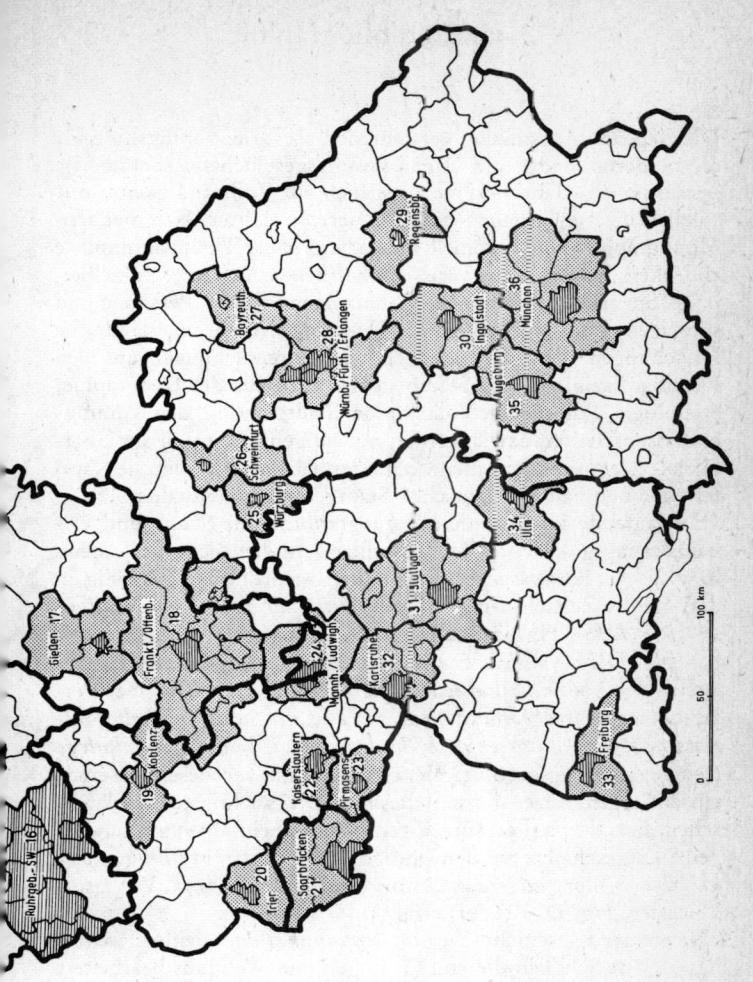

Quelle: Deutsches Institut für Wirtschaftsforschung, Wochenbericht 25/1980, 47. Jg., S. 271; Stadtregionen nach der Abgrenzung der Akademie für Raumforschung und Landesplanung, Hannover, angenähert durch Kreisgrenzen nach dem Stand vom 1. 1. 1975.

Auswahlbibliographie

Die folgende Aufstellung versteht sich als Orientierungshilfe für die moderne Stadt- und Urbanisierungsgeschichtsforschung. Sie berücksichtigt daher – ohne Anspruch auf Vollständigkeit – nur solche (im wesentlichen aus den letzten Jahren stammenden) Monographien und Sammelbände, die größere Themenkomplexe abdecken, hingegen keine wissenschaftlichen Aufsätze, Einzelbeiträge, Spezialuntersuchungen zu einzelnen Städten, Personen und sonstigen stadtgeschichtlichen Detailproblemen. Ausländische Forschungen und Darstellungen wie Untersuchungen aus den Nachbardisziplinen der Stadthistorie, z. B. aus der Geographie, Soziologie, Politologie, Volkskunde, Stadtplanung, den Kommunalwissenschaften usw., werden nur aufgeführt, wenn sie Überblicks- oder exemplarischen Charakter haben bzw. wenn sie Kapitel oder Beiträge zur deutschen Stadtgeschichte enthalten.

Fortlaufende umfassendere *Bibliographien* zur Stadt- und Urbanisierungsgeschichte in Deutschland finden sich, nach neun bzw. sechs Forschungsschwerpunkten geordnet, regelmäßig in den beiden Zeitschriften *Informationen zur modernen Stadtgeschichte (IMS)*, Hg. im Auftrage des Deutschen Instituts für Urbanistik (DIFU) von C. Engeli (seit 1970, Verlagsort Berlin), und *Archiv für Kommunalwissenschaften*, Hg. DIFU (seit 1962, Verlagsort Stuttgart). Außerdem sei auf *Die alte Stadt. Vierteljahreszeitschrift für Stadtgeschichte, Stadtsoziologie und Denkmalpflege* (seit 1974, Verlagsort Stuttgart, Hg. O. Borst) verwiesen, die einen einschlägigen Rezensionsteil besitzt. Die wichtigsten ausländischen, bes. die englischsprachigen Neuerscheinungen zur modernen Stadtgeschichte werden jährlich in einer *Current Bibliography of Urban History* im *Urban History Yearbook* (seit 1973, Verlagsort Leicester, Hg. D. Reeder) erfaßt.

Neuere stadtgeschichtliche *Quellenpublikationen* fehlen fast völlig; hier ist lediglich die von C. Engeli und W. Haus bearbeitete Sammlung von *Quellen zum modernen Gemeindeverfassungsrecht in Deutschland*, Stuttgart 1975, zu erwähnen. Für das späte 19. Jahrhundert ist immer noch das Tabellenwerk von H. Silbergleit, *Preußens Städte*, Berlin 1908, ein fast unerschöpflicher »Zahlensteinbruch«.

A. Allgemeine und übergreifende Darstellungen der Stadtentwicklung und Urbanisierung sowie Sammelbände

Abrams, P. u. Wrigley E. A. Hg., Towns in Societies, Cambridge 1978.

Atteslander, P. u. Hamm, B. Hg., Materialien zur Siedlungssoziologie, Köln 1974.

Bahrdt, H. P., Die moderne Großstadt. Soziologische Überlegungen zum Städtebau, Reinbek 1961.

Benevolo, L., Geschichte der Stadt, Frankfurt 1983.

Cherry, G. E. Hg., Shaping an Urban World, London 1980.

Czok, K., Die Stadt. Ihre Stellung in der deutschen Geschichte, Leipzig 1969.

Ehbrecht, W. Hg., Voraussetzungen und Methoden geschichtlicher Städteforschung, Köln 1979.

Fraser, D. u. Sutcliffe, A. Hg., The Pursuit of Urban History, London 1983.

Glaser, H. Hg., Urbanistik. Neue Aspekte der Stadtentwicklung, München 1974.

Habermann, K. u. a., Historische, politische u. ökonomische Bedingungen der Stadtentwicklung, Hannover 1978.

Hamm, B., Einführung in die Siedlungssoziologie, München 1982.

Hofmeister, B., Die Stadtstruktur. Ihre Ausprägungen in den verschiedenen Kulturräumen der Erde, Darmstadt 1980.

Jäger, H. Hg., Probleme des Städtewesens im industriellen Zeitalter, Köln 1978.

Lees, A. u. L. Hg., The Urbanization of European Society in the Nineteenth Century, Lexington 1976.

Lefèbvre, H., Die Revolution der Städte, München 1972.

Mackensen, R., Daseinsformen der Großstadt, Tübingen 1959.

Mai, E. u. a. Hg., Kunstpolitik u. Kunstförderung im Kaiserreich. Kunst im Wandel der Sozial- u. Wirtschaftsgeschichte, Berlin 1982.

Mumford, L., Die Stadt. Geschichte u. Ausblick, Köln 1963.

Pfeil, E., Großstadtforschung. Entwicklung u. gegenwärtiger Stand, Hannover 1972[2].

Rausch, W. Hg., Die Städte Mitteleuropas im 19. Jahrhundert, Linz 1983.

Rausch, W. Hg., Die Städte Mitteleuropas im 20. Jahrhundert, Linz 1984.

Reulecke, J. Hg., Die deutsche Stadt im Industriezeitalter. Beiträge zur modernen deutschen Stadtgeschichte, Wuppertal 1980[2].

Schmal, H. Hg., Patterns of European Urbanization since 1500, London 1981.

Schneider, W., Überall ist Babylon. Die Stadt als Schicksal des Menschen von Ur bis Utopia, Düsseldorf 1960.

Schöller, P. Hg., Zentralitätsforschung, Darmstadt 1972.

Schröder, H. W. Hg., Moderne Stadtgeschichte, Stuttgart 1979.

Stoob, H. Hg., Die Stadt. Gestalt u. Wandel bis zum industriellen Zeitalter, Köln 1970.

Teuteberg, H. J. Hg., Urbanisierung im 19. und 20. Jahrhundert. Historische u. geographische Aspekte, Köln 1983.

B. Darstellungen der kommunalen Selbstverwaltung, Daseinsvorsorge und Leistungsverwaltung sowie Stadtpolitik

Artelt, W. u. a. Hg., Städte-, Wohnungs- u. Kleiderhygiene des 19. Jahrhunderts in Deutschland, Stuttgart 1969.

Bolenz, J., Wachstum und Strukturwandlungen der kommunalen Ausgaben in Deutschland 1849–1913, Freiburg 1965.

Brunckhorst, H.-D., Kommunalisierung im 19. Jahrhundert am Beispiel der Gaswirtschaft in Deutschland, München 1978.

Croon, H. u. a., Kommunale Selbstverwaltung im Zeitalter der Industrialisierung, Stuttgart 1971.

Führbaum, H., Entwicklung der Gemeindesteuern in Deutschland (Preußen) bis zum Beginn des Ersten Weltkriegs, Diss. Münster 1971.

Grauhan, R.-R., Linder, W., Politik der Verstädterung, Frankfurt 1974.

Gröttrup, H., Die kommunale Leistungsverwaltung. Grundlagen der gemeindlichen Daseinsvorsorge, Stuttgart 1973.

Handbuch der kommunalen Wissenschaft und Praxis, Hg. G. Pütter, Bde. 1–3, Berlin 1981–83.

Heffter, H., Die deutsche Selbstverwaltung im 19. Jahrhundert. Geschichte der Ideen und Institutionen, Stuttgart 1969[2].

Hesse, J. J., Wollmann, H. Hg., Probleme der Stadtpolitik in den 80er Jahren, Frankfurt 1983.

Hofmann, W., Städtetag u. Verfassungsordnung. Position u. Politik der Hauptgeschäftsführer eines kommunalen Spitzenverbandes, Stuttgart 1966.

Hofmann, W., Zwischen Rathaus u. Reichskanzlei. Die Oberbürgermeister in der Kommunal- u. Staatspolitik des Deutschen Reiches von 1890 bis 1933, Stuttgart 1974.

Krabbe, W. R., Kommunalpolitik u. Industrialisierung. Die Entfaltung der städtischen Leistungsverwaltung in Deutschland bis zum Ersten Weltkrieg, dargestellt am Beispiel der Städte Dortmund u. Münster, Habil. Schrift Dortmund 1982 (im Druck).

Naunin, H. Hg., Städteordnungen des 19. Jahrhunderts, Köln 1984.

Schivelbusch, W., Lichtblicke. Zur Geschichte der künstlichen Helligkeit im 19. Jahrhundert, München 1983.

Schwabe, K. Hg., Oberbürgermeister, Boppard 1981.

Simson, J. v., Kanalisation und Städtehygiene im 19. Jahrhundert, Düsseldorf 1983.

Ziebill, O., Geschichte des Deutschen Städtetages. Fünfzig Jahre deutsche Kommunalpolitik, Stuttgart 1956[2].

Ziebill, O., Politische Parteien u. kommunale Selbstverwaltung, Stuttgart 1972[2].

C. Untersuchungen der räumlichen Stadtentwicklung, des Städtebaus und der Stadtplanung sowie des Städtesystems

Blotevogel, H. H., Untersuchungen zur Entwicklung des deutschen Städtesystems im Industriezeitalter. Polarisierung u. Dezentralisierung in der Entwicklung der höherrangigen Zentren u. ausgewählter kultureller Stadtfunktionen, Habil. Schrift Bochum 1980.

Fehl, G. u. Rodriguez-Lores, J. Hg., Städtebau um die Jahrhundertwende, Köln 1980.

Fehl, G. u. Rodriguez-Lores, J. Hg., Stadterweiterungen 1800–1875. Von den Anfängen des modernen Städtebaues in Deutschland, Hamburg 1983.

Grote, L. Hg., Die deutsche Stadt im 19. Jahrhundert. Stadtplanung u. Baugestaltung im industriellen Zeitalter, München 1974.

Hartmann, K., Deutsche Gartenstadtbewegung: Kulturpolitik u. Gesellschaftsreform, München 1976.

Hartog, R., Stadterweiterungen im 19. Jahrhundert, Stuttgart 1962.

Kantzow, W. T., Sozialgeschichte der deutschen Städte u. ihres Boden- u. Baurechts bis 1918, Frankfurt 1980.

Panerai, Ph. u. a., Vom Block zur Zeile. Wandlungen der Stadtstruktur, Braunschweig 1984.

Piccinato, G., Städtebau in Deutschland 1871–1914, Braunschweig 1983.

Ságvári, A. Hg., The Capitals of Europe. A Guide to the Sources for the History of their Architecture and Construction, Corvina Kiado (Ungarn) 1980.

Schieder, T. u. Brunn, G. Hg., Hauptstädte in europäischen Nationalstaaten, München 1983.

Sutcliffe, A. Hg., The Rise of Modern Urban Planning 1800–1914, London 1980.

Sutcliffe, A., Toward the Planned City: Germany, Britain, the United States, and France, Oxford 1981.

Sutcliffe, A. Hg., Metropolis 1890–1940, London 1984.

Thienel, I., Städtewachstum im Industrialisierungsprozeß des 19. Jahrhunderts. Das Berliner Beispiel, Berlin 1973.

D. Forschungen zur städtischen Bevölkerungs- und Gesellschaftsentwicklung, zu den Stadt-Land-Beziehungen sowie zu den Reaktionen auf Verstädterung und Urbanisierung

Bergmann, K., Agrarromantik u. Großstadtfeindschaft, Meisenheim 1970.

Friedrichs, J., Stadtanalyse. Soziale u. räumliche Organisation der Gesellschaft, Reinbek 1977.

Hamm, B. Hg., Lebensraum Stadt. Beiträge zur Sozialökologie deutscher Städte, Frankfurt 1979.

Haseloff, O. W. Hg., Die Stadt als Lebensform, Berlin 1970.

Haumann, H. Hg., Arbeiteralltag in Stadt und Land, Berlin 1982.

Klotz, V., Die erzählte Stadt. Ein Sujet als Herausforderung des Romans von Lesage bis Döblin, München 1969.

Köllmann, W., Bevölkerung in der industriellen Revolution, Göttingen 1974.

Kuczynski, J., Geschichte des Alltags des deutschen Volkes, Bd. 4: 1871–1918, Köln 1982 (bes. Kapitel 4).

Marschalck, P., Bevölkerungsgeschichte Deutschlands im 19. u. 20. Jahrhundert, Frankfurt 1984.

Matzerath, H., Urbanisierung in Preußen (1815–1914), Habil. Schrift Berlin 1980 (im Druck).

Meckseper, C., Schraut, E. Hg., Die Stadt in der Literatur, Göttingen 1983.

Niethammer, L. Hg., Wohnen im Wandel. Beiträge zur Geschichte des Alltags in der bürgerlichen Gesellschaft, Wuppertal 1979.

Reulecke, J. u. Weber, W. Hg., Fabrik, Familie, Feierabend. Beiträge zur Sozialgeschichte des Alltags im Industriezeitalter, Wuppertal 1978[2].

Riha, K., Die Beschreibung der »Großen Stadt«. Zur Entstehung des Großstadtmotivs in der deutschen Literatur (ca. 1750 – ca. 1850), Bad Homburg 1970.

Rothe, W., Deutsche Großstadtlyrik vom Naturalismus bis zur Gegenwart, Stuttgart 1973.

Walker, M., German Home Towns. Community, State, and General Estate 1648–1871, Ithaca 1971.

Walter, H. Hg., Region u. Sozialisation. Beiträge zur sozialökologischen Präzisierung menschlicher Entwicklungsvoraussetzungen, 2 Bde., Stuttgart 1981.

Wiegelmann, G. Hg., Kulturelle Stadt-Land-Beziehungen in der Neuzeit, Münster 1979.

Zang, G. Hg., Provinzialisierung einer Region. Zur Entstehung der bürgerlichen Gesellschaft in der Provinz, Frankfurt 1978.

edition suhrkamp. Neue Folge